보물지도 11

• 기적을 보길 원하는 이들의 꿈의 목록 •

# 보물지도11

기획 · 김태광

김태광 김은화 김유나 강민주 정광영 이하늘
이채명 최영경 정승민 박미 이지현

위닝북스

# 내 안에 숨어 있는
# 보물지도를 찾아라!

누구나 목표가 되었든, 꿈이 되었든 하나씩 자신의 지도를 가지고 있다. 그 지도 안에는 세상에 둘도 없는 많은 보석들이 담겨 있다. 하지만 많은 사람들이 자기 자신 안에 잠든 보석들을 찾아보지 않은 채 세상의 기준에 맞춰 살아가는 것에 만족한다. 자신이 가지고 있는 보석의 진가를 알지도 못하고 중요하게 생각하지도 않는 것이다.

지금 우리 눈앞에 펼쳐진 세상은 모두 보물지도를 가진 사람들이 창조해 낸 것이다. 성공하기 위해 가장 필요한 것은 목표이며, 그것을 단기간에 이룰 수 있게 하는 보물지도는 인생의 지침서이자 나침반이다. 보물지도를 그리는 순간 당신의 인생은 눈부시게 달라질 것이다.

당신은 하루가 다르게 변화하는 복잡한 세상 속에서 흔들리지 않고 중심이 되어 줄 자신만의 보물지도를 가지고 있는가? 현재 어디를 향해 가고 있는지를 파악하기 위해서 보물지도는 선택이 아니라 필수이다. 꿈꾸지 않는 사람에게는 기적을 누릴 기회조차 오지 않는다. 아직도 원하지 않는 일에 시간과 에너지를 소비하고 있지는 않은지 스스로를 되돌아보자.

이 책은 보석같이 빛나는 11명의 소중한 꿈과 비전, 소명이 담긴 보물지도이다. 각자의 보물지도는 다르지만 기적을 꿈꾸고 운명을 바꾸고 싶은 의미는 같을 것이다. 이 책을 통해 자신의 꿈을 찾고 보물지도를 그리며 인생의 목적지에 도달할 수 있길 바란다.

2017년 12월

이하늘

# 직장 다니는 지금
# 한 권의 책을 써라

김 태 광

## 김태광

〈한책협〉 대표이사, 대한민국 대표 책 쓰기 코치, 초·중·고등학교 16권 교과서 글 수록,
제1회 대한민국 기록문화대상, 대한민국 신창조인대상, 도전한국인대상 수상

저술과 강연을 통해 수백 명을 작가와 강연가, 코치, 컨설턴트로 만들었으며, 지금까지 200여 권의 책을 집필
했다. 2011년 제1회 '대한민국기록문화대상' 최고기록부문 '책과 잡지분야'를 수상했고, 2012년 '대한민국
신창조인 대상', 2013년 '도전한국인 대상'을 수상했다. 현재 네이버 카페 〈한국 책쓰기 성공학 코칭협회〉를 운
영하고 있다.

E-mail  vision_bada@naver.com

# 직장 다니는 지금
# 한 권의 책을 써라

나는 과거 전문대 출신으로 무스펙이었지만 꾸준히 책을 써왔다. 그 과정에서 작가, 강연가, 코치, 컨설턴트 등의 스펙이 생겨났다. 나는 누구보다 책을 쓴 후의 삶의 변화에 대해 잘 알고 있다. 그저 책 한 권을 썼을 뿐인데 여러 곳에서 강연 요청을 해오고 언론사에서는 인터뷰나 방송 출연을 요청한다. 내가 사람들에게 무조건 책부터 써야 한다고 말하는 이유가 여기에 있다.

네이버 카페 〈한국 책쓰기 성공학 코칭협회(이하 한책협)〉을 운영해오고 있다. 〈책쓰기 과정〉을 통해 많은 사람들을 작가, 강연가, 코치로 만들었다. 얼마 후면 1,000명을 돌파할 것으로 예상한다. 이들은 작가를 넘어 1인 창업가로 왕성하게 활동하며 자신의 지식과 경험, 비결을 전하는 메신저로 활동하고 있다. 책을 쓰기 전에는 적은 월급으로 생활했다면 지금은 메신저로서 좋아하는 일을 하면서 억대 수입을 올리며 여유로운 삶을 살고 있다. 지식과 경험, 노하우를 사람들에게 전수해 주고 그 대가를 돈으로 받고 있는 것이다.

〈한책협〉을 만나 작가, 강연가, 코치, 1인 기업가로 활동 중인 사람들 가운데 몇 사람만 꼽아보면 이렇다. 임원화 작가, 신성호 작가, 신상희 작가, 임동권 작가, 이선영 작가 등이 있다. 〈한책협〉에서 수석 코치로 활동 중인 임원화 작가는《한 권으로 끝내는 책쓰기 특강》,《하루 10분 독서의 힘》,《스물아홉, 직장 밖으로 행군하다》 등의 책을 펴내고 전국을 무대로 독서 코치, 책 쓰기 코치로 활동하고 있다. 생식전문회사에서 연구원으로 근무하고 있는 신성호 작가는《하루 한 끼 생식》을 펴내고 강연 등으로 바쁘게 보내고 있으며, 신상희 작가는《고객이 스스로 사게 하라》를 펴낸 뒤 〈한국 세일즈 디자인 코칭협회〉를 운영하고 있다. 임동권 작가는《10년 안에 꼬마빌딩 한 채 갖기》,《신축 경매로 꼬마빌딩 한 채 갖기》를 펴낸 뒤 TV에 출연했는가 하면 코치, 컨설턴트, 강연가로 활동하고 있다. 치과에서 치위생사로 근무했던 경력의 이선영 작가는《1인 창업이 답이다》,《병원 매출 10배 올리는 절대 법칙》을 펴낸 뒤 1인 기업가로 활동하고 있다. 이 외에도 많은 사람들이 자신의 경험과 지혜를 사람들에게 전수해 주며 행복한 삶을 살고 있다.

《비서처럼 하라》의 조관일 작가는 젊은 시절 춘천의 한 농협에서 채권관리업무를 맡고 있었다. 그는 자신의 일에 대한 열정이 남달랐다. 어떻게 하면 채무자들을 설득해서 채권을 회수할 수 있을지 방법을 고민하게 되었다. 이때의 고민은 그를 작가로 만들어 줬으며 직원들을 상대로 연수원에서 고객 응대법을 가르치는 교수로 거듭나게 했다.

하루는 그의 강연을 참관한 원장이 그를 따로 불렀다. 강연 내용을 책으로 써 보라는 것이었다. 그렇게 해서 쓰게 된 고객 응대에 관한 사내 매뉴얼, 이후 그의 첫 번째 책《손님 잘 좀 모십시다》가 세상에 나올 수 있었다. 고객 응대, 서비스 분야에 있어서만큼은 대한민국에서 제일가는 책을 쓰겠다는 목표가 생겼기에 가능했던 일이었다.

그의 첫 책은 농협중앙회 회장의 손에까지 들어갔다. 하루는 회장실로부터 호출이 있었다. 당시 춘천에서 근무하던 그에게 서울로 올라와 중앙회 전 직원을 교육시키라는 지시가 떨어진 것이었다. 그렇게 그는 책 한 권으로 춘천에서 서울로 입성하는 데 성공했고, 과장으로까지 승진할 수 있었다.

그는 이렇게 말한 바 있다.

"제가 첫 책을 서비스에 대한 주제로 쓰지 않았다면 농협에서 퇴출당했을 거예요. 농협이 필요로 하는 서비스, 친절에 대해 썼기 때문에 그 분야에서 능력을 인정받고 직장에서 아낌을 받고, 그 바람에 빨리 승진이 됐죠. 내가 지금 있는 직장에서 진심으로 튀고 싶다면 그곳에서 남다른 세계를 만들어 내셔야 해요. '내가 이런 사람이다' 내보일 수 있는 것 중에 하나가 책이라는 거죠."

나는 조관일 작가처럼 여러분도 직장 다니는 지금 자신의 이름으로 된 책을 한 권 써 보라고 권하고 싶다. 회사는 여러분의 미래까지 지켜주지 않는다. 그나마 안정적인 직장생활을 하는 지금 미래에 대한 준비를 해야 한다. 책을 펴내 브랜딩하여 강연과 코칭, 나아가 1인 기업가로 활동하는 것이 최고의 대안이라고 생각한다. 시간이 갈수록 알아주는 사람들이 늘어나며 수입 또한 증가하게 된다. 무엇보다 사람들에게 인정받고 존경받는 일을 할 수 있다는 것은 축복이 아닐 수 없다.

아래는 나의 저서 《베스트셀러 작가 되는 비법》에 실려 있는 글이다.

리처드 바크의 저서 《갈매기의 꿈》이 있다. 이 책은 전직 비행사였던 작가가 비행에 대한 꿈과 신념을 실현하고자 끊임없이 노력하는 갈매기 조나단 리빙스턴의 일생을 통해 모든 존재의 초월적 능력을 일깨운 우화형식의 신비주의 소설이다.

이 작품은 자유의 참의미를 깨닫기 위해 비상을 꿈꾸는 한 마리 갈매기를 통해 인간 삶의 본질을 상징적으로 그리고 있다. 특히 갈매기들의 따돌림에도 흔들림 없이 꿋꿋하게 자신의 꿈에 도전하는 갈매기 조나단의 인상적인 모습에서 자기완성의 소중함을 깨닫게 된다. 작가는 "가장 높이 나는 새가 가장 멀리 본다."라는 삶의 진리를 일깨우며, 우리 인간들에게 눈 앞에 보이는 일에만 매달리지 말고 멀리 앞날을 내다보며 저마다 마음속에 자신만의 꿈과 이상을 간직하며 살아가라고 이야기한다.

나 역시 이 책을 통해 어떤 자세로 인생을 살아가야 하는지에 대해 생각해 보게 되었다. 앞서 인생을 살았던 사람들 역시 나와 같은 감동을 느꼈나 보다. 출간되자마자 미국 문학사상 최대의 베스트셀러였던《바람과 함께 사라지다》의 판매 기록을 뛰어넘는 세계적 베스트셀러가 된 것을 보면 사람들에게 지대한 영향을 끼쳤다는 것을 알 수 있다.

아이러니한 것은《갈매기의 꿈》의 성공으로 부와 명예를 누리게 된 리처드 바크 역시 이 책을 출간하기까지 무려 18군데의 출판사로부터 거절당했다는 것이다. 하지만 그는 작가가 되려는 자신의 꿈을 포기하지 않았고, 마침내 이 책은 700만 부가 팔린 세기의 베스트셀러가 되었다.

《갈매기의 꿈》에서 우두머리 갈매기가 조나단에게 이렇게 말한다.

"삶이란 알려지지 않은 것이고 또 알 수도 없는 것이다. 우리는 단지 먹기 위해, 그리고 될 수 있는 한 오래 살아남기 위해 이 세상에 던져진 것이다. 그 이상은 아무것도 필요 없다."

그저 썩은 고기라도 배부르게 먹으며 살아가면 그만이지, 더 멀리, 더 높게 나는 것은 갈매기에게는 무의미하고 아무짝에도 쓸모없는 짓이라는 것이다. 그렇게 사는 것이 갈매기들의 운명이라는 것이다. 그러나 조나단은 여느 갈매기와는 달랐다.

조나단은 이렇게 말했다.

"수천 년 동안 우리는 생선 대가리나 쫓아다니며 살아왔습니다. 하지만 이제는 삶의 의미를 찾아야 할 때입니다. 배우고 알아내고 자유로워지기 위해서 말입니다. 제게 한 번만 기회를 주십시오."

하지만 안타깝게도 갈매기들은 조나단에게 등을 돌리고 말았다. 조나단은 다른 갈매기들이 자신의 가능성을 포기하는 것을 보고 가슴 아팠다. 결국 외톨이가 된 조나단은 자신의 꿈을 향해 더 많이 배우고 노력했다. 그런 지독한 노력 끝에 신선하고 맛있는 물고기를 잡는 법도 터득하게 되었다. 생존하기 위해 썩은 고기를 찾아다닐 필요가 없어진 것이다.


나는 이 글을 읽는 사람들이 당장 책 쓰기에 도전하기를 소망한다. 책 쓰기는 삶을 변화시키는 혁명이다. 아무리 독서를 열심히 해 봤자 삶은 바뀌지 않는다. 인풋만 되지 아웃풋으로 이어지지 않기 때문이다. 하지만 책을 쓴다면 삶은 확연하게 달라진다.

나는 〈한책협〉을 만나 책을 한 권 펴내 더 나은 삶을 사는 이들을 수없이 만났다. 그들은 부모 형제, 친척들, 친구들, 동료들이 인정해 주고 알아줄 정도로 존재감을 갖게 되었다. 나는 여러분의 이름으로 책을 쓰는 것만으로도 눈부신 미래를 준비할 수 있다고 생각한다.

정신없이 바쁜 지금 자신의 이름으로 된 책을 써야 한다. 그렇지 않으면 미래에는 더 바빠질 것이다. 불행한 삶을 살게 될지도 모른다.

# PART 1

# 부동산 전문가가 되어
# 행복하고 풍요롭게 살기

김 은 화

## 김은화

**부동산 코치, 동기부여가, 강연가, 자기계발 전문가**

어려운 형편으로 꿈을 잃어버린 채 하루하루 버티는 삶을 살다가, 부동산임대업 시작으로 미래를 밝혀
줄 한줄기 빛을 보며 달려가고 있다. 그동안 겪었던 경험과 지식으로 선한 영향력을 끼치는 동기부여
가로 꿈과 희망을 전해주고 싶다.

E-mail dmsghk0010@naver.com

# 부동산 동기부여가 되기

언제부터인가 난 부동산에 관심이 많아졌다. 돌이켜 생각해 보니 내 집을 갖고 싶은 욕망이 컸던 것 같다. 많은 사람들이 가진 아파트, 즉 작은 아파트 한 채라도 갖고 싶었다. '어떻게 해야 내 집을 가질 수 있을까?'란 생각을 수도 없이 했다. 내가 이렇게 집에 집착하게 된 건 어릴 적의 어려운 환경과 결혼생활에 닥친 갑작스러운 어려움 때문이었던 것 같다. 밑바닥까지 내려오면서 아주 기본적인 집 문제가 마음속에 자리 잡기 시작했던 것 같다.

딸아이가 초등학교 4학년 때 옆집 빌라에 사는 친구 효민이와 가깝게 지냈다. 어느 날 효민이가 같은 동네에 있는 아파트로 이사를 간다고 딸아이에게 자랑을 한 모양이었다. 딸아이는 "엄마, 우린 언제 아파트로 이사 갈 수 있어? 나도 아파트에서 살고 싶어!"라고 말했다. 그렇게 말하는 딸아이의 얼굴을 보는 순간 마음이 너무 아팠다. 그 당시에 살고 있던 빌라는 거실도 없는 투 룸이라 많이 불편했다. 1층이라 여름이면 창문도 제대로 열 수 없었다.

한번은 밤에 너무 더워 창문을 열고 딸아이랑 TV를 보고 있는데 낯선 남자랑 눈이 마주쳤다. 너무 놀라서 정신이 없었다. 딸아이도 그 남자의 얼굴을 봤다. 온몸이 얼어붙는 것 같았다. 바로 도둑이었다. 집들이 다닥다닥 붙어 있는 빌라촌에는 도둑들이 비일비재하게 출몰했다. 그 일이 있고 난 후에는 창문을 열 수가 없었다. 아이가 더위에 지쳐 있는 모습이 너무 안쓰러웠다. 열대야로 온몸에 땀이 끈적거리는 아이를 보자 부모가 가난해 아이를 고생시키는 것 같아서 마음이 너무 힘들었다. 어쩔 수 없이 우린 벽걸이 에어컨을 할부로 구입해 여름을 보냈다.

난 이 빌라에서 벗어나기 위해서 열심히 일했다. 딸아이가 어린이집에 다닐 때는 집에서 커튼 카탈로그 견본품 붙이는 일이며 자동차 부품 일을 했다. 하지만 들이는 시간에 비해 수입이 턱없이 적었다. 한마디로 실망이었다. 생활은 별로 나아지지 않았다. 하루하루 흘려보내는 시간이 너무 아까웠다. 정식 회사 직원으로 일하고 싶은데 우리 동네에는 통근버스가 오지 않았다. 어쩔 수 없이 부업을 하면서 계속 일자리를 찾고 있었다.

그러던 중 동네 통장이 우리 집을 방문하게 되었다. 난 혹시나 하며 "통장님, 어디 일할 만한 회사 있으면 소개 좀 해 주세요."라고 했다. 그러자 통장님은 얼마 전 아는 사람이 삼성 휴대전화 부품 1차 하청업체에 취직했다고 했다. 통근버스도 동네에 들어오고 회사도 제법 크다고 했다. 난 그 얘기를 듣자마자 전화번호를 달라고 했다. 회사로 연락해서 면접을 보고 출근했다. 회사에 다녀 돈을 더 벌 수 있다는 생각에 기쁜 마음도 잠시, 잠자는 시간만 빼고 공장생활에 매달려야 했다. 몸은 점점 지쳐 갔다. 그 와중에도 난 항상 다짐했다. 여기에 머물지 않겠다고, 어떻게든 지금보다 더 나은 생활을 하겠다고 말이다.

힘들 때면 '앞으로 괜찮아질 거야'라고 스스로를 다독이며 울기도 많이 울었다. 삶을 포기하고 싶을 때도 여러 번 있었다. 생활은 나아지지 않고 늘 제자리였다. 몸과 마음은 지쳐만 갔다. 그때마다 딸아이는 고사리손으로 지친 엄마의 어깨와 다리를 주물러 주면서 "엄마, 힘들지. 내가 커서 돈 많이 벌어서 엄마 다 줄게."라고 했다. 딸아이의 그 예쁜 한마디에 '그래, 내가 낳았으면 내가 책임을 져야지. 지금 힘들다고 모든 거 다 내려놓으면 너무 비겁하고 못난 엄마야. 아직 살아갈 날이 많잖아. 조금 늦게 출발하는 것뿐이야.'라면서 마음을 다독였다.

난 딸아이와 함께하는 시간과 맞바꾸면서 돈을 조금씩 모았다. 기특하게도 딸은 항상 엄마를 이해해 주었다. 남편의 수입은 빚 갚는 데 쓰고 내 월급으로 생활했다. 그러면서 이사가기 위해 모은 보증금은 500만 원에서 2,000만 원으로 늘어났다. 이때 내 머릿속에 '이 돈으로 아파트로 이사 갈 방법이 없을까?'란 생각이 번뜩였다. 그러다가 부동산을 찾아가게 되었다. 부동산 소장님께 지금 가진 돈으로 아파트에 이사 갈 수 있는지 알아봐 달라고 이야기했다. 그러자 소장님은 된다고, 알아봐 주겠다고 하셨다. 그렇게 해서 월세로 아파트에서 살게 되었다. 그러곤 1년이 지나 급매물로 나와 있는 아파트를 소개받았다. 결국 은행의 담보 대출을 받아서 내 집을 가지게 되었다. 그때의 기분은 정말 최고였다.

지금도 그때의 결정은 정말 잘했다고 생각한다. 어차피 월세로 나가는 돈을 은행에 이자로 내면 되었다. 이사 다닐 걱정을 던 것은 덤이었다. 3년이 지나자 시세 차익도 많이 생겼다. 단기간에 돈이 불어나는 부동산은 신선한 충격으로 다가왔다. 월급만으로는 꿈도 꾸지 못할 일이었다.

회사생활로는 나의 미래가 보이지 않았다. '언제까지 삶의 여유도 없이 다람쥐 쳇바퀴 돌듯이 살아야 하나'라는 생각에 잠기곤 했다. 하지만 아파트를 산 이후, 부동산에 투자하면 내 인생이 달라질 수도 있겠다는 생각이 들었다. 자신감도 없고 두려움이 많은 나였지만 이상하게도 할 수 있다는 용기가 생겼다. 나는 서점에서 부동산 서적을 구입해 내가 원하는 정보를 얻었다. 그러곤 그것을 토대로 부동산 소장님을 통해 대구 동변동에 아파트 두 채를 계약했다. 이어서 성서에 한 채, 칠곡에 신규 분양 아파트를 한 채 계약했다. 이렇게 해서 아파트가 다섯 채가 되었다.

이는 기존에 살고 있는 아파트를 담보로 대출이 가능했기 때문이다. 지금 당장은 수익이 나지 않는다. 하지만 씨를 뿌렸으니 싹이 나고 열매를 맺을 때까지, 기다려야 한다는 걸 잘 안다. 나의 보물들이 어느 정도 시간이 흐르면 나에게 더 큰 선물을 안겨 줄 것을 믿기 때문이다.

이것을 계기로 임대사업자 등록까지 했다. 부동산 일이 즐거웠다. 부동산을 쇼핑하는 일은 나에게 신세계였다. 계속해서 부동산을 공부하며 임장을 다닐 것이다. 그래서 임대업으로 크게 성공할 것이다. 그러곤 빌딩 건물주도 되고 물질적으로 풍족하게 살 것이다.


돌이켜 생각해 보니 난 너무 바보같이 살았다. 세상에는 많은 직업들이 있는데도 한 가지 일만 고집하고 더 이상 발전이 없는 일에 매달리며 살아왔다. 새로운 것에 도전하는 용기가 없었다. 난 하고 싶은 건 많은데 새로운 시작에 대한 두려움과 걱정이 많았다. 그러면서 '돈이 없어 힘들다', '언제까지 이렇게 살아야 하나?' 하면서 신세한탄만 했다. 현실에 안주하며 그나마 가진 것도 잃을까 봐 전전긍긍하며 살아왔다.

나의 인생에서 겪었던 수많은 어려움과 고난은 나를 더 크게 성장시키려고 하나님이 내게 주신 선물이라 생각한다. 실패와 힘든 시간은 나에게 많은 깨달음과 새로운 기회를 가져다주었다. 진정 내가 원하는 일을 하면서 사는 게 행복이라고 생각한다. 나의 경험과 지식을 나누기 위해서 나는 부동산 책을 쓸 것이다. 그래서 컨설턴트, 강연가로서 선한 영향력을 펼치며 힘들고 외로운 사람들의 등불 같은 존재가 되고 싶다. 힘들더라도 이루고 싶은 꿈과 목표가 있기에 열정과 신념을 바쳐 성공할 것이다.

성경에 "네 믿음대로 될지어다."라는 구절이 있다. 내가 믿은 대로 된다는 뜻이다.

나는 내 믿음대로 살아가며 풍요로운 삶을 살 것이다.

# 딸의 꿈 응원하기

남녀가 만나 가정을 이루고 살면 사랑의 결실인 새 생명은 당연히 우리의 품에 안긴다고 생각한다. 많은 사람들이 아기를 가지고 낳아서 양육하는 생활은 누구나 누리는 평범한 삶이라고 받아들인다. 나 또한 그랬기 때문에 결혼하면 당연히 아기를 낳고 다른 사람들처럼 평범하게 살아갈 것이라고 생각했다.

하지만 의사 선생님께서는 1년 후에 아기를 가지라고 말씀하셨다. 나는 자연유산을 하는 바람에 몸이 약해져 있었다. 그래서인지 의사 선생님께서 휴식 기간을 좀 가지면서 정기적으로 건강 체크를 하자고 하셨다. 그땐 정말 슬펐다. 내가 잘못해서 아기를 잃은 것 같아 마음이 많이 아팠다. 친구들은 하나둘 임신을 하고 일찍 결혼한 친구들은 벌써 아이가 어린이집에 다녔다. 난 늦은 나이가 아니었지만 친구들 중에서는 늦은 편이었다. 유산 경험이 있어 마음은 더 힘들었다. 한동안 우울한 나날을 보냈다.

나는 건강한 아이를 낳기 위해 정기적으로 병원을 다니며 몸 관리에도 신경을 썼다. 그리고 저녁마다 하나님께 기도를 드렸다. "하나님. 건강하고 지혜롭고 훌륭한 아이를 제게 보내 주세요."라고.

1년이 지나 난 임신했다. 잠을 자는데 생전 꾸어 보지 못한 꿈을 꾸었다. 너무나도 선명한 꿈이었다. 멋진 난 뿌리에 화려한 보석이 주렁주렁 달려 있었다. 보석이 눈이 부실 정도였다. 나는 꿈이 예사롭지 않아서 혹시나 하는 생각에 산부인과에 갔다. 의사 선생님께서 "축하합니다. 그동안 고생하셨습니다."라고 말씀하셨다. 너무 기뻐서 눈물이 흘렀다. 그동안 마음고생을 많이 했다. 친정 부모님께서도 항상 나를 걱정하시며 보약과 몸에 좋은 음식을 챙겨 주셨다. 부모님의 자식사랑은 늘 한결같다.


예쁜 아이가 우리에게 선물로 왔다. 아직도 그때가 감동적인 영화의 한 장면처럼 떠오른다. 나는 다른 산모들과 달리 첫 아이인데도 수월하게 낳았다. 그날의 행복감은 말로 표현할 수가 없다.

아이가 태어나면서 아이를 똑똑하게 잘 키우기 위해 매일 영어 테이프며 동화이야기를 틀어 주었다. 그러면서 아이와의 하루 일과가 시작되었다. 그림책도 같이 보고 읽어 주었다. 난 아이를 너무 갖고 싶었던지라 아이에 대한 애착이 강했다. 다른 부모들도 마찬가지겠지만 나는 조금 더 유별난 것 같았다. 아기 피부에 펄프 기저귀가 좋지 않다는 생각에 천연 천으로 만든 기저귀를 빨아서 사용할 정도였다. 심지어 밖에 외출할 때도 마찬가지였다. 동네 아줌마나 친구들은 나를 보면서 대단하다고, 요즘 애기 엄마 같지 않다고 말했다. 조금 번거롭고 힘이 들더라도 아이한테만은 최선을 다하고 싶었다.

나는 딸아이와 있을 때 굉장히 행복하다. 하루하루 성장하는 딸아이의 모습을 보는 기쁨은 나에게 큰 행복이다. 딸아이는 먹성도 좋아 발육 상태도 뛰어났다. 하루가 다르게 커 가며 어느새 말도 하고 걸었다. 모든 게 나에겐 새로운 경험과 감동이었다. 인간이 태어나서 커 가는 과정을 딸아이를 통해서 보고 느끼게 된다. 내가 부모가 되어 보니 한 생명을 지키고 책임지는 일이 위대한 일이라 생각된다. 어떤 어려움이 닥쳐와도 이겨 낼 수 있는 힘을 주고 살아가는 데 있어 희망을 주는 게 그 어떤 가치보다 크기 때문이라고 생각한다.


딸아이가 초등학교 3학년 때의 일이다. 딸아이가 "엄마, 학교에서 어려운 사람을 돕는 행사가 있대. 저금통 깨서 성금으로 내도 돼?"했다. 그래서 난 "그래, 잘 생각했네. 어려운 사람을 돕는 일은 좋은 일이니까 네가 하고 싶은 대로 하렴."이라고 말했다. 그러자 딸아이는 신이 나서 그동안 모은 용돈을 챙겨 학교에 갔다. 그런데 점심시간쯤 담임선생님한테서 전화가 왔다.

"수빈이 어머니세요?"

"네. 안녕하세요, 선생님."

"오늘 수빈이가 성금으로 3만 원을 가져와서 확인차 전화드렸습니다."

"선생님, 수빈이가 그동안 모은 용돈을 가져갔어요. 3만 원 그대로 성금으로 받아 주셔도 됩니다."

선생님께 말은 그렇게 했지만 딸이 저금해 놓은 용돈을 다 가져간 사실은 미처 몰랐다. 딸아이가 수업을 마치고 집에 돌아왔다. 내가 "수빈아, 3만 원은 큰돈인데 다 가져갔어?"라고 묻자 딸아이는 "힘들고 불쌍한 사람들은 도와야 돼. 그렇게 해야 되잖아. 그래서 다 주고 싶었어. 괜찮지?"라고 말했다. 아이가 또박또박 자신의 의사를 표현하는 걸 보니 내심 뿌듯했다.

아직 어리다고 생각했는데 어느새 딸아이는 생각과 마음이 많이 자라 있었다. 딸아이의 성장과정을 지켜보며 살아가는 행복이 정말 크다. 선한 마음을 가지고 잘 성장해 주길 바란다. 남을 배려할 줄 알며, 자신을 지켜 내는 힘이 있으며, 몸과 마음이 건강한 아이로 자라 주길 바랄 뿐이다.

딸아이는 사춘기에 접어들면서 공부도 제대로 하지 않고 친구들과 어울려 노느라 정신이 없었다. 나는 그런 딸을 보면서 속상했다. 자식이 한 명이라 누구보다 더 잘 키우고 싶은 욕심이 있었다. 넉넉한 형편은 아니었지만 아이의 재능을 찾아 주고 싶어서 다른 지출을 줄이고 학원만큼은 신경을 써서 보냈다. 나도 학창시절이 있었기에 나와 같은 시행착오를 겪지 않게 하고 싶어서 최선을 다해 키웠다. 하지만 아이는 생각만큼 따라 주지 않았다.

하루는 아이를 앉혀 놓고 물었다.

"수빈아, 학원 다니기 싫어?"

"응. 학원은 나하고 안 맞는 것 같아."

"왜 가기 싫은데?"

"선생님이 정해 놓은 문제만 푸는 게 싫어! 궁금한 것도 많은데 질문하면 선생님께선 주입식으로만 가르치셔서 재미가 없어. 집에서 공부하는 게 더 좋아."

딸아이의 이야기를 듣고 있자니 난 이때껏 뭐 했나 싶었다. 딸에게 하나라도 더 가르치고 잘 키우고 싶어서 생활비를 아껴 학원엘 보냈다. 하지만 결국 돈과 시간 낭비만 하고 스트레스로 공부에 대한 딸아이의 흥미만 떨어졌다. 공부는 엄마가 억지로 시킨다고 되는 것이 아니다. 아이도 성장하면서 생각이 자라고 자아가 생긴다. 때문에 꼭두각시처럼 부모가 시키는 대로만 움직이지 않는다는 걸 깨달았다.

고등학교에 진학할 때가 되자 어떤 계열을 선택할지 정해야 했다. 딸에게 대학에 진학하려면 인문계로 가야 하지 않느냐고 묻자, "관광고등학교로 갈래. 인문계에 가면 공부만 해야 하고 정작 내가 좋아하는 일은 못 하잖아."라고 했다. 그럼 대학 진학은 어떻게 할 거냐고 물으니 대학에도 갈 거라며 시원스레 대답했다. "어떻게 갈 건데? 특성화 고등학교에 진학하면 힘들지도 몰라."라고 하자, "중학교 때처럼 놀기만 하지 않고 미래를 위해서 열심히 공부할 거야. 나 요즘 반성 많이 하고 있어."라며 진지하게 말했다. 나는 딸의 반응에 놀라기도 했지만 예전과는 다른 모습에 기분이 좋았다.

사실 딸아이는 그동안 공부를 열심히 하지 않아 성적이 엉망이었다. 한번은 성적표를 받고 난 후 집에 돌아와 울며 "그동안 실컷 놀았으니 이제 열심히 공부만 할 거야."라고 하기에 "열심히만 한다고 해서 다 되지 않아."라고 했다. 그랬더니 "엄마, 전교 1등 하면 되잖아. 걱정하지 않아도 돼. 할 수 있어!"라고 하는 것이었다. 솔직히 딸이 그렇게 해 주면 좋겠지만 이때껏 공부한 걸로 봐선 걱정이었다. 하지만 난 엄마니까 믿고 딸을 위로했다. "우리 딸은 공부하지 않아서 그렇지, 하면 잘할 수 있어. 잘해 보자."라고 용기를 주었다.

딸은 앞으로 어떻게 할지 계획을 세워서 내게 말해 주었다. 딸은 "관광고등학교에 입학하면 인문계 친구들이 야간자율학습을 할 시간에 내가 하고 싶은 연기 연습도 하고, 필요한 자격증도 따고, 어떤 게 내 적성에 맞는지 다양한 경험도 하고 싶어! 주말에는 알바를 해서 용돈도 벌 거야."라고 했다.

딸은 고맙게도 엄마와의 약속을 지켰다. 전교 1등은 물론 각종 대회에 나가서 상도 많이 받아 왔다. 학급 회장도 놓치지 않고 계속 맡아 리더로서의 역할도 잘 해내고 있다. 학교 선생님들 사이에서도 인정받으며 학교생활을 잘하고 있다. 딸은 하고 싶어 하고 진정 원하는 것을 할 때 성과가 배가 되고 성취감으로 인해 더 발전하는 것 같다.

딸의 꿈은 배우다. 난 딸이 연예인이 되는 건 싫다. 치열한 경쟁 속에 상처를 많이 받을 것은 불 보듯 뻔한 일이다. 하지만 경험을 해 보는 것도 좋은 공부라 생각한다. 중간에 연기학원을 그만두게 되더라도 그 과정에 또 다른 배움이 있으니 걱정은 하지 않는다. 학교 수업이 끝나면 바로 연습실로 향해 밤늦게까지 연습하고 온다. 피곤에 지친 모습을 보면 안쓰럽다.

그러던 딸이 어느 날 열심히 하던 연기를 그만하겠다고 선언했다. 우리는 늦은 시간에 둘러앉아 딸아이와 진지하게 대화를 나누면서 아이의 생각을 들을 수 있었다. 딸은 정말 이루고 싶은 꿈이 생겼다고 했다. 연기도 하고 싶지만 미치도록 하고 싶지는 않다고 했다. 고3이 다가오니 미래에 대한 생각이 많아지면서 아닌 길을 계속 간다는 건 시간낭비 같다고 했다. 그렇게 고민을 털어놓으면서 작가가 되고 싶고 책을 내고 싶다고 했다. 여태껏 아이를 믿고 기다려 줬듯이 딸아이의 의견을 존중해 주기로 했다. 다시 새로운 것을 시작하는 것은 또 다른 행복을 찾는 것이라고 생각한다. 많은 경험을 통해서 아이는 더 크게 성장할 것이다.

부모는 아이의 생각과 마음의 소리를 잘 듣고 대화하면서 아이와 무한한 신뢰를 쌓게 된다고 생각한다. 제대로 인생의 방향을 잡아 주는 나침반 역할만 잘해 주어도 행복한 아이로 자랄 것이라 생각한다. 건강한 몸과 마음으로 풍요로운 삶을 살아가게 될 것이라 생각한다. 딸아이가 이번에도 잘 해낼 것이라 믿으며 항상 딸아이의 꿈을 응원한다.

# 분당 70평대 아파트에 입주하기

사람들은 저마다 이루고 싶은 크고 작은 꿈이 한 가지쯤은 있다고 생각한다. 처음엔 작은 것에 도전하고, 그것이 이루어지면 더 큰 것을 가지고 싶은 게 인간의 욕심인 것 같다. 이 욕심은 나쁘다고 생각하지 않는다. 선한 욕심은 우리를 더 강하게 만든다. 우리가 발전하며 살아갈 수 있었던 것은 인간의 욕망이 내재되어 있기 때문이라 생각한다. '그런 생각을 가진 사람이 나였으면 지금 더 풍요로운 삶을 살 수 있지 않았을까?' 하고 생각해 본다.

나는 빌라에 살다가 아파트로 이사를 했다. 비록 월세지만 빌라에서 벗어났다는 것만으로도 행복했다. 하지만 일 년쯤 살다 보니 이사, 보증금, 월세 걱정이 되기 시작하면서 나는 바로 행동에 들어갔다. 은행의 담보대출의 힘을 빌려 23평 아파트를 구입했다. 나의 집이 생겨 하루하루 사는 게 행복했다. 하지만 그것도 오래 가지 못했다. 하루는 딸아이가 "엄마. 우리도 넓은 집으로 이사 가면 안 돼? 내 친구 집은 넓고 좋던데 우리도 넓고 좋은 아파트로 이사 가서 살자!"라고 말했다. 딸이 친구 집에 갔는데 드레스룸도 있고 방과 거실이 엄청 넓었다며 설명을 했다.

사실 나도 그런 집에 살고 싶다. 하지만 현실의 벽은 높다. 자본주의 사회에선 돈을 많이 가진 자만이 원하는 걸 얻는 세상이다. 그러나 어린 딸에게는 부모가 엄청 큰 존재로 보인다. 그래서 엄마 아빠가 무엇이든지 다 해 줄 거라고 믿고 스스럼없이 하고 싶은 말을 다 한다. 아직 어려서 세상이 어떻게 돌아가는지 잘 알지 못한다. 순수한 어린 생각이 예쁘기도 하지만 가끔 부모로선 마음이 아프다.

어느 날 남편이랑 칠곡에 볼일이 있어 도로를 달리던 중 아파트 분양 광고 현수막을 보게 되었다. 칠곡에는 오래된 아파트가 많은 탓에 신규분양 아파트가 인기가 많다. 우린 모델하우스에 관심이 끌리기 시작했다. 나는 구경을 해 볼 마음에 남편에게 말했다. "지금 모델하우스에 구경 가 볼까? 요즘 신규 아파트는 어떻게 짓는지 궁금해." 그러자 남편도 흔쾌히 그러자고 했다. 우린 바로 차를 돌려 모델하우스로 향했다.

사람들로 북적거렸다. 하지만 주택담보 대출 규제가 발표되면서 계약이 잘 이루어지지 않아 미분양이 된 모양이었다.

모델하우스의 아파트는 한눈에 보기에도 너무 멋졌다. 서로 신나게 정신없이 구경하고 궁금한 사항에 대해선 상담원과의 대화에서 어느 정도 해결 했다. 미분양이지만 앞으로의 가치가 상당하다고 느꼈다. 아파트 주위에 4차 도시순환 도로가 생기고 역세권 도로가 완성되면 아파트 프리미엄 혜택도 받고 아파트의 가치도 누릴 수 있을 것 같았다. 34평이라 넓고 쾌적했다. 살고 싶은 집이었다.

집에 돌아와서도 아파트가 눈에 아른거렸다. 그래서 나는 아파트를 분양 받을 궁리를 했다. 신규분양 아파트는 담보대출 규제에서 제외 되고, 분양금의 10%만 있으면 계약을 할 수 있다. 나는 빠르게 판단했다. 나의 생각을 믿고 나는 살고 있는 집 담보로 계약금을 마련했다. 그 돈으로 계약을 했다. 남편은 "부동산 쪽 일은 당신이 잘하니까 알아서 해. 같이 다녀줄 순 있지만 난 금융은 잘 몰라."라고 말한다. 지금처럼 남편이 나를 전적으로 믿어 주며 격려까지 해 줄 땐 정말 고마움을 느낀다.

2018년 10월에 입주인데 요즘 가계부채 대책이며 부동산 대책이 하루가 멀다 하고 쏟아져 나온다. 이중 삼중으로 규제에 꽉 막혔다. 그러나 우리지역에 신규아파트는 프리미엄이 형성되기 시작하면서 지금은 피가 좀 올라가고 있는 추세다. 나의 판단이 맞아 떨어져서 기분이 좋다.

결혼한 남동생이 분당에 살고 있다. 사는 게 바빠 이사한 동생 집에 가 보지 못했지만, 친정엄마께서는 자주 들르신다. 다녀오실 때면 분당 집이 너무 좋다고 말씀하신다. 엄마는 "사람들이 천당 밑에 분당이라 이야기하더라. 너희도 다음에 가 봐라. 전망도 끝내 준다."라고 말씀하셨다. 나는 '동생이 좋은 집에서 잘 사나 보네. 좋겠다. 다음에 가 봐야지.'라고만 생각했다. 사실 궁금하기도 했다.

남동생이 성공해서 좋은 집에 사는 건 당연하다고 생각한다. 그만큼 노력을 하고 얻은 결과이기 때문이다. 성공을 하면 주위 환경과 생활수준도 높아진다. 멋진 삶을 살기 위해선 그만큼 희생이 따른다고 생각한다. 동생은 명확한 목표와 꿈이 확실하고 신념이 강한 사람이다. 원하는 삶을 가지기 위해 피나는 노력을 했을 것이다.

얼마 전에 여동생과 같이 남동생 집에 갔다. 분당이란 곳에 처음 가 봤다. 역에 내려서 지하철을 타고 가는데 대구와 달리 지하철에 사람들이 많이 붐볐다. 큰 도시라 그런지 확실히 복잡했다. 다들 무척 바빠 보였다. 사람 사는 모습은 어딜 가도 똑같았다. 그곳을 빠져나와 남동생 집에 도착했다. 엄마한테 듣던 대로 멋졌다. 내가 사는 아파트와는 차원이 달랐다. 직접 보니 더 실감 났다. 밤 야경도 멋지고 넓은 거실에 내부 인테리어도 너무 좋았다. 주위엔 높은 빌딩과 고층 아파트가 뽐내고 있었고 주위 환경은 물론 인프라가 잘 구축돼 있어 살기가 편안한 도시였다.

도우미 아줌마가 차려 주는 저녁 식사를 마치고 카페거리로 나왔다. 사람들은 편안하고 여유로워 보였다. 잠깐이라도 그 분위기에 빠져 있는 게 좋았다. 오랜만에 만나 이야기꽃을 피웠다. 나의 눈에는 카페에 있는 사람들이 다 풍족한 삶을 살고 있는 것처럼 비쳤다. 나는 커피를 마시면서 주위에 행동하는 모습과 즐겁게 대화를 나누는 모습이 눈에 들어 왔다. 그 모습을 보면서 나도 저런 일상을 자연스럽게 즐기면서 살고 싶다는 생각이 들었다. 나의 매일 바쁜 일상을 한번 더 돌아보게 되었다.

대구에서 벗어나지 않고 우물 안 개구리처럼 반평생을 살아 왔다. 사람은 여러 곳을 다녀보고 새로운 변화에도 적응을 하면서 살아야 한다. 이론적으론 잘 알지만 실천이 문제다.


대구에 도착해서 남편에게 "분당 70평대 아파트에서 살고 싶어. 너무 좋아. 주위 환경과 교통도 편리하고, 서울도 가깝고 문화 혜택도 볼 수 있고 도시도 너무 깨끗하고 마음에 들어. 왜 사람들이 대도시로 나오는지 알겠어."라고 말하자 남편은 우리 형편을 너무 잘 아니까 웃어넘겼다. 나는 흥분해서 계속 말했다. "남동생

회사도 너무 멋져!" 그러자 남편은 "잘나간다는 사람들이 다 모여 있는 서울에서 혼자 크게 성공한다는 건 정말 대단한 거야."라고 말했다.

남동생은 꿈만 꾸었던 게 아니다. 갖고 싶은 꿈을 위해 힘든 과정을 거치고 고난으로 포기하지 않고 이겨내며 끝까지 꿈을 놓지 않았던 것 같다. 많은 사람들은 이 힘든 길을 견뎌내지 못하고 포기하기 때문에 성공자의 삶으로 살아가지 못한다고 생각한다.

나 역시도 두렵고 불안하고 의심하며 도전의식이 부족해서 어떤 일을 새롭게 시작하지 못한다. 도전을 안 하는데 무엇이 달라지며 결과가 있을까? 요즘 이런 감정을 많이 느낀다. 사람은 자신보다 더 나은 사람을 만나고 성공자를 만나서 나를 자극시켜야 더 발전된 삶을 살아갈 수 있다는 생각이 든다.

대구에만 있을 때는 몰랐다. 우리 집 앞에 보이는 금호강 전망이 서울에 한강처럼 멋있다고 생각했기 때문이다. 그래서 사람은 넓은 세상을 보고 다녀야 하는 거라고 새삼 깨닫는다. 남동생이 자극제 역할을 했고, 더 나은 삶을 살고 싶게 하는 원동력이 되었다. 앞으로 더 적극적으로 행동하고 끝까지 나의 꿈을 놓지 않을 것이다.

34평 아파트에 살려고 분양 계약을 했지만 나는 여기서 만족하지 않고 분당에 있는 70평대 아파트에 사는 것을 버킷리스트로 정했다. 꼭 분당의 70평 아파트에 당당하게 살 것이고 더 큰 미래를 바라보며 최선을 다할 것을 다짐한다.

나의 롤 모델이 생겼다. 자기계발서나 성공자의 책을 읽으면 성공하고자 하는 사람은 멘토가 있어야 한다고 한다. 나의 멘토는 바로 남동생이다. 멀리서 찾을 필요가 없다. 바로 옆에 든든한 동생이 있어 보고 말하고 느낄 수 있기 때문에, 하나님이 나에게 주신 축복이라 생각한다. 성공자의 모습을 보며 나는 더 열심히 자기계발과 의식 수준을 높이며 끝까지 포기하지 않고 한 발 한 발 성공자의 과정을 밟아 크게 성공한 삶으로 살아갈 것이다.

# 유럽 여행하기

어릴 적 나에게는 여행이란 단어가 낯설었다. 계곡에서 물놀이와 소꿉놀이, 고무줄놀이 정도가 아주 재미나는 놀이었다. 방학이 오면 친척집에 다녀오는 게 전부인 시절이었다. 부모님과 같이 동물원 갔던 것도 초등 시절에 한번 정도 갔던 기억이 난다. 그때는 참 어렵고 힘든 시절이었다. 요즘 시대에는 저축은 잘 하지 않아도 즐길 건 다 즐기고 사는 사람이 많다. 그만큼 살기 좋은 세상이다. 세상의 눈부신 발전으로 어린 시절과는 비교가 되지 않는다. 첨단 생활과 즐길 거리가 넘쳐 난다.

스물일곱 살 때 일이다. 신혼여행 덕분에 난생 처음 제주도에 갔다. 제주 공항에 도착하자 TV에서만 보던 야자수 나무가 펼쳐져 있었다. 난 꼭 해외여행을 온 듯한 느낌이 들었다. 기분이 설레었다. 우린 호텔에 도착했다. 호텔이란 곳도 처음 접하게 되었고 방문을 여는 순간 깔끔한 정돈과 시설이, 편히 쉴 수 있게 모든 게 잘 갖추어져 있어 좋았다. 조식은 호텔에서 나왔지만 저녁 식사는 따로 비용을 지불해야 했던 터라 구경도 하고 돈도 아낄 겸 밖으로 나왔다. 소박한 자연 풍경에 바다는 너무 아름다웠다. 육지하고 떨어져 있는 섬이라 그런지 새로운 세상에 와 있는 듯했다.

비행기도 처음 타 보고 모든 게 꿈만 같았다. '같은 나라인데도 이렇게 다른 느낌을 받을 수 있구나'라고 생각했다. 우리는 자유롭게 시간을 보내기 위해서 단체관광을 선택하지 않았다. 그래서 렌터카를 빌려서 우리가 관광하고 싶은 곳을 자유롭게 찾아다녔다.

한참 해안 도로를 달리는데 신호등이 있었다. 한적한 곳이라 빨간 불이지만 그냥 통과했다. 어디선가 갑자기 경찰차가 나타나 우리를 세웠다. 남편이 "왜 그러세요?"라고 묻자 경찰관이 "지금 신호위반 하셨어요."라면서 범칙금 발부를 하는 것이었다. 우린 "사람도 차도 없어서 달렸어요. 죄송합니다. 지금 신혼여행 중이니 한 번만 봐 주세요."라며 사정했다. 그러자 경찰관이 "여기에 오시는 분은 거의 다 신혼여행 커플입니다."라고 말했다. 경찰관 한마디에 우린 민망해서 서로 마주 보면서 웃었다. 아무튼 우리가 잘

못했으니 어쩔 수가 없었다.

누가 있든 없든 법은 지키며 살아야 한다. '괜찮겠지'라는 안일한 생각에 낭패를 봤다. 하지만 신혼여행은 너무 행복하고 즐겁게 마무리 됐다.


집안 사정으로 인해 1년 정도를 쉬고 다른 회사에 취직을 하게 되었다. 휴가철이 되자 회사에서 한 달 전쯤 휴가 날짜를 미리 발표했다. 그러자 직원들은 여행 날짜를 짜느라 정신이 없었다. 요즘은 해외여행을 많이 가기 때문에 일정에 참고를 하라고 배려를 해 주었다. 제주도에 가는 경비와 비교해서 별 차이가 나지 않는다면서 가까운 해외로 많이 다닌다.

회사 친구는 필리핀 세부에 다녀와서는 너무 좋았다고 했다. 어떤 언니는 중국과 베트남을 갔다 왔는데, 어떤 지역은 개발이 안 되어 있어서 많이 힘들었다고 했다. 그러면서 "우리나라가 최고야! 물, 치안, 주위 환경이 너무 잘돼 있어."라고 했다. 다른 나라에 다녀오면 애국자가 되는 것 같다. 중국과 베트남의 경우 아직 개발도상국이다 보니 불편한 점도 많았던 것 같았다. 그러나 여행은 새로운 사람을 만나고 해 보지 못한 경험을 하는 소중한 시간이라고 생각해 본다.

여행을 간다면 어디로 가고 싶은지 남편과 딸에게 물어 보았다. 남편은 "일본에 가고 싶어. 거긴 우리나라와 거리도 가깝고 온

천 문화가 잘돼 있더라." 그러자 딸아이는 "우리 일본부터 먼저 여
행하고 유럽으로 가자."라며 적극적으로 의사표현을 했다.

딸은 해외에서의 생활을 무척 하고 싶어 했다. 한때는 유학을
가고 싶다고 떼를 쓰기도 했다. 그중에서도 일본에 가장 가고 싶
어 했는데, 피규어와 만화 캐릭터에 관심이 많아서였다. 딸아이는
일본이 애니메이션의 강국이기 때문에 꼭 가 보고 싶다고 했다.
그래서 일본어에도 관심이 많다. 일본어는 어느 정도 할 수 있다
며 자랑을 한다.

우선 가까운 일본을 가족과 같이 가고 싶다. 이제 핑계를 대지
말고 갈 수 있는 방법을 찾아야겠다. 딸아이에게 다른 나라 문화
를 접할 수 있는 기회를 줘서 다양한 경험을 가지게 하고 싶다.


나는 아시아 국가도 좋지만 유럽 국가로도 여행을 가고 싶다.
프랑스, 스위스, 스페인, 이탈리아 등 동양권을 벗어나 전혀 다른
나라의 문화를 체험해 보고 싶기 때문이다. 먼저 프랑스에 가서
에펠탑과 루브르 박물관에 가서 조각예술품과 유리 피라미드를
보고 싶다. 직접 가서 보면 감탄이 절로 난다고 한다. 무척 기대가
된다. 스위스는 기차 안에서 즐기는 도시 풍경이 그림과 같이 아
름답다고 한다. 그리고 스위스의 모든 산들은 풍경이 엄청 멋지다
고 이야기 한다. 생각만 해도 전율이 흐른다.

세비야에 있는 스페인 광장에서 자전거를 타고 웅장하고 아름

다운 세비야 에스파냐 광장에서 보트를 타고 즐기고 싶다. 그리고 가우디가 만든 최고의 건축물은 2026년 완공 예정이라 한다. 완성되기 전에 가 보아도 좋을 듯하다. 대구 MBC 방송국별관에서 안토니 가우디 사진전을 관람하면서 대단하다고 느꼈다. 스페인에서 직접 볼 수 있다는 생각에 가슴이 뛴다.

이탈리아에서는 세계적으로 유명한 와인과 음식을 맛볼 수 있고 해산물과 야채를 이용한 요리가 많아서 한국 사람 입맛에 가장 잘 맞아서 음식 고생을 덜 하는 나라가 이탈리아라 한다. 베니스의 일출은 낭만과 특유의 새벽풍경으로 다시 보고 싶은 풍경이라 한다. 죽기 전에 한 번쯤 가 봐야 한다고 한다. 여행은 사람을 행복하게 한다. 생각만 해도 너무 행복하다. 나에게는 유럽이 동경의 대상이었다. 유럽의 도시와 거리 건축물과 이국적인 풍경이 멋지다.

예전부터 사람들이 여행을 어디로 가고 싶냐고 물어보면 나는 항상 유럽여행을 가고 싶다고 말했다. 다른 세상을 느껴 보고 싶고 새로운 문화를 경험하고 내가 살고 있는 곳을 떠나 모든 힘든 짐을 내려놓고 여행할 때는 오로지 나만의 감정에 충실하며 마음을 비우는 시간을 갖고 싶다. 그리고 삶의 활력소를 되찾는 기회가 될 거라고 생각한다. 가족과 같이 여행을 다니면 너무 행복할 것 같다.

마음은 당장이라도 떠나고 싶은데, 현실은 그렇지 않다. 유럽은 여행경비가 만만치 않다. 하지만 나는 유럽여행을 떠날 수 있는 방법을 만들고 계획을 세워서 꼭 여행을 떠날 것이다. 무엇이든지 간절히 원하며 이루어진다고 믿는다.

유럽여행은 나의 버킷리스트에 속한다. 여태까지 열심히 산다고 국내 여행도 제대로 다니지 못했다. 남들은 '우리나라도 좋은데 뭐 하러 돈 아깝게 해외까지 갈까?'라고 생각할 수도 있다. 유럽여행을 다니는 게 사치라고 생각하는 사람도 있을 것이다. 하지만 우리가 살아가는 데 삶의 만족 또한 큰 기쁨이고 행복이기에, 그만한 가치가 있다고 생각한다.

가족과 함께 여행을 하면서 딸아이에게는 더 큰 세상을 보여주며 여러 나라의 외국인과 다양한 문화를 체험하고 경험을 할 수 있도록 해주고 싶다. 넓은 세상을 경험해 보지 못하고 살아간다는 건 슬프다. 이런 삶의 경험은 돈을 주고도 사지 못한다. 여행을 하면 생각과 마음이 성장하고 세상 보는 눈도 넓어지며 우리의 삶의 질도 높여 준다. 또한 나에게도 인생의 가치를 느낄 수 있는 좋은 기회가 될 거라 생각한다. 가족과 함께 유럽여행을 하며 추억을 쌓고 행복을 만들어 갈 것이다.

# 점포 주택 짓기

어린 시절에는 멋진 꿈을 한 가지씩 가진다. 그때는 때 묻지 않은 순수함으로 생각한 대로 그대로 이루어진다고 생각한다. 그 것도 잠시 우리의 꿈은 어느 순간 작아지고 사라지게 된다. 어른 이 되면서 바쁜 일상과, 힘든 생활로, 행복한 꿈이 나에게서 멀어 지게 된다. 우리의 꿈이 생각에서만 그치기 때문인 것 같다. 나는 어릴 때 세상을 살아간다는 게 이렇게 힘든 일인 줄 몰랐다. 부모 님은 넉넉한 살림이 아니지만 우리가 먹고 사는 데 필요한 기본적 인 문제는 해결하셨기 때문에, 어린 눈으로 세상을 봤을 때는 별 어려움이 없다고 생각했다. 하지만 어른이 되어가면서 서서히 세 상의 혹독함을 느끼게 됐다.

열일곱 살 때의 일이다. 부모님은 시골에서 농사를 지으시는 순박한 분들이셨다. 부동산 법을 잘 몰라서 한 번의 실수로 하루 아침에 전 재산인 집을 잃어버리게 되었다. 그때 심정은 한마디로 지옥이었다. 시골에 있는 집은 200평 정도 되는데 집이 낡고 허름해서 불편했다. 어느 날 아버지께서는 우리 형제 세 명을 앉혀 놓고 "이 집을 팔고 윗집을 사서 집을 새로 지을까, 아니면 땅을 살까? 너희들이 원하는 대로 할 테니 말해 봐라."라고 말씀하셨다. 우리는 바로 "아버지, 빨간 벽돌로 지은 거실 있는 집에 살고 싶어요. 지어요."라고 대답했다. 그러자 아버지께선 "너희들이 원하면 그렇게 하자."라고 말씀하셨다. 우리는 너무 기뻐서 소리를 질렀다. 우리는 집이 완성되는 날만 손꼽아 기다렸다. 지금 같으면 땅을 샀을 텐데, 그땐 어려서 어떻게 하는 게 좋은지 몰랐다.

그렇게 해서 투자 목적으로 우리 집을 사고 싶다는 대구에서 온 부부에게 집을 팔았다. 부모님은 작은 평수의 70평의 윗집을 사서 남는 돈으로 새로 건축했다. 화장실과 욕실이 있는 양옥집을 완성했다. 그러나 이때부터 문제가 되기 시작했다. 대지 위에 집이 두 채가 분리되어 있었기 때문에 설마 같은 땅이라고 꿈에도 생각 못하시고 결국은 우리가 팔았던 집을 다시 사는 꼴이 되고 말았다. 동네에서 사용하는 주소가 있기에 등기부등본을 떼보지 않고 계약을 하면서 법정 싸움으로 번졌다. 하지만 우리가 이길 수 있는 싸움이 아니었다. 시골에서는 사람들끼리 알고 살아온 세월이 있기 때문에 면사무소에 가서 서류도 안 떼어 보고 믿고 집을 사셨던 것이었다. 막상 집을 짓고 등기를 하려고 했지만 뜻대로 되지 않았다. 결국 무허가 건물이 되었다. 대지 주인이 따로 있었던 것이다. 그 대지는 바로 우리가 팔았던 우리 집이었다. 서류 한 장만 열람했으면 이런 사고는 미연에 방지했을 것을, 우리도 그때는 너무 어렸다. 세상 물정을 모르는 철부지였다.

아직도 그때만 생각하면 끔찍하다. 길거리로 나오게 될 뻔했다. 없는 돈으로 다시 우리 집을 사서 등기를 했다. 이 모든 일이 무지함으로 일어난 것이었다. 아직도 온 가족이 힘들었던 그때만 생각하면 눈물이 맺힌다. 사람들이 왜 죽을 때까지 배우고 끊임없이 자기계발을 하며 살아야 하는지 많은 생각을 하게 된 일이었다.

결혼하기 전에 나는 땅이 갖고 싶었다. 집을 지을 수 있는 대지가 사고 싶었다. 집안이 어려워서 집 외에는 땅 한 평이 없었다. 그러한 환경에서 자라서 그런지 땅, 집, 부동산에 관심이 많다. 예전에도 그랬지만 지금도 여전히 부자 중에는 부동산을 소유한 사람들이 많다. 어린 마음에 땅을 많이 가지면 부자가 되고 잘산다는 생각이 있어, 그에 대한 환상이 있었다. 하지만 그때 당시에는 부동산에 대한 지식도 없고 배움이 없어 사기를 당하는 경험을 하게 되었다.

20년 전에 경리로 일을 할 때의 일이다. 사무실에서 하루 종일 시간을 보내게 되면서 따분함을 많이 느꼈다. 경리 수입은 얼마 안 되지만 그래도 내가 돈을 벌 수 있는 방법은 없는지 늘 고민하던 시절이었다. 누구나 다 그렇겠지만 부자로 살고 싶은 마음은 나의 눈을 멀게 하고 판단을 흐리게 했다.

어느 날 신문을 보게 되었는데 전원주택과 별장을 지을 수 있는 땅을 판다는 내용이 실렸다. 신문을 읽는 순간 사고 싶다는 생각이 들었다. 그래서 나는 신문에 기재되어 있는 전화번호로 전화를 걸었다. "여보세요? 거기 OO부동산이죠? 제가 땅을 100평 정도 구입하고 싶은데 가능할까요?" 그러자 "네, 가능합니다. OO로 오세요." 하는 것이었다. 나는 부동산으로 찾아갔다. "안녕하세요. 제가 나중에 집을 짓고 싶은데, 집을 지을 만한 곳을 보여 주세요." 라고 하자 실장이라는 분이 "지금 같이 가 보시죠. 보여 드릴게요." 라고 말했다. 그렇게 해서 임장이라는 것을 하게 되었다.

청도의 한 마을에 도착해서 땅을 봤는데 마음에 쏙 들었다. 그런데 계약을 하고 싶어서 "여기로 할게요." 하자 실장님은 "죄송합니다. 갑자기 주인이 안 판다고 연락이 왔어요. 다른 곳을 보여 드릴게요."라며 말을 바꾸는 것이었다. 그 당시 나는 내가 속고 있는 줄도 모르고 땅을 사고 싶은 마음에 다른 곳을 보러갔다. 마음에 쏙 드는 것이 아니었는데도 불구하고 갖고 싶다는 마음이 커져서 땅의 가치를 제대로 파악을 하지 못했다. '땅만 사면 어떻게 되겠지'라는 생각에 덜컥 대지 90평을 1,000만원에 사고 말았다. 나의 잘못된 판단으로 몇 년이 지나고 세월이 흘러도 땅의 가치가 올라가지 않아 애를 태운 기억이 있다. 지금 생각해 보니 기획부동산 사기를 당한 것이었다.

그 당시의 나는 땅을 갖고 싶다는 생각이 너무 커서 다른 생각할 겨를도 없었다. 다른 부동산에 가서 시장 조사도 하고 동네 부동산에 가서 정보를 얻어야 했는데, 그러지 못했다. 제대로 준비가 되어 있지 않았기 때문에 당할 수밖에 없는 상황이었다. 그때를 떠올리면 아직까지도 속이 상하지만 또 하나의 인생 경험이었다고 생각한다.


요즘은 행복한 꿈을 꾸며서 즐거운 나날을 보내고 있다. 〈30대를 위한 부동산투자연구소(이하 삼부연)〉을 만나 내가 꿈꾸던 부동산 일과 공부를 하고 있다. 나는 이곳에서 나의 가능성을 보게 되었고 더 크게 생각을 하게 되었다. 더 구체적으로 내가 갖고 싶은 집을 계획하고 만들어 갈 수 있는 방향을 잡게 되었다.

〈삼부연〉에서 수업을 받는 동안 평택에 임장을 가게 되었다. 거기서 점포 주택지를 둘러보게 되었는데 나는 가슴이 뛰는 행복감을 오랜만에 느끼게 되었다. 점포 주택이 하나하나 각기 다른 모습으로 멋지고 예쁘게 지어져 있는 건물을 보니 다 내 것인 양 행복감에 사로잡혔다. 나는 상상을 했다. 점포 주택이 나의 건물이며 나는 그곳 1층에서 커피를 마시며 남편하고 이야기를 나누는 장면을…. 편안하게 여유를 즐기며 사는 나의 모습을 생각하니 행복 그 이상이었다. 꼭 이루고, 가지고 싶은 꿈 중에 하나인 것이 바로 점포 주택이다.

가지고 싶고 이루고 싶은 꿈을 꾸고 살아갈 수 있다는 건 얼마나 축복받은 일인지 모른다. 나는 이런 행복을 꿈꾸고 누릴 수 있음에 감사한다. 나만의 독특한 디자인과 나의 생각이 들어간 집을 짓고 싶다. 나는 부동산 이야기나 부동산 공부를 할 때면 나의 모든 세포가 살아 숨 쉬는 듯하고 흥분되면서 삶의 의욕이 생긴다. 지금은 임대사업을 하고 있지만 앞으로 점포 주택을 갖기 위해서 더 열심히 발로 뛰며 투자에 집중할 것이다.

인프라와 주위 환경이 잘 갖추어진 곳에 나의 점포 주택을 짓고 1층에는 커피 향으로 가득 찬 카페를 입점시키고 옆에는 빵 굽는 냄새가 풍기는 베이커리를 입점시키며 2층에는 병원으로 임대를 하고 3층에는 주택으로 임대를 주고 나는 4층에 테라스가 있는 멋진 집을 짓고 거기서 창출되는 임대수익금으로 계속해서 투자를 할 것이다. 그리고 나의 부족한 부분은 부동산 공부와 배움, 끊임없는 자기계발로 나를 발전시킬 것이다.

나는 이곳에서 가족과 함께 행복하게 풍요로운 삶을 살아가며 나는 또 다른 꿈을 꾸며 살아갈 것이다.

# PART 2

# 성공마인드를 장착해
# 주변을 변화시키는
# 메신저 되기

김 유 나

## 김유나

**치위생사, 직장인, 자기계발 작가, 행복전도사, 동기부여가**

9년 차 직장인이다. 잘못된 자기계발법으로 시간을 소비한 경험을 바탕으로 올바른 자기계발법은 무엇인지에 대해 연구하고 있다. 목표 없는 삶으로 방황하는 사람들에게 꿈과 희망을 주는 메신저로서 행복한 행보를 내딛고자 한다. 현재 개인저서를 집필 중이다.

# 내 안의 잠재력을 깨우고
# 1인 창업에 성공해 자유로워지기

"저는 돈이 좋아요."

살아오며 돈을 무시한 적도 없고 항상 돈을 많이 벌고 싶었다. 하지만 돈을 많이 벌어 본 적이 없다. 심지어 월급 250만 원 목표도 못 이루고 있는 월급쟁이다. 티끌 모아 태산은 옛말이다. 월급쟁이는 부자가 될 수 없다. 월급 인상률보다 물가 인상률이 높다는 기사를 보면 알 수 있지 않은가?

나도 수중에 있는 돈이라도 굴려 보겠다며 소액으로 주식투자도 해 보고 비트코인 투자도 해 보았다. 카더라 통신, 인터넷 뉴스, 카페 정보 등을 모아서 투자했다. 결과는 원금의 사분의 일만 건졌다. 요즘 단어로 표현하자면 '폭망'이었다. '남들은 잘만 돈을 번다던데 대체 나는 왜 이럴까?' 하며 패배감만 짙어졌다. 그럼에도 불구하고 항상 좋아하는 일, 그리고 적은 시간을 일하며 많은 돈을 벌고 싶었다. 그래서 성공했다는 사람들의 아이템을 이리저리 기웃거렸다.

성공한 사람들의 자기계발서를 읽고 인터넷을 검색하다가 〈한책협〉의 〈책 쓰기 과정〉을 알게 되었다. 성공을 갈망하던 나에게 한 줄기 빛이 내려온 것만 같았다. 〈1일 특강〉에 참석해 긍정마인드의 영향을 가슴으로 느꼈다. 나 스스로에 대한 가능성을 보게 되었다. 부유한 친구들처럼 부모님의 지원을 받을 수 있는 것도 아니고, 돈을 많이 모은 것도 아니라 창업을 위한 투자금도 없다. 하지만 나 자신이라는 재산이 있다. 나는 내 안의 모든 경험과 지식을 탈탈 털어 내어 1인 지식창업에 성공하고 싶다는 열망으로 가득 찼다. 그렇게 〈한책협〉 과정에 등록하게 됐다.

과정 등록 후 나에게 남들과 다른 경험이 무엇이 있을까 하고 살아온 삶을 돌이켜 보았다. 그중 하나는 호주에서 2년간 살다 온 것이다. 2012년 호주 워킹홀리데이 비자로 호주에 도착해 영어 젬병이었던 나는 닥치는 대로 일했다. '돈 벌면서 영어공부 해야지' 하고 안일하게 생각했다. 한인들과 어울리며 베이비시터, 야채 패킹, 소시지 공장, 하우스 키퍼, 학교 청소, 딸기 패킹 등 돈을 벌 수 있는 한인잡(job)은 다 한 것 같다.

당시 호주 워킹홀리데이 비자로 호주에 간 사람들이 영어도 못 배우고 한인 업자들에게 이용당하며 돈도 못 번다는 내용의 뉴스가 방송되었다. 그 후 한국에서 안부 연락을 얼마나 많이 받았는지 모른다. 하지만 차마 가족들에게 말하지 못하고 나는 그들과 다르게 잘 살고 있다고만 말했다. 하지만 한국에서 지나가면서 봤던 외국인 노동자의 삶을 내가 살고 있었다. 호주 기본시급은 20달러였으나 나의 시급은 10~13달러였다. 아이러니하게도 일이 싫어서 갔는데 나는 한국에서는 하지도 않을 일들을 하며 돈을 벌고 있었다. 그렇게 1년을 허비했다.

이대로 안 되겠다는 생각을 하며 나머지 1년은 '돈'을 선택하기로 했다. '워킹 크레이지 걸'은 소고기 공장 내의 나의 별명이었다. "너는 왜 그렇게 미친 듯이 일해? 도저히 이해할 수 없어. 호주에 여행 온 거 아니야?"라는 질문을 참 많이 받았다. 심지어 같은 한국 친구들까지 종종 이렇게 물어보곤 했다. 주 6일 일한다는 것이 호주 친구들이 생각하기엔 미친 짓이었던 것이다.

그 당시 1주에 세금을 제하고 한화로 약 120만 원 정도씩 벌었다. 한국에서는 한 달 동안 일해서 세금 제하고 118만 원을 받았다. 그러니 내가 돈을 버는 게 어찌 즐겁지 않을 수가 있었을까? 한국에서는 월 120시간 이상 일한 것도 모자라, 신입이라고 무급으로 죽어라 잔업까지 했다. 그런데 호주에서는 주 40시간 일하고 같은 돈을 받았다. 잔업을 하면 1.5~2배의 수당까지 받았다. 돈을 버는 하루하루가 행복이었다. 다른 사람에게 잔업이 밀리거나 잔업을 못 하게 된 날은 우울해져서 집에 오기도 했다.

같이 일하는 팀원들이 외국인이다 보니 영 젬병이었던 영어실력이 외국 나가서 굶어 죽지는 않을 만큼의 생존영어 정도로 늘게 되었다. 오후 2시 30분에 근무를 마치기 때문에 개인적인 시간도 많았다. 6개월은 워커홀릭이었다. 하지만 나머지 6개월은 4주에 한 번 돌아오는 롱 위크엔드(long weekend)(목·금·토·일 근무 없음)와 2주 휴가를 이용해 호주 내에서 여행을 다녔다. 사고 싶은 게 있으면 가격을 신경 쓰지 않고 구매하기도 했다. 누구나 꿈꾸던 성공적인 워홀러의 삶은 아니었다. 하지만 일을 하면서도 경제적으로 여유롭고 시간이 많으면 즐거울 수 있다는 걸 깨달았던 좋은 기회였다.

경제적, 시간적 여유로움의 1%를 맛보았기에 더욱더 목말랐다. 내 머릿속에는 오로지 '성공', '자유', '행복'이라는 단어들이 깊이 박혔다. 새로운 도전이 두렵기도 하다. 하지만 긍정마인드를 장착해 부정적인 말들은 차단할 것이다. 그러곤 내 안의 모든 잠재력을 끌어내어 성공적으로 1인 지식창업을 할 것이다.

돈을 많이 벌고 싶다고 하면 천박하고 배운 것 없다고 생각하는 사람도 있을 수 있다. 하지만 물이 위에서 아래로 흐르는 사실처럼, 행복이 경제적 자유를 기반으로 한다는 것은 나에게 의심할 것도 없는 사실이다. 궁극적인 목표는 돈이 아니다. 나의 정서적, 신체적 자유와 행복을 위해 돈을 사랑하고 원하는 것이다.

"돈 없으면 사람 도리 하기도 힘들다."

결혼한 친구들, 함께 요양병원에서 일하는 직원들과 이야기하면 종종 나오는 말이다. 부모는 자식들이 장성할 때까지 아낌없이 주고 자식들도 그 사랑을 당연시하며 받는다. 그러면서도 한편으로는 어서 성공해서 부모님께 효도하고 싶다고 생각할 것이다. 편지를 쓰고 어깨를 주물러 드리고 사랑한다고 말하는 등 작은 행동으로도 효도할 수 있다. 하지만 성인이 되어 경제적으로 자립하게 되면 앞의 내용에 더해 부모님 해외여행도 보내 드리고 싶고 수입차, 명품가방 등도 선물하고 싶어진다. 다른 자식들처럼 해 주지 못하고 여유로움을 주지 못함에 미안해지기도 할 것이다.

현재 요양병원 내에서 일하다 보니 체감하는 사례들이 너무나 많다. 100세 시대로 기대수명은 더욱더 늘어났고 요양병원에는 자리가 없어서 대기했다가 들어올 정도다. 이곳에서 근무하면서 나는 '현실적 효'에 대해서 생각하게 되었다.

다른 병원보다 서비스와 시설이 좋은 병원은 그만큼 입원비가 비싸다. 입원비만이 아니라 재활비, 개인간병비, 간식비, 비급여진료비 등이 들어가게 되어 매달 몇백만 원씩 깨지는 것은 흔한 일이다. 병원 내 치과에서 상담하다 보면 부모 때문에 몇천만 원 이상 깨졌다고 한다. 그뿐만 아니라 좋은 곳에 모시면서 좋은 것만 해 드리고 싶어도 더 이상 비용을 지불하기 힘들다는 안타까운 사례들이 많다.

이곳에서 일하면서 경제적 자유에 대해 더욱 깊이 생각하게 되었다. 어느 누가 부모님에게 좋은 걸 해주고 싶지 않을까? 현실적인 문제로 못하는 것이다. 나는 가격을 생각하지 않는 삶을 살고 싶다. 지금의 나는 백화점에 가면 가격표부터 보고 고급 레스토랑에 가면 메뉴판의 가격에 먼저 눈이 간다. 더는 부모님 용돈을 주며, 동생들을 축하하며, 지인들을 격려하며 다음 달 생활비를 걱정하고 싶지 않다.

나는 베풂의 행복이 더 좋다. 주변에 축하할 일이 있으면 축하의 말뿐만 아니라 선물을 주는 것이 좋다. 힘든 일이 있으면 위로의 말뿐만 아니라 힘이 될 수 있게 도와주고 싶다. 내가 가진 것을 주변 사람들에게 나눠 주면서 함께 행복해지고 싶다. 성공해서 돈을 벌지 못하면 나눌 수 있는 여유가 없기 때문에 성공을 간절히 바란다.

나는 〈한책협〉의 〈책 쓰기 과정〉을 통해 성장할 것이고 잠재력을 발견해 더욱더 키워 나갈 것이다. 기존의 부정적인 생각들은 모두 쓰레기통에 넣어 버리고 긍정적이고 성공하겠다는 생각들만 내 머릿속에 남겨 둘 것이다. 나는 더욱더 성숙해지고 필력도 증가할 것이고 사고의 깊이도 깊어질 것이다. 나에게 닥치는 문제들과 시련도 내 성장을 위한 것이라 감내할 것이다. 내 가족들뿐만 아니라 온 우주가 내 편이라고 생각할 것이다. 그리고 당당한 1인

사업가가 되어서 나의 성공 스토리를 널리 알릴 것이다.

《부자의 사고 빈자의 사고》의 저자 이구치 아키라는 10억 원 이상을 자기 투자에 사용했다. 그런데 실제로 이율이 500%, 600%에 달했다고 한다. 금융상품에 투자하는 것보다 나 자신의 가치를 올리는 방법이 이율이 더 좋다는 것이다. 앞으로 내 희망 연봉의 10%는 나 스스로에게 투자할 것이다. 그래서 1차적 성공에 안주하는 것이 아니라 무한으로 성장할 것이다. 지금 현재도 나는 성장하고 있다. 매일매일 다른 내가 되어 가는 것이 느껴진다. 나 자신에게 해 주고 싶은 말이 있다.

"너는 지금까지 잘해 왔고 앞으로 더 잘할 거야. 현재의 열정 그대로 끝까지 가길 바란다. 지금부터라도 글쓰기를 통해서 다각적인 사고를 가지고 생산적인 활동을 통해서 남들보다 경제적으로 일찍 자유로워지자. 너의 앞날은 찬란하게 빛날 거야."

## 6명의 부모님들과
## 각각 해외여행하기

나에게는 6명의 부모님들이 있다. 아버지, 새어머니, 엄마, 새아버지 그리고 시부모님. 흔치 않은 상황이지만 모두에게 사랑받는 나는 행복한 사람이다. 물론 나도 처음부터 모든 것들을 받아들이지는 못했다.

"결혼하면서 흠 잡히기 싫어. 엄마아빠로서 책임을 져. 내 인생에 흠이 될 거야. 왜 엄마아빠로 인해서 내가 커다란 상처를 안고 살아가야 해? 엄마아빠가 참고 살아."

스물세 살이 되도록 성숙하지 못해 나만 생각하는 말들을 부모님께 많이 했다. 이혼을 한다는 부모님의 말에 두 눈 부라리며 한 말들이다. 이외에도 엄청난 말들을 많이 했지만 지금은 기억이 나질 않는다. 원래 맞은 사람은 기억해도 때린 사람은 기억 못한 다고 하지 않는가? 나는 그때로 되돌아가더라도 똑같은 말을 할 것 같다. 이혼이 흔한 세상이라고는 하지만 그 뒤에 따라오는 책 임은 모르고 선택하는 사람들이 많기 때문이다. 흔하다고 해서 쉽게 결정할 사항이 아니다. 자식이 있다면 그 자식의 인생에 영 향이 미칠 수밖에 없기 때문이다. 이혼을 생각하는 분들이라면 부부 간의 심리상담 컨설팅을 받아 보는 등 노력을 해 본 후 선택 했으면 한다.

그렇지만 부모님의 불행한 모습을 몇 년 동안 지켜 보기도 했 고, 평소 이혼에 대해 많이 생각해 봤던 나는 이혼하겠다는 부모 님의 말을 듣고도 비교적 쉽게 수긍할 수 있었다. 부모님과 나의 인생은 별개이며 각자의 인생이 있다는 것을 깨달았기 때문이다. 다행히도 내 부모님은 둘 사이에 문제는 있을지언정 자식에게는 한없이 사랑을 주는 부모였다. 그렇기 때문에 나와 동생은 밝게 자랄 수 있었다. 현재는 그 사랑에 감사하며 살고 있다.

몇 년 전 아버지와 엄마가 각자 재혼을 하셨다. 감사하게도 좋 으신 분들을 만나서 행복하게 살고 계신다. 새어머니와 새아버지 도 나와 동생에게 친자식 이상의 사랑을 주시니 감사하게 생각한 다. 그래서 나도 친부모에게보다 더 잘하려고 노력한다.

시부모님은 내 집안 이야기를 다 듣고도 내 잘못이 아니고 요즘 세상에 그럴 수도 있다고 하시며 이해해 주셨다. 결혼이 닥치면 집안 따지며 반대하는 집도 많은데 그렇게 말씀해 주셔서 얼마나 감사했는지 모른다. 내 남편을 바르게 키워 주신 것도 감사하고 나를 예뻐해 주시는 것도 감사하다.

"이 또한 지나가리라."라고 솔로몬이 말했다. 과거의 나는 '왜 나만 이럴까' 하고 부정적으로만 생각했었다. 그러다 보니 인생이 더더욱 부정적인 방향으로 흘러갔던 것 같다. 현재에는 감사할 일이 이렇게나 많다.

최근 엄마가 아팠다. 뇌동맥류라는 진단을 받았다. 신경 분지부 쪽에 위치해 시술은 위험하고 개두술을 이용해 수술해야 한단다. 일단은 1년간 검진을 하며 크기가 커지는지 지켜보기로 했다. 아프시다는 이야기를 듣고 나자 엄마한테 못 해 드린 것만 생각나고 경제적으로 도움이 되지 못해서 마음이 아팠다. 내가 경제적으로 풍요로워진다고 상상해 보며 해 드리고 싶은 것들을 생각해 보았다. 외제차, 명품가방, 명품시계 등 물질적인 것들이 먼저 떠올랐다. 그러다 더 좋은 것이 떠올랐다. 시간이 더 많이 흘러서도 행복하게 추억할 수 있는 여행을 선물하고 싶다. 6명의 부모님들이 건강하실 때 함께 여행을 하고 싶다.

엄마와 함께 2018년 3월에 스페인에서 그릇 쇼핑을 할 것이다. 그러곤 새아버지와 스위스에서 합류해 스위스의 알펜테름에서 알프스를 보며 노천탕을 즐길 것이다. 아직 여행을 가지도 않고 이야기만 나왔는데도 엄마랑 새아버지가 너무나 행복해하신다. 여행을 가자고 말하길 너무 잘한 것 같다. 부모님은 자식을 위해 존재하는 것으로만 알았다. 그런 부모님이 나와 똑같이 좋아하는 것이 있고 하고 싶은 게 많다는 걸 이제야 알게 되었다. 경제적으로 풍요로워져서 더 많은 기회를 가지고 싶다.

아버지와 새어머니랑은 2019년에 헝가리 부다페스트에 있는 오페라 하우스에서 오페라 관람을 할 것이다. 그리고 터키에서 열기구를 타고 기념사진을 촬영하는 것으로 마무리할 것이다. 부모님이 여행을 가면 일정 때문에 힘들어하다가도 다녀오고 나서는 만족도가 높다는 인터넷 글을 많이 볼 수 있었다. 그런 걸 보면 물질적인 선물보다는 여행이 확실히 의미가 있다는 걸 알 수 있다.

또한 시부모님, 남편과는 함께 러시아에서 행복한 여행을 할 것이다. 근현대사 공부를 하면서 '연해주'라는 지역을 많이 들어 봤을 것이다. 바로 항일 독립운동의 성지인 러시아 블라디보스토크이다. 내 남편과 시아버님은 역사에 관심이 많다. 남편 말에 따르면 시아버님은 밥을 먹으면서도 역사책을 손에서 놓지 않으셨을 정도라고 하니, 역사를 얼마나 사랑하시는지 짐작할 수 있는 대목이다. 역사 이야기를 나눌 때면 늘 두 눈을 반짝이실 정도이다. 그런 시아버님과 러시아의 블라디보스토크로 뜻깊은 여행을 떠나고 싶다. 러시아라고 하면 막연하게 멀게만 느껴졌었는데, TV 프로그램 〈배틀트립〉을 보고 비행기를 타면 2시간밖에 걸리지 않는다는 사실을 알게 되었다. 또한 값이 저렴하고 맛있는 해물이 많이 있다고 하여 해물 파티를 할 생각에 한껏 기대가 된다.

2년 전 일반인들이 왜 관광여행을 떠나야 하는지에 대한 연구가 있었다. 연구 결과에 따르면, 관광여행을 하게 되면 마음이 편안해질 뿐만 아니라 신체의 면역력도 강화시킨다고 했다. 이 같은 연구를 한 사례는 또 있다. 미국 버클리 캘리포니아대학 연구진은 실험에 참가한 성인 200명을 대상으로 만족감을 느낄 수 있는 관광여행을 경험하게 했다. 그런 후 이들의 조직을 채취하여 분석한 바 있다. 그 결과 긍정적인 경험과 감정은 염증을 심화시키는 물질인 전염증성 사이토카인을 억제하고 외부의 공격에도 흔들리지 않는 건강한 신체 면역체계를 유지하거나 증강시키는 것으로 나타났다.

지금도 시간이 없다는 이유로 여행을 미루고 있지는 않은가? 세월이 더 흘러 무릎이 더욱 좋지 않아지고 음식 씹기가 불편해 마음껏 먹지도 못한다면 여행이 무슨 의미가 있을까. 조금이라도 건강할 때 소중한 사람들과 함께 시간을 보내려고 노력해야 한다. 늙으면 추억을 안고 산다는데 부모님께 평생 안고 갈 여행이라는 추억을 선물해 보자. 몇 년이 흘러도 아련하게 떠올리며 이야기할 수 있는 새로운 이벤트가 될 것이다.

　부모님들과의 여행은 단순한 효도여행이 아니라 내 인생의 선물이자 이루고 싶은 꿈이 되었다. 함께 여행한다는 상상만으로도 기쁘다. 우리 가족의 보물지도가 얼른 완성되기를 바란다.

# 배우자, 꿈 남편으로 바꾸기

"백마 탄 왕자가 만나러 와주기를 기다리지 않는다. 왜냐면 내가 찾아갈 거니까."

나는 어릴 때 인형 놀이를 하면 공주 역할을 너무나도 어색해했다. 왜 공주는 왕자를 직접 찾아 나서지 않고 기다리는지 동화책을 읽으면서 너무나 답답했다. 10대 때는 "사랑은 쟁취하는 거야!"라고 외치며 관심 가는 남자 친구들이 있으면 적극적으로 마음을 표현했다. 열 번 찍어 안 넘어가는 나무 없다고, 나를 어필하다 보면 나에게 마음이 움직일 거라는 믿음이 있었다.

내 20대 사랑은 3년 짝사랑에 5년간의 연애였다. 이때만큼 순수한 사랑은 내 인생에 또 없을 것 같다. 20대 후반의 사랑은 현실적인 조건과 함께 시작되기 때문이다. 10~20대 친구들에게 해주고 싶은 말은 순수하게 사랑할 수 있는 그 시기에 온 마음 다해 연애를 해 보라는 것이다.

20대 후반의 사랑은 함께 미래를 꿈꿀 수 있어야 시작된다. 몇 번의 연애는 있었지만 상대방과의 미래가 상상이 되지 않았기에 그 인연은 이어지지 않았다. 나의 꿈은 행복한 가정을 이루는 것이었다. 그것을 위해서 내 머릿속에 남자를 평가하는 일곱 가지 조건이 있었다.

1번, 회사를 성실하게 다닐 것. 2번, 유흥을 하지 않을 것. 3번, 가부장적이지 않고 동등한 부부관계를 이해해 줄 것. 4번, 나를 보는 눈에서 사랑이 뚝뚝 떨어질 것. 5번, 돈으로 무시하지 않을 것. 6번, 사랑 표현을 잘할 것. 7번, 우리 부모님에게 잘할 것.

나에게 중요한 건 '돈'이 아니었다. 물론 부유하면 좋겠지만 인성적인 부분이 더욱 중요했다. 내가 하는 선택을 믿어 주고 밀어 줄 수 있는 내 평생의 파트너를 원했다. 결혼에 대해 생각할 때마다 머릿속 조건을 떠올렸더니 정말 일곱 가지 조건을 만족하는 내 남편을 만날 수 있었다. 2년의 연애 끝에 우리는 2017년 11월 19일 결혼했다.

남들과 똑같은 결혼은 싫었다. 결혼식에 가면 식장 앞 사진들이 일률적이었다. 똑같은 사진에 얼굴만 바뀐 모습들을 보고 의미 없다고 생각했다. 우리만의 모습을 사진으로 많이 남기고 싶었다. 남들과 똑같은 사진은 찍고 싶지 않았다. 일일이 따로 알아보고 업체를 계약하는 것을 워킹이라고 말하는데, 비용이 조금 더 비싼 경우가 많다. 그럼에도 불구하고 나는 워킹으로 결혼을 준비했다. 남편은 나의 결혼 로망을 존중해 주고 도와주었다.

나는 세 번의 웨딩촬영을 했다. 첫 번째는 여름휴가로 강원도에 가서 삼각대를 세우고 직접 웨딩촬영을 했다. 그러고 나서 제주도에서 촬영 작가만 섭외해서 세미 웨딩촬영을 한 후 대구에서 흰 배경의 기본스튜디오 촬영을 했다. 주변 지인들은 이런 나를 보고 혀를 내둘렀다. 남편은 무슨 죄냐고. 고맙게도 남편은 불평 한마디 하지 않고 나의 요구에 맞춰 주었다. 웨딩드레스는 저렴한 걸로 구매했다. 결혼식은 주례 없이 부모님들의 덕담과 남편 몰래 신부댄스를 준비했다. 신혼여행을 가서는 로마와 피렌체에서 스냅촬영을 했다. 타이트한 일정에도 힘든 티 하나도 안 내고 나를 위해 노력해 주는 남편을 만나서 나는 행복하다.

이렇게 믿어 주고 위해 주는 남편도 내가 책을 쓴다고 하면 겉으로 표현하지는 않겠지만 '네가 작가를 한다고? 책을 쓴다고?'라고 생각할 수도 있다. 나도 처음에 작가는 타고난 사람만 되는 것이라 생각했기 때문에 그런 반응이 나온다고 해도 충분히 이해한다. 하지만 혹시라도 그런 반응이 나에게 영향을 줄까 봐 책을 쓰는 것을 남편에게 말하지 않았다. 이 책이 출간되면 책을 주며 책을 썼다고 말할 것이다. 작가로서, 1인 사업가로서 성공하는 모습을 보여 주고 남편에게 인정받을 것이다.

평생 내 꿈을 망가뜨리는 사람과 시간을 보내는 것은 얼마나 끔찍할지 상상조차 할 수 없다. 한 번밖에 없는 인생을 꿈도 없이 그저 그렇게 보낼 순 없다. 나 자신만 변화하는 데 그치는 것이 아니라 나의 영향력으로 내 남편도 꿈 남편으로 변화시킬 예정이다. 꿈 부부가 되어 서로를 응원해 주고 도와주고 행복하게 가정을 이룰 것이다.

꿈 남편으로 변화시키는 플랜의 중심은 나부터 변하는 것이다. 최근 〈한책협〉의 '100권 플랜'을 통해 나의 마인드를 성장시키고 있다. 그와 동시에 틈틈이 책 읽는 모습을 남편에게 보여주고 있다. 책을 읽으라고 말하기보단 행동으로 직접 보여 준다. 책을 쓰고 싶다는 말을 한 번씩 흘리면서 개인저서를 쓰기 시작할 때 남편이 이해하고 도와줄 수 있는 바탕을 만들고 있다.

김태광 작가의 《출근 전 2시간》에는 "새벽시간의 2시간이 낮 시간의 5시간과 필적한다."라는 문장이 나온다. 잠자는 걸 좋아하는 우리 부부는 집에만 오면 침대나 소파부터 찾아 가서 눕는다. 둘 다 잠이 많아서 집에 있는 대부분의 시간을 잠을 자며 보낸다. 하지만 1인 사업가가 되겠다는 목표가 생긴 후에는 매 순간 흘러가는 시간이 아깝다. 어떻게 하면 하루를 25시간처럼 보낼 수 있을지 고민했다. 먼저 기상시간을 당겨 보기로 했다. 첫 주에는 8시 기상을 7시 기상으로 바꾸고 넷째 주에는 7시 기상을 6시 기상으로 바꾸기로 했다. 또한 웹툰, 웹소설, 연예뉴스, 단체 카톡 등 시간만 소비하던 나의 습관들을 줄이면서 책 읽는 시간을 늘리고 있다. 내 시간을 사랑하고 가치 있게 보내면 맺어지는 것들이 많다. 이게 몸에 배면 나의 남편에게도 긍정적인 영향을 줄 수 있을 것이다.

"와~ 김유나 추진력 봐라."라는 말을 주변에서 들을 정도로 기존의 나는 하고 싶은 게 있으면 생각보다 행동을 앞세워서 실행했었다. 하지만 많은 성공자의 책을 읽으면서 행동보다는 목표의식을 가지는 게 최우선이라는 것을 알게 되었다.

그러기 위해서는 '나'를 아는 것이 중요하다. 어떤 일을 가치 있게 생각하는지, 어떤 일을 10년 이상 지속할 수 있는지, 어떤 일을 할 때 행복한지 등 스스로에게 물을 것들이 많다. 그래서 하루 10분씩 '나' 관찰일지를 적을 것이다. 내 안의 잠재력을 꺼내기 위해 노력할 것이다. 스스로 실험한 후 효과가 있으면 남편에게도 적극 권유할 것이다.

앞으로 나는 집사람이 아니라 바깥양반이 될 것이다. 남편이 받아 오는 월급을 쪼개 가며 살고 싶지 않다. 둘이서 함께 바깥양반이 되는 것이다. 집안일은 시간적 여유가 있는 사람이 하고 필요하면 전문가의 도움을 받는 것도 좋은 생각이다. 우연히 1인 지식창업을 알게 되고 세상이 변하고 있다는 것을 느꼈다. 이대로 울산에만 박혀 있으면 종국엔 가난을 면치 못할 것이 뻔했다. 영원한 직장은 없고 퇴직 연령은 점점 낮아지고 있고, 기대수명은 늘어 가고 있다. 책 쓰기를 통해 1인 창업을 해서 메신저가 되겠다는 목표가 생겼다.

내 인맥을 꿈맥으로 바꿀 것이다. 유유상종이라고 부자는 부자끼리, 가난한 사람은 가난한 사람끼리, 꿈이 있는 사람들은 꿈을 실행하는 사람들과 어울린다. 세미나 또는 모임 참석을 통해서 꿈 친구들로 내 주변을 채울 것이다. 함께 꿈을 꾸고 응원해 주며 시너지를 폭발시킬 것이다. 내가 변하면 내 남편도 꿈 남편이 될 거라 믿어 의심치 않는다.

혹여나 처음부터 꿈 배우자를 만나지 않았다고 실망하지 않으면 좋겠다. 내가 변하면 나의 배우자도 자연스럽게 꿈 배우자로 변할 것이다. 나의 긍정적인 영향력으로 배우자가 변화하는 모습을 보는 것도 행복할 것이다. 억지로 강요하지 않아도 선한 영향력은 주변 사람을 변화시킨다.

# 초점 잡힌 자기계발을 통해
# 마지막 1℃로 내 인생 뒤집기

3명의 여행자가 있다. 1번 여행자는 목적지도 없고 발 닿는 대로 여행한다. 그는 돈과 시간을 허비하고 이리저리 휘둘리다 여행을 마무리할 것이다. 2번 여행자는 목적지는 정했으나 지도와 계획 없이 발 닿는 대로 여행한다. 그는 목적지에 도착하는 데 시간이 걸릴 수 있다. 그리고 목적지에 도착하는 것이 그다지 중요하지 않은 경우에는 경유지에서 여행을 마무리할 것이다. 3번 여행자는 목적지를 정하고 지도를 준비하는 등 계획적으로 여행한다. 그는 정해진 기간과 비용에 맞추어 여유롭게 여행한 후 목적지에 도착한다.

그중 나는 2번 여행자였다. 내 가슴이 뛰는 목표를 잡기보다는 주변 분위기에 휩쓸려 목표를 잡았다. 목표가 스스로에게 중요하지 않다 보니 부정적인 정보를 걸러 내지 못하고 지배당했다. 나도 모르게 스스로의 한계를 정하고 포기했던 것이다.

"영어는 기본으로 해야지, 요새는 중국어가 대세래, 빵을 만들다 보면 빵을 좋아하게 되지 않을까, 떡 케이크 배우면 창업하기 좋다더라, 사무직에 종사하려면 컴퓨터 자격증은 기본이야." 등 주변에서 좋다고 하는 것들을 따라서 배웠다. 전산회계, 캐드, 엑셀, 스케치업, 제과제빵, 떡 케이크, 영어, 중국어 등은 내가 배우고자 시도했던 것들이다. 눈으로 보아도 알 수 있지만 중구난방이다. 자기계발을 해야 성공할 수 있다고 믿었기 때문에 한시도 쉬지 않고 배웠다. 하지만 간절히 원하는 목표가 없어서 초점을 맞추지 못했다.

《마지막 1℃》라는 책에서는 "99℃까지는 여전히 물일 뿐이다. 많은 일이 결국 하나마나하게 되어 버리는 이유는 다른 차원으로 이끌어 가는 마지막 1℃가 부족하기 때문이다. 끝까지 붙들고 늘어지는 끈기가 고농축 1%를 만들어 낸다."라고 말한다. 과거의 나는 자기계발의 필요성은 알았지만 끝까지 밀고 나가는 1℃가 부족했다.

"에이~ 누구나 다 알고 있지. 이런 이야기 누가 못 해. 이래서 나는 자기계발서 안 사."라고 말하는 사람들을 많이 봤다. 실제로 자기계발서를 읽다 보면 나오는 이야기가 엇비슷하다. 그 비슷비슷한 이야기를 정리해 보면 반복되는 성공의 일곱 가지 조건이 있다.

첫째, 자기대화를 통해 목표를 명확하게 한다.
둘째, 긍정적이고 가치 있는 정보만 받아들여 내적 힘을 강화한다.
셋째, 결과를 이루었다 생각하고 확신에 가득 차 행동한다.
넷째, 배움을 아끼지 않고 최고에게 배운다.
다섯째, 성공한 사람들과 어울린다.
여섯째, 선한 영향력으로 많은 사람들을 변화시킨다.
일곱째, 돈을 목표가 아닌 수단으로 여기면 돈이 따라온다.

이처럼 우리는 머리로는 알고 있다. 많이 듣기도 했고 읽어 보기도 했다. 하지만 확신을 가지고 행동하지 못하고 주저앉아 버리기 때문에 우리는 평범한 사람으로 머물러 있는 것이다. 삼성 이건희 회장은 임직원들에게 다음과 같이 말했다고 한다.

"행동은 사고방식에서 비롯된다. 삶을 변화시키고 싶다면 사고방식을 변화시켜라. 자기계발은 사고방식을 바꾸는 것이다."

행동하기 위해서 영혼을 깨우려면 지속적으로 자기계발서를 읽어야 한다. 나 또한 일주일에 1권씩 꼭 자기계발서를 읽어서 사고방식을 바꿀 것이다.

나는 연말에는 항상 다이어리를 샀다. 전년도 다이어리는 1월달에만 계획이 적혀 있다. 그러곤 다시 1월부터 새롭게 시작하는 거라며 다이어리를 새로 사고 한 해의 계획을 적어 나간다. 비단 나만이 겪는 일은 아닐 것이다. 이런 일을 겪으며 난 '왜?'라는 생각을 하게 되었다. 무엇이 문제인지 분석해 봤다. 게으름, 미루는 습관은 시간과 꿈을 약탈하는 최고의 시간 도둑이자 꿈 도둑이다. 이 두 가지 습관으로 인해 나의 다이어리는 항상 1월에서 멈춰 있는 것이다. 지금부터 내 인생을 바꾸기 위해 내면부터 성장시킬 것이다. 나의 나쁜 습관을 좋은 습관으로 전환할 것이다.

미루는 습관이 있는 사람들이 공부를 하려 한다. 자, 그들은 어떻게 시작할까. 그들에게는 갑자기 평소 보이지 않던 방의 청소 상태가 신경 쓰인다. 그래서 주변 환경을 정리하기 시작한다. 청소 후엔 몸이 피곤해져 공부는 뒤로 미루고 쉰다. 이런 전철을 밟다 보면 새로운 전환점 없이 그 자리에 멈추게 될 것이다. 나에게 찾아온 기회들을 알아보지 못하고 스스로 내치는 것이다.

미루는 습관을 고치기 위해 꾸준함이 몸에 배도록 훈련할 것이다. 하루에 최소 10분 이상을 온전히 책 쓰기를 위한 시간으로 사용할 것이다. 완벽함에 대한 환상을 버릴 것이다. 완벽주의에 빠지면 압박감이 커지고 덩달아 에너지 소모도 커지면서 목표를 달성하기도 전에 지쳐 버린다. 자신의 실패를 직면하고 싶지 않아서 일을 미룬다. 최대한 미룬 후 실패했을 때 시간이 없어서 못 했다는 핑계를 대는 것이다. 시작하는 것이 중요하다. 수정과 보완을 하면 된다고 의식적으로 생각할 것이다.

〈한책협〉의 김태광 대표 코치는 직장인을 현대판 노비, 사축(회사의 가축)이라고 신랄하게 꼬집는다. 혹시 자기계발도 본인을 위해서가 아니라 회사를 위해서 하고 있지 않은가? 나 또한 내 영혼을 깨우기 위한 자기계발을 하지 않았다. 회사에서 인정받고 월급을 10만 원이라도 더 올리기 위해 자기계발을 했다. 왜 하루에 10만 원도 채 안 되는 돈만 벌어야 하는가? 왜 다른 사람을 배불려 주고 있는가? 그 에너지를 왜 나를 위해 쓰지 않았는지 돌아보았다. 그 이유는 그렇게 교육을 받았기 때문이다. 학교, 사회의 교육에 길들여진 사고가 나를 사축으로 만든 것이다.

어릴 때부터 우리는 '하면 안 되는 것'부터 교육받는다. 이래선 안 되고 저래선 안 되고. 그 순간 우리는 우리의 잠재력을 제한받게 된다. 지배계층이 다스리기 쉬운 사람들로 양성되어 지배당하는 줄도 모르고 개미처럼 일하게 된다. 사고 확장을 위해 성공학에 관련된 자기계발서를 읽지 않았다면 나는 이런 사실을 몰랐을 것이다. 전처럼 내 윗사람을 위한 삶을 반복했을 것이다.

내 인생 뒤집기 한판을 위해 회사를 위한 목표가 아닌, 나를 위한 목표를 세웠다. 2018년 개인저서를 출간해 퍼스널 브랜딩을 한다. 블로그, SNS, 카페 등 마케팅을 공부해서 출간 후 도약할 수 있도록 발판을 준비한다. 강연 요청에 대비해 스피치 교육을 받는다. 내가 받고 싶은 연봉의 10%를 자기계발에 투자하도록 한다. 한꺼번에 너무 많은 일을 하려는 습관을 시간관리를 통해 바꾼다.

2018년 한 해는 책을 쓰고 퍼스널 브랜딩을 하는 데 집중할 것이다. 그 이후 1년에 한 가지씩 역량 강화에 힘이 될 수 있는 것들을 집중해서 배울 예정이다. 2019년에는 사진 촬영 및 편집 기술을 배울 것이다. 2020년부터는 전년도 연말부터 고민해 한 가지 목표를 정할 예정이다.


"나만이 내 인생을 바꿀 수 있다. 아무도 날 대신해 해 줄 수 없다."라고 캐론 버넷은 말했다. 의존하지 않고 나 스스로 변하고 실천할 것이다. 가슴 뛰는 목표에 초점은 맞춰졌고 마지막 1℃로 멋지게 인생 뒤집기에 성공할 것이다.

# 성공마인드를 장착해 주변을
# 변화시키는 메신저 되기

보통 20cm를 뛸 수 있는 벼룩을 길이가 10cm인 통에 며칠간 가둬 두면 10cm 이상을 뛸 수 없게 된다고 한다. 벼룩이 10cm밖에 못 뛴다고 자신의 능력을 단정 지었기 때문이다. 이 실험을 학습된 무기력이라 칭한다. 이처럼 자기 한계는 스스로 정하는 것이다. 어떤 마음가짐을 가지느냐에 따라 할 수 있는 일들이 달라진다.

나의 어릴 적 꿈은 책방 주인이었다. 만화책과 소설책을 쌓아 놓고 읽는 걸 좋아했기 때문이다. 그 이후에는 좋은 남편 만나 먹고 살 만큼 벌어서 평범하고 행복하게 사는 것이 꿈이었다. 당시엔 욕심을 내는 게 부끄러웠다. 큰 꿈을 말했다가 이루지 못하면 어쩌나 싶어 처음부터 나의 한계를 미리 설정해 두었던 것이다.

"지금 이 순간 당신 안에는 감히 꿈도 꾸지 못할 일들을 해낼 힘이 있다. 그 힘을 꺼내 쓸 수 있는 것은 당신이 믿음을 바꾸는 그 순간부터다."

맥스웰 몰츠가 한 말이다. 이처럼 성공하기 위해 가장 중요한 것은 바로 '믿음'이다. 이전의 나는 그런 말을 듣고도 '에이 그런 게 어디 있어. 그럼 누구나 다 성공하게? 저 사람들에게는 특출한 무언가가 있겠지, 난 그런 거 없어.'라고 생각했다.

그러다 우연한 기회에 〈한책협〉을 알게 되었다. "책을 써야 성공한다."는 말이 나의 호기심을 자극했다. 카페에는 작가라 칭하는 회원들이 성공·긍정의 확언들을 올리면서 서로 격려해 주고 있었다. 이상한 곳은 아닌가, 하는 마음도 분명히 있었지만 한편으로는 사람들이 활발한 활동을 하는 데는 이유가 있을 것 같았다. 밑져야 본전이라 생각하고 〈1일 특강〉에 참석했다.

"김유나 작가님, 안녕하세요."

처음 작가님이란 호칭을 들었을 땐 내가 작가라고 불릴 자격이 있나 하여 두려움과 부끄러움이 앞섰다. 그 특강에 처음 참석한 사람들은 모두 나와 같은 마음이었을 것이다. 그리고 특강을 듣는 동안에는 '왜 이걸 이제야 알았을까?' 하며 스스로에게 안타까운 마음이 들었다. 단 몇 시간의 특강이었는데도 나의 성장 가능성과 주변 환경의 중요성을 깨달을 수 있었고, '나도 할 수 있겠다'라는 자신감이 생겼다. 홀린 듯이 〈공동저서 과정〉과 〈책 쓰기 과정〉에 등록하고 마인드를 변화시키는 추천 책들을 구매했다.

〈한책협〉 소속 코치들은 카페 활동을 열심히 하고 특강에 참석해 비슷한 에너지를 가진 사람들을 만나야 한다고 강조했다. 그 말을 처음 들었을 땐 그저 한 귀로 흘려 버렸었다. 그런데 특강을 다 듣고 밖으로 나오는 순간 내 안에 새로운 에너지가 가득 차는 것을 느꼈다. 그제야 왜 코치들이 그런 말을 했는지 알게 되었다. 긍정에너지에 꾸준히 노출되어야만 내가 변화할 수 있다는 것 또한 알게 되었다.

울산으로 돌아가는 기차 안에서부터 나는 〈한책협〉 카페 활동을 시작했다. 여기에서는 서로가 서로의 조력자가 되어 긍정적인 기운을 주고받고 있다. 부정적인 생각이 다시 고개를 들고 차오를 때는 네이버 카페에 들어가서 다른 작가들의 글을 보며 다시 중심을 잡는다. 혹시 가슴 뛰는 목표가 있다면 스스로를 한계 짓지 말고 도전하라. 그러다 포기하고 싶을 때는 같은 꿈을 가진 사람들을 만나서 긍정적인 자극을 받아라.


나는 한 번도 실패해 본 적이 없다. 실패와 사람들의 시선이 두렵고 스스로에 대한 믿음이 없어서 도전조차 하지 않았기 때문이다. 이 글을 읽고 있는 당신은 몇 번의 실패를 경험했는가? 셀 수 없이 많은 실패를 했다면 축하한다. 당신은 성공에 가까워졌다. 조금 더 힘을 내길 바란다. 혹시 나처럼 실패한 경험이 적다고 해도, 축하한다. 성공의 공식을 알았기 때문에 곧 닥칠 시련도 좌절하지 않고 넘길 수 있을 것이다. 사람은 누구나 실패한다. 실패를 두려워하면 아무것도 이룰 수 없다. 중요한 것은 자신에 대한 믿음을 바탕으로 두려움을 이겨 내고 도전하는 것이다. 나 또한 나의 내적 힘을 믿고 한 발 한 발 나아갈 것이다. 잠시 넘어질 수도 있지만 다시 일어서면 된다. 실패를 딛고 성공하면 얼마나 많은 보상이 따라오는지 알기 때문에 이제는 포기하지 않을 것이다.

강철왕 앤드루 카네기는, "진정 성공하기를 원한다면 먼저 주변 사람의 성공을 도와라."라고 말했다. 내가 가진 열정과 희망, 성공을 나누면 그 사람들 또한 에너지를 나에게 나눠 줄 것이다. 주변 사람의 성공을 도와주는 것은 나의 성공을 돕는 사람들을 늘리는 것과 같다. 현재 나에게 성공이란, 많은 사람들에게 내가 알게 된 가치를 알려 주어 그들을 행복하게 만드는 것이다. 흔들리지 않는 성공마인드를 통해 내가 경험한 모든 것들을 주변 사람들에게 알려 주고 싶다. 과거의 나와 같은 평범한 사람들에게 성공의 진입장벽을 낮춰 주는 기회의 문을 열어 희망을 주고 싶다.

# PART 3

# 세계적인 베스트셀러 작가 되기

강 민 주

## 강민주

**나답게살기 연구소 대표, 자존감 코치, 동기부여가, 자기계발 작가**

인생을 가장 잘사는 방법은 진짜 나답게 내 인생을 사는 것이다. 나 자신을 찾아 나다운 인생을 살면 그 안에 보물이 기다리고 있다. 불행했던 과거의 나와 한계를 끊임없이 뛰어 넘으며 나 자신을 찾아 왔다. 이런 나의 경험과 지식을 바탕으로 선한 영향력의 메신저로 꿈을 꾸고 있다. 하얀 도화지에 자신만의 꿈과 삶을 그리면서 살아갈 수 있도록 사람들을 돕는 것이 목표이다. 현재 '나답게 살아가기'라는 주제로 개인저서를 집필 중이다.

E-mail philosophia00@naver.com      Cafe nadapgae.com
Blog nadapgae.me

# 죽을 때까지 사랑받는
# 베스트셀러 작가 되기

대학교 2학년 '현대경영' 수업 시간이었다. 양현주 교수님께서 잠시 수업을 뒤로하시고는 우리에게 '죽기 전 자신이 이루고 싶은 버킷리스트 100가지'를 적어 보라고 하셨다. 이날 내 생에 처음으로 버킷리스트를 적은 것으로 기억한다. 수업에 집중하지 못하던 학생들도 이 시간만큼은 눈을 초롱초롱 빛내며 열심히 자신의 소망들을 써 내려갔다.

몇 분의 시간이 지난 후 앞줄 왼쪽에서부터 차례대로 버킷리스트를 발표하는 시간을 가졌다. 그때 나의 버킷리스트 중 하나가 '책 쓰기'였다. 지금으로부터 정확히 10년 전의 일이다.

지금 그 버킷리스트가 적힌 종이쪽지를 가지고 있지는 않다.

하지만 급히 써 내려간 것들 중에 유독 기억에 남는 버킷리스트가 책 쓰기였다. "어떤 책을 쓸 거냐?"라는 동기의 질문이 더 기억에 오래 남도록 했는지도 모르겠다. 버킷리스트에 '책 쓰기'를 쓴 사람은 나 혼자뿐이었다.

양현주 교수님은 현재 대구의 ㈜한국인재개발원 대표이면서 영진전문대 디지털경영계열 겸임교수다. 나는 대부분의 교수님들을 좋아했지만 특히 양현주 교수님을 많이 좋아하고 따랐다. 지금도 가끔 연락을 하고 지낸다. 교수님은 학문적인 것에만 치중하지 않으셨다. 가끔씩 이렇게 '버킷리스트' 외에도 '가장 행복했던 순간은? 가장 불행했던 순간은?' 등과 같은 질의응답 시간을 가지셨다. 그러면서 젊은 청년들이 삶에서 놓치지 말아야 할 중요한 것에 대해서 가르침을 주셨다. 학생들에게 늘 가까이 다가와 관심을 보이시며 스스럼없이 먼저 연락을 주시기도 하셨다. 그런 분이셨으니 존경하고 좋아할 수밖에 없었다. 내 삶의 롤모델 중 한 분이기도 하다.

이날 이후 나만의 저서를 갖기 위해 바로 책 쓰기를 시작했던 것은 아니다. 난생처음 갑작스럽게 적어 본 것이었기 때문에 '재미있다', '새로운 경험을 해 봤다'라고 단순하게 생각하고 잊어버렸다. 그러고는 다시 일상으로 돌아가 학업과 교내생활에 충실했다. 생활비를 벌기 위해 아르바이트를 하면서 하루하루 사는 데 정신이 팔려 있었다.

2015년 5월 대구에서 부동산 교육을 하는 한 회사에 취직했다. 그곳은 전국의 유명한 부동산 관련 전문가분들을 초빙해 교육을 하는 곳이었다. 아기 곰, 골목대장, 투 에이스, 빠숑, 서울휘, 옥탑방보보스, 핑크 팬더, 해안선, 새벽하늘, 유비, 복부인, 토미, 방패장군, 최원철 교수, 이주왕 교수, 성선화 기자, 김재권 변호사 등 부동산 및 재테크 분야에서 이름을 날리는 분들이 오셔서 강의를 했다. 퇴사 전에는 월천대사의 학군과 부동산 강의도 개강 예정이었다. 부득이한 회사 내부 사정상 취소하게 되었지만 그분은 요즘 아시아경제TV 부동산 패널에 고정 출연하면서 한창 상승세를 타고 있다. 대부분 부동산 저서를 가지고 있거나 자신의 부동산 교육 사업 등을 하시는 분들이다.

나는 교육부에 몸담고 그분들이 책을 써서 베스트셀러 작가가 되고, 강의 및 강연을 하고, 칼럼을 쓰고, TV에 출연하고, 컨설팅을 하고, 사업을 하는 모습을 가까이에서 지켜봐 왔다. 물론 내가 나열한 순서대로 하신 것은 아니다. 하지만 이 모든 것들이 유기적으로 연결되어 다양한 활동들로 이어졌다.

가까운 곳에서 그분들을 만나며 그분들을 동경하기도 하고 부러워도 하기도 했다. 때론 너무 가까이에 있어서 무감각해지기도 했다. 이때의 동경과 부러움이 나의 무의식 속에서 잠자고 있던 책 쓰기 버킷리스트를 떠오르게 한 하나의 촉매제가 되었다.

그때부터 잠재되어 있던 나의 꿈이 아지랑이처럼 스멀스멀 올라왔다. 그리고 이루고 싶은 꿈 리스트 목록에 '책 쓰기'를 적으며 이따금씩 남몰래 책을 펴내는 꿈을 꾸었다. 생각이 말이 된다고 했던가. 얼마 후 혼자 생각했던 꿈을 몇 분의 지인들에게 나도 모르게 툭툭 내뱉고 있었다.

"저 책 쓸 거예요."

"나 책 쓸 거야."

"나 책 쓰면서 살고 싶어."

계획이 있었냐고? 아니, 마음의 소리가 머리로 올라갔고 머릿속 생각이 말로 되어 나왔다. 이때 마거릿 대처의 인생명언이 생각났다. 그러곤 이것이 절대 진리라는 것을 깨닫게 되었다.

"생각을 조심하라. 그것이 너의 말이 된다. 말을 조심하라. 그것이 너의 행동이 된다. 행동을 조심하라. 그것이 너의 습관이 된다. 습관을 조심하라. 그것이 너의 인격이 된다. 인격을 조심하라. 그것이 너의 운명이 된다."

마거릿 대처의 명언처럼 말을 했으니 이제 행동으로 옮길 차례가 된 것이다. 서점으로 달려가 운명처럼 책 한 권을 집어 들었다. 그 책은 바로 김태광 작가의 《서른여덟 작가, 코치, 강연가로 50억 자산가가 되다》이다.

아무에게도 기댈 곳 없는 혹독한 현실 속에서도 '포기도 없고, 불가능이란 없다'는 것을 보여 주기라도 하듯 멋진 성공 스토리가 담겨 있는 책이다. 밑바닥에서 정상에 오르기까지 성공을 위해 고군분투한 그의 삶을 생생하게 엿볼 수 있었다. 그런 그를 보고 나는 또 한번 나의 꿈에 불을 댕겼다.

그리고 더 큰 행동으로 옮겼다. 〈한책협〉 카페에 가입하고 〈1일 특강〉에 참여한 것이다. 그러곤 현재 〈책 쓰기 과정〉에서 개인저서와 지금 집필하고 있는 공동저서인《보물지도 11》을 준비 중이다.

200여 권의 저서를 펴내 한국기록원에서 주최한 '제1회 대한민국 기록문화대상'을 수상한 천재 코치 김태광 작가는 평범한 사람들의 생각을 뛰어넘는 형이상학자답게 이렇게 말한다.

"성공해서 책을 쓰는 것이 아니라 책을 써야 성공한다!"

'과연 정말 그럴까?'라는 의구심은 책을 읽으면서, 또 책 쓰기 특강에 참석하면서, 현재 〈책 쓰기 과정〉을 겪으면서, 앞선 성공 작가들의 수많은 사례들을 보면서 모두 떨쳐 버렸다.

지금의 나는 10년 전 샤프펜슬로 꾹꾹 눌러 쓰고 많은 사람들 앞에서 가볍게 선언했던 그 꿈을 실현해 나가고 있다. 이 사실만으로도 참 신기하고 가슴 벅찬 일이다. '종이 위의 기적', '종이에 쓰면 이루어진다'라는 말들을 몸소 실감하고 있다. 같이 학교를 다녔던 동기들 몇 명에게 이 얘기를 했더니 나와 마찬가지로 신기해하며 잘할 거라고 응원해 주었다.

당시에는 베스트셀러 작가가 되겠다는 생각까지는 해 보지 않았다. 하지만 꿈을 현실로 만들고 있는 지금은 한두 걸음 더 나아가 베스트셀러 작가, 밀리언셀러 작가까지 되고 싶다. 무엇보다 죽을 때까지 꾸준히 사랑받는 베스트셀러 작가, 스테디셀러 작가가 되어 있는 내 모습을 생생하게 그려 본다. 평생 글 쓰는 현역 작가로 살 것이다. 그리고 글로 전 세계 지구인들과 소통하면서 재미와 감동을 주는 이야기꾼이 될 것이다.

# 대한민국 최고의
# 자존감 코치 되기

과거의 나는 저학력, 무스펙, 무능력에 자존감 제로인 데다 세
상을 향한 증오와 분노로 가득 찼던, 그야말로 열등감 덩어리였
다. 나의 부모님은 성실하시고 법 없이도 살 수 있는 모범적인 분
들이다. 넉넉하지는 못하더라도 크게 부족한 것 없이 자식들을 사
랑으로 키워 주셨다.

그런데 부모님의 성향은 자유로운 영혼을 가진 나의 성향과
다르다. 나의 부모님은 당신들이 정해 놓은 기준과 틀에서 벗어나
면 굉장히 엄해지는 보수적인 분들이다. 그런 부모님은 때로 나를
억압해 원망의 대상이 되기도 했다.

초등학교 1, 2학년 때 나의 성적표는 늘 '수', '우'만으로 가득

했다. 그랬던 내가 3학년이 되었을 때 어떤 과목에 '미'라는 성적이 나왔던 적이 있다. 그때 아버지께서 3학년밖에 되지 않은 어린 나에게 택시 안에서 "성적이 이게 뭐냐?"라고 하시며 굉장히 화를 내셨다. 그때 받은 마음의 상처가 아직도 뚜렷이 남아 있다. "이번에는 성적이 좀 내려갔구나. 시험이 어려웠었니? 다음에는 조금 더 열심히 공부해서 좋은 성적을 받도록 노력해 보자."라고 해 주셨더라면 아버지께 참 감사했을 것 같다.

물론 안다. 나에 대한 기대가 어렸을 때부터 남다르셨다는 것을. 그러다 보니 더 속상하셔서 그러셨다는 것을. 나는 초등학교에 입학하기 전부터 한글을 읽고 썼다. 뿐만 아니라 유독 숫자에 밝아서 다섯 자리 숫자까지 주산으로 덧셈, 뺄셈, 곱셈, 나눗셈을 했었다. 심지어 주판을 사용하지 않아도 머릿속에 숫자가 그려질 정도였다. 그런 내게 기대가 크셨기 때문에 아버지에게는 '미'라는 성적이 큰 실망으로 다가왔을 것이다.

그런 부모님의 기대를 뒤로한 채 나는 그 이후로 성적이 계속 떨어졌다. 중학교 1학년 때 반에서 11등을 한 것이 마지막으로 가장 좋은 성적이었던 것으로 기억한다. 그 뒤로는 공부에 흥미를 잃어버려서 성적조차 기억이 나질 않는다. 그냥 끝에서 맴돌았다는 것을 알 뿐이다.

중학교 2학년 때 어머니가 갈빗집을 하셨는데 그때부터 나는 거의 주말마다 가서 도와드렸다. 물론 도와드린 대가로 아르바이트비를 받았다. 그래서 좋기는 했지만 친구들과의 자리에 끼지 못하고 식당에 가서 일한다는 것이 나에게는 짜증과 슬픔으로 다가왔다.

나는 부모님의 사랑이 너무 고팠다. 하지만 나의 부모님은 가족들을 먹여 살리기 위해 쉬지 않고 일만 하셨다. 그러느라 나에게 다정하게 사랑을 표현하실 시간적 여유가 없으셨다. 아니, 심적 여유가 없으셨다는 표현이 더 정확할 것이다. 이제야 자식에 대한 사랑이 많으신 분들이라는 것을 잘 알지만 철없던 어린 나는 그것을 깊이 헤아리지 못했다.

그러면서 나는 점점 공부와 거리가 멀어져만 갔다. 삐뚤어지고 방황하는 못난 청소년이 된 나는 형편없는 성적 때문에 '상서여자상업고등학교'로 진학하게 되었다.

하루하루 의미 없이 고등학교 생활을 하던 중 아버지께서 뇌종양이라는 진단을 받으시고 수술을 하셨다. 집안이 온통 불안에 휩싸였다. 아프고 힘든 아버지 곁에서 따뜻하게 간호를 해야 마땅했지만 그럴수록 나는 오히려 더 밖으로 겉돌았다. 한쪽 시력을 잃어버린 후유증은 남으셨지만 시간이 지날수록 아버지는 조금씩 회복하셨다. 집안에 다시 평화가 찾아올 때쯤 나는 스스로 '고등학교 중퇴'라는 불명예스러운 훈장을 선택했다. 나의 선택으로 되찾은 가정의 평화는 부서졌다. 그렇게 나는 아무것도 무서울 것이 없는 '무서운 10대'이면서 '무능력한 문제아'가 되었다.

한없이 낮아진 자존감으로 죽은 시체보다 못한 무기력한 삶을 살아가고 있었다. 그러다 스무 살이 되던 해에 어머니께서 식당이나 같이 운영하자며 조리사 자격증을 따 보라고 하셨다. 그 말씀에 나는 집 앞에 있는 요리학원에 등록했다. 오랜만에 하얀 종이 위의 검은 글자도 보고 펜을 들었는데 기분이 썩 나쁘지 않았다. 그렇게 한식, 양식 조리사 자격증을 취득하고 중식 요리와 과일 깎기 등을 배웠다. 어머니와 식당을 같이 하기 전 요리학원에서 소개해 준 큰 레스토랑에 취업해서 얼마간 일했다. 그러다가 어머니와 식당을 같이 운영했다. 하지만 나에게 맞지 않는 식당 일은 전혀 재미있지 않았다. 그때의 내 삶은 그 어떤 희망과 꿈도 없었다. 그저 목숨이 붙어 있어서 살아가고 있을 뿐이었다.

어느 날 '이렇게 살고 싶지 않아'라는 내 마음의 목소리가 들렸다. 일단 고등학교를 졸업해야겠다는 생각이 들어서 검정고시 학원에 바로 등록했다. 공부를 하는 동안에 피로가 많이 쌓이는 육체적인 식당 일보다 상대적으로 덜 힘든 일을 시작했다.

낮에는 이월드에서 놀이기구 운영 및 구슬아이스크림 판매 일을 했다. 그러곤 중구청에서 훼손된 문서를 복구하고 분류 철하는 일을 했다. 밤에는 학원에서 고등학교 졸업장을 두 손에 쥐는 날을 손꼽아 기다리며 공부했다.

2006년, 외로운 사투 끝에 고등학교 졸업장을 손에 쥐게 되었다. 이것은 나를 2년제 대학교 입학으로 한 발 더 나아가게 했다. 그렇게 스물하고 여섯 살이 되던 해에 '영남이공대학교' 비즈니스 계열 경영학과에 입학했다. 학교에서는 과대표를 맡고, 과 홈페이지 홍보모델도 되어 봤다. 그리고 못다 한 공부에 대한 열망으로 아르바이트를 하면서도 성적장학금을 받을 만큼 열심히 공부했다.

그 후 영남대학교로 편입했다. 하루하루 모든 것이 설레었다. 공부하는 것이 즐거웠다. 열심히 공부한 덕에 학교 최고의 부서인 교수회의 근로장학생으로 근무하기도 했다. 내가 하고 싶어서 하는 공부는 고통이 아니라 행복이라는 것을 이때 알았다.

행복한 날이 계속되면 좋겠지만 인생에 햇볕 쨍쨍한 날만 있지 않듯이 내 삶에도 흐린 날이 찾아왔다. 내가 졸업할 때쯤 청년 취업난이 시작되었다. 정부에서는 학력 차별을 없애야 한다며 4년제 대학 졸업생보다 고등학교 졸업생들을 적극 지원해 주고 있었다. 4년간 쏟아부었던 나의 시간과 노력과 학비는 오히려 역차별을 당했다. 스펙이 뛰어난 학생들에게는 취업이 크게 문제될 것이 없을 것이다. 하지만 내 스펙은 평범했고 경력도 없는 데다 나이도 많아서 원하는 곳에 취업하기란 힘든 일이었다.

불행 중 다행으로 지도 교수님의 추천을 받아 대구은행 인턴십에 지원할 수 있게 되었다. 교내 취업팀에서도 나의 이력서와 자기소개서를 보고 합격할 거라고 확신을 주었다. 그런데 '이것 아니면 안 돼'라고 너무 긴장한 탓인지 면접에서 탈락했다. 그리고 이같은 기회는 나에게 두 번 다시 오지 않았다.

대학교 때 전산회계자격증 취득을 위해 다녔던 회계컴퓨터학원에서 임시로 근무하면서 취업을 준비했다. 힘들게 4년제 대학을 나온 나는 이곳에서 단순한 사무업무를 보고 있었다. 그런데 학원에 오는 여상 고등학생들은 내가 그토록 가고 싶어 하는 금융권, 공사기업, 대기업을 별다른 스펙 없이 높은 연봉을 받고 잘만 들어갔다. 겉으로 내색은 안 했지만 속으로 미친 듯이 질투가 났고, 정부 정책조차 원망스러웠다.

그 아이들에게는 힘든 취업과정이었겠지만 내가 생각했을 때는 거저 들어가는 것 같았다. 어렵게 준비해서 은행에 입사했지만 한 달도 안 되어 힘들다고 나오는 학생도 있었다. 나에게는 그들이 나는 들어갈 수 없는 곳을 너무나 쉽게 들어가면서 힘들다고 징징대는 아이처럼 느껴졌다. 물론 지금은 생각이 바뀌었다. 제아무리 좋은 일이라도 자신과 맞지 않았기 때문에 그만두었다고 생각한다. 남에게 좋아 보인다고 해서 반드시 나한테도 좋은 것만은 아니다. 그토록 들어가고 싶었지만 지금 생각해 보면 나 역시도 그곳에 어울리지도 않고 진짜 원하던 삶도 아니었다는 것을 깨닫는다.

이후 모교와 연계된 '영남대학교 총동창회'에 입사했다. 일하면서 영남대학교 동문으로서 강력하고 끈끈한 유대감을 느낄 수 있었다. 동문들을 위해서 보이게 때로는 보이지 않게 묵묵히 일하시는 분들이 있으셔서 모교가 잘된다는 것을 알 수 있었다. 하지만 나와 맞지 않는 옷이어서 1년 뒤에 퇴사했다. 그러곤 부동산교육연구소 회사를 한 번 더 거쳐서 지금은 작가라는 새로운 삶을 살고 있다. 자유로운 영혼의 나답게 자유의지로 책을 쓰고 살아가는 지금 이 순간이 너무 행복하다.

어릴 적 어머니가 집에 안 계실 때면 몰래 어머니의 옷과 구두를 신고 화장을 한껏 한 채 거울 앞에서 공주 놀이를 하곤 했다. 지금 생각해 보면 맞지도 않는 옷과 구두, 화장을 한 모습이 너무 촌스럽고 우스꽝스러웠을 텐데 그땐 왜 그렇게 내가 아닌 엄마의 모습이 되고 싶었는지 모르겠다.

자신만의 화단에는 자기다운 모습으로 꽃을 피워야 한다. 나는 백합인데 장미가 되려고 해서는 안 된다. 나는 장미인데 튤립이 되려고 해서는 안 된다. 그렇게 될 수도 없고, 그렇게 살면 행복하지도 않다. 각자 자신이 타고난 씨앗이 있는데 우리는 자꾸 내가 아니라 남이 되려고 한다. 꽃은 자기 본연의 모습으로 꽃을 피울 때가 가장 아름답다.

한때 낮은 자존감과 높은 열등감으로 살았던 나. 그랬던 내가 타인의 시선과 잣대가 아닌 나로서 살아갈 때 진정 행복할 수 있다는 것을 알았다. 그래야 자존감 또한 높아진다는 깨달음을 이제 당신에게도 깨닫게 해 주는, '대한민국 최고로 사랑받는 자존감 코치'로 살아가고 싶다. 그런 행복한 날에 당신과 내가 각자 자기다운 모습으로 만나길 바란다.

# 자기사랑연구소 설립하기

이 세상에 자기 자신을 온전히 사랑할 수 있는 사람이 과연 몇 명이나 될까? 10%? 1%? 아니, 어쩌면 그보다 훨씬 소수의 사람들만이 자신을 진정으로 사랑하고 있을 것이다. 자! 가슴에 손을 얹고 진지하게 한번 생각해 보라. 나는 정말 나를 있는 그대로 받아들이고 사랑하고 있는가? 아마도 지금 당신은 '아니, 나는 지금의 나보다 더 똑똑했으면 좋겠고, 더 잘났으면 좋겠고, 더 예뻤으면 좋겠고, 더 잘생겼으면 좋겠어.'라고 끊임없이 장점보다 단점을 발견하고 있는 자신을 마주하고 있을 것이다. 한때의 나처럼 있는 그대로의 자신이 얼마나 아름다운지 깨닫지 못한 채.

한때 나는 내가 너무 싫었다. 작은 키의 내가 싫었고, 예쁘지 않은 내가 싫었다. 내세울 것 하나 없는 무스펙의 내가 싫었고, 무엇 하나 제대로 이루어 놓은 것 없는 내가 싫었다. 하고 싶은 것도 마음껏 못하는 내가 싫었고, 가지고 싶은 것을 원하는 대로 다 가질 수 없는 내가 죽도록 싫었다.

그런데 나는 그 어떤 장애 하나 없이 건강한 몸을 가지고 있었다. 또한 미스코리아 뺨칠 정도의 미녀는 아니지만 오목조목하게 생긴 내 모습만으로도 참 예뻤다. 학교나 지역의 자랑거리가 될 만큼의 대단한 스펙은 없지만 나는 내 인생을 누구보다 치열하게 나로서 잘 살아왔다. 하고 싶은 것은 대부분 하고 살았다. 하지 못했던 것은 나의 용기나 끈기가 부족했던 탓이었다. 그리고 돌아보니 가지고 싶은 것보다 가진 것이 더 많은 나였다.

그랬다. 나는 있는 그대로 완벽한 내 모습이었고, 완벽한 내 삶이었다. 누구의 인정도 필요 없었다. 그저 나이면 되니까. 그렇게 나는 있는 그대로의 나를 받아들이기 시작했다.

예전부터 나의 버킷리스트 목록에는 '1인 기업가'가 한 자리를 차지하고 있었다. 언젠가 이루어야지 했던 꿈이었다. 직장명과 계급장을 떼고 나서 오롯이 나 자신으로 섰을 때 '나는 세상에서 어떤 이름으로 살아갈 것인가'에 대해서 수없이 고민했었다. 그 길에 '1인 기업가'가 있었고, 정당하게 벌어들인 수익을 사회에 '기부'하고 싶었다.

그리고 지금 〈한책협〉을 만나서 '책 쓰기'뿐만 아니라 1인 창업도 같이 준비하고 있다. 얼마 전에 이곳에서 〈1인 창업 수업〉 과정도 수료했다. 1인 창업자에게 반드시 필요한 카페, 블로그, SNS마케팅 등도 하나씩 준비 중이다. 〈한책협〉은 저자를 넘어 코치, 강연가, 컨설턴트, 1인 기업가로 성장할 수 있는 모든 성공 시스템이 갖추어진 곳이다.

이 준비가 완성되면 '자기사랑연구소'가 탄생할 것이다. 나의 1인 기업인 자기사랑연구소는 나를 잃어버린 사람들이 좀 더 나답게, 자존감 있게 살아갈 수 있도록 돕는 사회적 기업이다. 많은 사람들이 자기사랑연구소를 통해 진정한 나를 찾고 자기다운 모습으로 새롭게 태어날 수 있다. '자기사랑연구소'는 북 카페와 같은 시설을 갖추고 있고, 모던하고 심플한 인테리어로 되어 있다. 유니크하고 따뜻함이 묻어나는 조명으로 이곳에 들어오는 사람들은 마음이 편안해지고 따뜻해진다. 전면이 유리로 되어 있어서 투명하고 깨끗한 느낌을 준다. 신뢰감 또한 높여 준다. '자기사랑연구소' 클래스 커리큘럼은 다음과 같은 과정으로 구성되어 있다.

- 먼저 나 자신부터 바로 알아 가기
- 타인의 인정으로부터 나를 내려놓기
- 상처받은 자기 치유하기
- 스스로를 인정하기

- 나를 진정으로 사랑하기
- 진정한 나의 꿈 찾기
- 되찾은 자존감으로 건강한 인간관계 맺기

함께하는 독서를 통해 이 과정들에서 나와 서로를 알아 가는 시간을 가진다. 뿐만 아니라 독서로 마음과 영혼의 양식도 쌓아 간다. '자기사랑일기'를 쓰는 시간도 갖는다. 플러스도 마이너스도 하지 않은, 있는 그대로의 나에 대해서 써 내려간다. '자기사랑일 기'를 쓰면서 나를 인정하고, 사랑하고, 치유하는 과정을 거친다. 클래스 5분 전 명상, 5분 후 명상으로 나의 깊은 잠재의식을 변화 시킨다. 그리고 매년 1박 2일 〈나를 찾아가는 여행〉이라는 캠프를 통해 한층 더 깊은 나의 내면과 마주하는 시간을 갖는다.

나와 '자기사랑연구소'를 만나는 모든 사람들은 진정한 자신을 되찾고 자신의 삶을 사랑할 줄 아는 사람이 된다. 이것이 내가 꿈 꾸고 있는 '자기사랑연구소'의 비전이자 소명이다.

나는 하루하루 가슴 뛰는 행복한 삶을 살고 싶어서 끊임없이 혼자 고군분투해 왔다. 타인의 무관심과 갖은 멸시 속에서도 혼 자서 묵묵히 나의 길을 간다는 것이 얼마나 외롭고 힘든 일인지 잘 안다. 때론 달콤한 유혹의 속삭임이 들려오고, 지쳐서 포기하 고 싶은 순간들도 찾아온다. 그 처절한 외로움과 고통, 슬픔을 조금 알기에 나와 비슷한 또 다른 누군가에게 손을 내밀어 주고 싶다. "나다운 삶을 용기 있게 살아가고 있는 당신 곁에서 외롭지 않게 응원해 주고 싶다."라고 말해 주고 싶다. 내가 내밀어 준 손을 잡아 준 고마운 사람들과의 따뜻한 온기로 세상의 온도를 1℃라도 올릴 것이다. 단 한 사람이라도 더 자기다운 삶을 살 수 있도록 '자기사랑연구소' 1인 기업가로서의 나의 사명을 다할 것이다.

"자신만의 걸음으로 자기 길을 가라. 바보 같은 사람들이 무어라 비웃든 간에."

'캡틴, 오 마이 캡틴' 하면 떠오르는 유명한 영화 〈죽은 시인의 사회〉에서 키팅 선생님이 학생들에게 했던 말 중 하나다. 많은 사람들의 마음을 울컥하게 만들었던 명문장이다. 누가 뭐라고 하든 우직하게 자신만의 걸음으로 자기 길을 걸어가는 사람들의 모습은 멋지기도 하지만 감동을 자아낸다. 때론 동경의 대상이 되기도 한다. 그만큼 쉬운 일이 아니라는 반증이다.

우리는 키팅 선생님의 말처럼 그 어떤 바보 같은 사람들이 무어라 비웃고 비난하더라도 오직 나의 걸음으로 나의 길을 가야 한다. 타인의 인생을 기웃거리고 따라가느라 진짜 내 인생을 놓치고 있는 것은 아닌지 심각하게 고민해 봐야 한다.

# 부의 추월차선 파이프라인 만들기

나는 스물여섯 살 때부터 지금까지 '어떻게 하면 한 살이라도 더 젊은 나이에 경제적 자유를 얻어서 내가 꿈꾸는 삶을 살 수 있을까'란 생각을 내려놓은 적이 없다.

대학교 때 나의 전공은 경영학이었다. 경영학과에서는 경영학원론, 경제학원론, 통계학, 회계, 마케팅, 조직관리, 생산관리, 인적자원관리, 경영전략, e-비즈니스, 재무관리, 주식투자론, 파생상품론 등 그야말로 경영에 관한 모든 것을 배운다. 특히 내가 관심을 가지고 들었던 수업은 회계와 투자 관련 수업들이었다. 나는 경영학과에서 요구하는 기본적인 OA자격증뿐만 아니라 전산회계, 증권투자상담사, AFPK(한국재무설계사) 등의 자격증을 취득했다. 부의 추월차선 파이프라인을 만들 수 있는 방법들이라고 생각되면 계속해서 배워 나갔다. 그만큼 부의 추월차선 파이프라인을 향한 나의 애정은 뜨거웠다.

어느 날 〈주식투자론〉 교수님께서 수업 시간에 한 동영상을 보여 주셨다. 그 영상은 나의 뇌에 신선한 자극과 흥미를 불러일으키기에 충분했다. 한 사람의 인생을 백팔십도로 바꿔 놓은 파이프라인 우화를 살펴보자. 이 이야기는 책으로도 나와 있다.

어느 마을에 파블로와 브루노라는 두 젊은이가 살고 있었다. 어느 날 그 마을의 시장이 한 가지 제안을 내놓았다. 산속에 있는 샘물에서 물을 길어다가 마을 우물에까지 가져올 일꾼을 찾고 있다. 그 대가로 길어 온 양동이 물의 양에 비례해서 1달러씩 지불하겠다는 것이었다. 그 일자리에 파블로와 브루노가 선택되었다.

두 사람은 아침부터 저녁까지 열정적으로 양동이 물을 날랐다. 브루노는 자신의 일과 수익에 만족했고 꿈을 이루었다고 생각했다. 그리고 더 많은 임금을 받기 위해 더 큰 양동이를 사용하고 더 자주 물을 날랐다. 자신이 꿈꾸던 소와 집을 살 수 있으리라고 믿으면서.

반면에 파블로는 만족하지 못했다. 날이 저물수록 등은 아파 오고 손은 쓰리고 그는 완전히 지쳐 버렸다. 그래서 돈을 좀 더 쉽게 많이 벌 수 있는 방법들을 고민했다. 파블로는 파이프라인을 만들어서 산속에 있는 샘물을 마을 우물로 가져오는 상상을 했다. 이 파이프라인만 완성되면 양 거리를 힘들게 왕복할 필요도 없고 더 많은 물을 나를 수 있었다. 파블로는 자신의 상상으로 계획을 짰고 브루노에게도 같이 하자고 자신의 계획을 제안했다.

하지만 브루노는 파블로의 생각이 미친 짓이라고 생각했다. 브루노가 관심이 있었던 것은 '오늘 번 돈으로 내일 무엇을 살 수 있을까?', '어떻게 하면 그것을 더 빨리 얻을 수 있을까?' 하는 생각뿐이었다. 오히려 파블로의 계획은 자신의 목표를 지연시키는 것이라고 생각했다. 그리고 자신의 방법으로 더 큰 부를 얻을 수 있을 것이라 확신하며 자신의 방식대로 더욱 일을 열심히 하면서 돈을 벌었다. 브루노는 점점 나이가 들어 늙고 힘도 쇠약해져 갔다. 당연히 양동이를 나르던 횟수도 줄어들었다.

그동안 파블로는 자신만의 파이프라인을 완성했고 산속에 있는 샘물을 마을의 우물에 가득 채웠다. 물은 파블로가 잠자고 있을 때 음식을 먹고 있을 때 쉬고 있을 때를 가리지 않고 끊임없이 우물에 채워졌다.

이 이야기를 읽고 어떤 생각이 드는가?

브루노의 방식은 양동이로 돈을 벌어들이는 것이었다. 시간과 노동을 수입과 맞바꾸는 일을 의미한다. 즉, 노동수입이다. 더 많은 일을 하면 더 많은 수입이 들어온다. 하지만 예상치 못한 상황,

즉 은퇴, 질병, 사고로 인해 일을 못하게 되는 순간 수입은 바로 끊긴다.

파블로의 방식은 양동이 대신 파이프라인을 구축해서 돈을 벌어들이는 것이었다. 이것은 내가 돈을 위해서가 아니라 돈이 나를 위해서 일하는 방식이다. 파이프라인을 구축하면 내가 일을 하지 못하는 순간이 와도 수입이 계속해서 들어오게 된다. 이것은 자산수입이다. 이처럼 돈이 돈을 벌어오게 만들어야 한다. 노동수입과 자산수입은 엄연히 다르다.

파이프라인을 완성하기까지는 많은 시간이 걸리고 상당한 노력이 들어가야 된다. 하지만 구축되는 순간 황금알을 낳는 거위 한 마리를 얻는 것과 같다. 이 거위는 날마다 나를 대신해서 황금알을 낳아 준다. 황금알을 가져가서 차곡차곡 모으는 일이 내가 할 일의 전부다.

내가 고등학생이었을 때 아버지의 병고로 어머니의 수입만으로 생계를 유지해야 했던 때가 있었다. 한 집안 가장의 병고로 가족의 수입이 반으로 줄어들고 지출은 더 많아졌었다. 물론 아버지의 건강도 걱정이 많이 되었지만 노동수입에만 의존했던 우리 가족은 불안과 걱정이 끊이지 않는 날들을 보냈었다. 다행히 아버지께서 건강을 회복하시는 동안 생활력이 엄청 강하신 어머니가 있으셔서 그 힘든 상황들을 잘 이겨내 왔다. 그때 상황이 더 악화되었다면 우리 가족은 더 열악한 곳으로 이사해야 하는 슬픈 일을 겪었을지도 모른다. 지금 생각해 보면 아찔한 일이 아닐 수 없다.

나는 '휠체어를 탄 백만장자'가 되고 싶은 생각이 단 1%도 없다. 경제적으로 부유하지만 몸은 휠체어에 묶인 채라면 식물인간과 무엇이 다른가? 아무리 돈이 많아도 그것을 제대로 써 볼 수도 없다. 아! 자식들에게 막대한 유산을 남겨 줄 수는 있겠다. 하지만 자식들에게 많은 유산을 남겨 주려고 백만장자가 되려고 한 것은 아닐 것이다. 경제적 자유로움을 얻고 자신이 하고 싶었던 일들이 있었을 것이다. 휠체어를 탄 채로는 할 수 있는 것들이 지극히 제한적이다. 사람은 그 나잇대에 경험하고 누려야 되는 것들이 있다. 심지어 근사한 옷을 입고 구두를 신는 일조차도 휠체어를 탈 만큼 늙어서일 때보다 생기가 도는 젊은 나이일 때가 더 멋있어 보인다.

현재 나는 부의 추월차선으로 가는 파이프라인을 계속 만들어 가고 있는 중이다. 먼저 은행 계좌를 용도별로 분류해서 이용하고 있다. 그리고 나의 버킷리스트 중 하나인 30평형대 아파트를 분양받기 위해 주택청약종합저축 1순위 조건을 필수적으로 준비해 놓았다.

경제, 금융, 부동산의 큰 흐름을 놓치지 않기 위해 〈한국경제신문〉을 구독하고 있는데 정독까지는 하지 않는다. 주식과 부동산 투자, 4차 산업혁명시대를 대비하는 암호화 화폐에도 투자하고 있다. 그리고 또 하나의 부를 가져다줄 1인 사업을 준비 중이다. 나는 휠체어를 탄 백만장자가 아니라 40대 젊은 나이에 백만장자가 되어 있을 것이다.

나의 자랑이나 하자고 늘어놓는 말이 아니다. 부자 부모가 없는 내가 유일하게 부자가 되는 길은 이런 방법들이기 때문이다. 부모님으로부터 물려받을 자산이 많지 않다면 스스로 부자가 되어야 한다. 나는 스스로 부자가 되기를 선택했고 지금 그 길을 걸어가고 있다. 나는 그리 오래지 않은 훗날에 젊은 백만장자, 젊은 억만장자가 되어 있는 내 모습을 상상해 본다. 그 상상은 현실이 될 테니까.

# 부모님께 사랑이 깃드는
# 멋진 집 선물하기

나는 어렸을 때 오래되고 낡은 한옥에서 살았다. 그곳에서 부모님과 언니 그리고 사촌 남동생과 함께 동고동락했다. 내가 태어난 곳은 부산 초량동이다. 하지만 내가 초등학교에 입학하기 전에 아버지의 직장 이동으로 대구로 이사 오게 되었다. 그래서 내게는 태어난 부산에서의 추억보다 자라 온 대구에서의 추억이 더 많다.

우리 가족은 오래되고 낡은 한옥에서 17여 년간을 살았다. 지금으로부터 50년도 더 전에 지어진 집이니 얼마나 낡았는지 가늠할 수 있을 것이다. 지붕은 벽돌로 만들어진 기왓장으로 덮여 있었고 거실이 아닌 나무로 만들어진 대청마루가 있었다. 옥상이 있어서 고추, 깻잎, 상추 등을 키웠다. 그리고 마당이 있어서 개와

고양이도 키웠었다.

하지만 집이 너무 노후하다 보니 만나고 싶지 않은 아이들이 자주 출몰했다. 바로 거미, 바퀴벌레, 귀뚜라미, 쥐 등이다. 가끔 나방도 찾아왔다. 이 아이들은 집세도 내지 않고 우리 집에서 같이 살았다. 쫓아내도 계속 찾아와서 어쩔 수 없이 긴 세월 동안 함께 지냈다.

그래! 이것까지는 참을 수 있었다. 이 낡고 낡은 한옥에서 가장 견디기 힘들었던 것은 바로 푸세식 화장실이었다. 깨끗하고 깔끔한 것을 좋아하는 내게 이것은 정말 곤욕스러웠다. 화장실이 너무 싫어서 부모님께 "제발 이사를 가자."고 수백 번 얘기를 드렸던 것 같다.


그러나 나의 부모님은 재건축에 대한 보상을 기다리고 계셨다. 절규가 섞인 나의 바람은 당연히 묵살당했다. 보상의 기다림에는 기나긴 시간이 들었다. 재건축 소문이 돌고 난 이후 10년을 훨씬 넘게 기다렸다.

보상비를 더 많이 받겠다고 욕심을 부리던 일부 기득권층으로 인해 서민들이 피해를 봤다. 건설사와 재건축 조합원과의 소송으로 인한 비용, 재건축 지연 비용은 고스란히 조합원들의 몫으로 돌아왔다. 각종 벌레들이 출몰하는 낡은 한옥에서의 삶은 점점 길어졌다. 기다림에 대한 보상금 또한 아주 적었다. 그리고 이사에 대한 나의 바람은 더욱 깊어져만 갔다.

긴 기다림 끝에 무이자 이주비 대출을 받고 전세를 얻어서 이사했다. 부모님의 나이도 그 기다림의 세월만큼 드셨다. 어느새 부모님의 얼굴엔 주름이 많이 늘어나 있었다.

나의 부모님은 성실과 부지런함으로 말하자면 자타가 모두 공인하는 분들이다. 아버지는 직장을 다니시면서도 어머니 가게 일을 함께 도우셨고, 어머니는 1년 365일 중에 설과 추석 당일만 쉬셨다. 물론 이날 역시 쉬어도 쉬시는 게 아니었다. 지금은 내가 겨우 설득해서 한 달에 한 번은 쉬신다. 제대로 쉬시는 게 아니시지만.

쉬는 날도 없이 열심히 사셨지만 두 분 손에 남겨진 자산은 그리 많지 않았다. 기대했던 재건축 보상도 늦어지고 보상금은 현저히 낮았다. 부모님께 경제적으로 보탬이 되어 드리고 싶었지만 나도 뒤늦게 학자금 대출로 대학에 입학한 상황이었다. 그래서 아무런 도움이 못 되었다.

가정의 불화는 '돈'에서 시작된다고 했던가. 우리 집도 피해 갈 수 없었다. 그렇게 부모님의 전쟁은 시작되었다. 한 푼 두 푼 아끼시며 힘들게 고생하셨지만 그에 비해 모아 둔 자산이 많지 않아서 허탈감이 크셨다. 엎친 데 덮친 격으로 어머니의 갱년기도 함께 찾아왔다.

하루하루가 살얼음판 같았다. 오랜 식당 일로 건강이 나빠지셔서 어머니의 신경도 매우 날카로우셨다. 그때의 어머니는 마치 걸어 다니는 시한폭탄 같았다. 가까이 있으면 나도 같이 터져 버릴 것만 같아서 항상 조마조마했다.

부모님은 하루가 멀다 하고 싸우셨다. 급기야 어머니는 아버지께 이혼을 하자고 요구하셨다. 아버지는 이혼만은 안 된다고 결사반대하셨다. 매일같이 싸우는 아버지와 어머니도, 지켜보는 나도 심적으로 너무 아프고 고통스러운 시절이었다.

하루는 아버지께서 나에게 이런 말씀을 하셨다.

"아빠가 능력이 없어서 그렇다. 내가 돈을 많이 벌어 놨으면 이렇게 힘들지 않을 텐데. 보험이라도 들면 내가 죽었을 때 그 보험금으로 너희들이 잘살 수 있겠지?"

자조 섞인 말투로 얘기하시는 아버지의 말씀에 마음이 너무 아팠다. 그런 생각 절대 하지 말라고 말씀드렸지만 아마 아버지의 귀에는 잘 들어오지 않으셨을 것 같다.

나의 아버지는 능력이 없으신 분이 아니다. 군대 제대 후 줄곧 섬유직종에서만 일하셨다. 양말 공장을 다니셨는데 기술력과 디자인 실력이 뛰어나서 남들보다 일찍 공장장이라는 직책을 얻으셨다. 전국에서 아버지의 실력이 '다섯 손가락 안'이라고 어머니와 주변 어른들이 하시는 말씀을 들었었다. 그리고 그 당시는 섬유제조업이 활발했던 시절이었다.

아버지께서는 30여 년 전에 중국에서 근무해 보지 않겠냐는 스카우트 제의를 받으신 적이 있으시다. 조건은 500만 원의 월급여와 거주할 집 외에도 필요한 모든 지원을 해 주겠다는 것이었다. 당시 그 돈은 엄청 큰 금액이었다. 하지만 우리 가족은 모두 중국어를 몰랐다. 부모님께서는 낯선 나라에서의 생활뿐만 아니라 자식들의 학교생활에 대한 걱정과 두려움이 크셨다. 어쩌면 우리 가족의 인생이 바뀌었을지도 모를 기회를 놓쳐 버린 것 같아서 아쉬움이 남는다.

아직도 자주 다투시지만 예전에 비하면 두 분의 사이가 많이 좋아지셨다. 두 분의 사랑 표현 방식이 다르다 보니 일어나는 일이라고 생각한다. 지금은 사랑보다 미운 정, 고운 정으로 사시겠지만 말이다.

집도 3층 주택으로 이사를 왔다. 같은 건물 1층에서는 어머니께서 식당을 하신다. 내가 지금껏 우리 가족과 살면서 가장 깨끗하고 좋은 집이다. 다만 그리 넓지 않은 3층 계단을 오르내리는 것이 단점이라면 단점이다. 어머니께서도 계단을 자주 오르내리니 무릎이 아프다고 하신다. 다음에는 계단을 오르내리지 않아도 되는 집에서 살아야겠다는 생각이 들었다.

나의 버킷리스트에는 유난히 '사랑'이라는 단어가 많이 들어 있다. 늘 바쁘시고 표현이 서투신 부모님 밑에서 자라다 보니 내가 사랑에 목말라 있는 것 같다. 서툰 사랑 속에 자라서 나의 사랑 표현도 참 서툴다. 부모님께 사랑 표현을 하고 싶지만 아직은 좀 낯설고 낯간지러울 때가 많다.

그래서 나의 마음을 대변해 줄 '사랑이 깃드는 멋진 집'을 부모님께 선물해 드리고 싶다. 이제 그만 싸우시고 사랑을 다시 싹 틔우시라는 의미도 담겨 있다. 비록 나는 '결혼은 필수가 아니라 선택이다'라고 생각하는 비혼자이지만 부부란 서로를 아끼고 사랑하면서 살아야 된다는 것쯤은 안다.

여기서 내가 말하는 사랑이란 불타는 뜨거운 사랑을 말하는 것이 아니다. 은은하고 따뜻한 온도로 서로의 마음을 보듬어 주는 사랑을 말한다. '온화한 정'과 비슷하다고 할 수 있을 것이다.

내가 부모님께 선물해 드리는 '사랑이 깃드는 멋진 집'은 현대식 한옥으로 앞에 넓은 마당이 있다. 앞마당에는 잘 가꾸어진 정원과 텃밭, 아담한 우물이 있어서 운치가 있다. 똑똑하고 사랑스러운 진돗개 한 쌍이 부모님의 적적한 마음을 채워 준다.

가끔 가족들과 친척들이 한자리에 모여서 저마다의 이야기로 웃음꽃을 피운다. 이곳에 오는 사람들은 모두 사랑과 행복이 넘쳐 난다. 행복한 우리 가족의 모습은 주변 사람들의 부러움을 산다. 앞으로도 두 분의 사랑이 지금처럼 지속되리라 믿는다.

# PART 4

# 100억 부자 되고
# 멋진 건물 짓기

•

정 광 영

**자기계발 작가, 동기부여가**

삼성 반도체 엔지니어 출신이다. 어려운 가정환경을 극복하고 고졸 공채로 대기업에 입사했다. 하지만
직장 생활을 하며 스스로의 한계를 느끼다가 군에 입대했다. 군 생활 동안 치열한 독서와 자기계발을
하며 삶의 터닝 포인트를 겪었다. 현재는 퇴사 후 자신의 경험을 근거로 자존감과 독서에 관한 개인저
서를 집필 중이다.

E-mail  wjdrhkddud2@naver.com
C·P  010-8916-3268

# 독서행동력을 강연하는
# 명강사 되기

나의 삶은 입대 전과 후로 명확히 나뉜다. 아마 나를 처음 보는 분이 입대 전의 내 모습을 본다면, 못 알아볼 가능성도 있다고 생각한다. 입대 전의 나는 특성화고 출신으로 고졸 공채를 통해 삼성전자에 입사해 일하고 있었다. 내 힘으로 버는 돈은 나에게 정말 큰 기쁨이었다. 월급을 받는 만큼 정말 열심히 일했다. 하지만 아무리 열심히 일해도 칭찬을 듣는 날은 오지 않았다. 나는 날이 갈수록 스스로를 저평가하게 되었다. 이런 생각이 극에 달해 일한 지 반년쯤 후에는 '혹시 내가 정신적으로 문제가 있는데 나만 모르는 것은 아닐까?' 하는 의문까지 들 정도였다.

그렇게 자존감이나 자신감과는 멀리 떨어진 삶을 살다가 2015년

5월에 입대를 하게 되었다. 나는 당시에 모두가 힘들다고 하는 군대에서 정말 멋진 사람으로 돌아와, 나를 아는 사람들에게 인정받고자 하는 욕망이 있었다. 그 열정 덕분인지 신병교육대에서는 분대장훈련병도 맡았다. 그러곤 자신감이 차오를 즈음에 자대배치를 받았다. 하지만 얼마 지나지 않아서 회사에서와 똑같은 상황이 벌어졌다. 몸을 아끼지 않고 오직 칭찬받기 위해서 하루 종일 열심히 하는데도, 온갖 비난이 나에게 돌아왔다.

그즈음부터 읽는 책의 종류가 서서히 소설에서 심리학이나 자기계발서 쪽으로 바뀌었다. 이것이 내 인생의 큰 전환점이 되었다. 내가 읽은 책들은 나에게 모든 것을 알려 주었다. 내가 겪고 있는 고민과 심리상태는 나만 겪고 있는 문제가 아니었던 것이다. 하지만 이런 내용을 읽기만 했다면 아무것도 변하지 않았을 것이다. 너무 절박했던 나는 책에서 나온 말과 조언은 무엇이든지 그대로 따라 했다. 그러다 보니 책에 적힌 행동과 마음가짐들이 나에게 맞도록 개량되어 흡수되기 시작했다. 이에 따라 나의 삶도 급속도로 변하기 시작했다.

그 결과 자격지심으로 가득 차 있던 마음이 바르게 변해 주변에서 하는 말의 진정한 뜻을 들을 수 있게 되었다. 또한 나를 기준으로 상대를 생각하는 여유도 가지게 되었다. 나에 대한 이해와 자신감과 자존감의 상승은 모든 문제를 풀리게 만들었다.

나보다 앞서간 사람들이 온갖 역경을 겪고서야 알아낸 비법을 나는 군대에 있을 때 모두 배울 수 있었다. 책은 나에게 많은 질문을 했다. 나는 그 질문들에 답하면서 앞으로 살아가며 부족한 점이 무엇인지 이해하고 채워 나갈 수 있었다.

많은 사람들이 인생의 공백기라고 부르는 군대의 시간을 활용해 나는 내가 원하는 모습으로 변모하는 데 성공했다. 이것은 이미 지나가 버린 군 생활을 후회하거나 아직 오지 않은 군 생활을 아쉬워하라는 의미가 아니다. 언제든지, 얼마든지 자신을 변화시킬 기회가 있다는 의미다. 아무리 사회에 있을 때보다 시간이 더 많다고 하지만 어찌 되었건 대다수의 사람들은 군대에서 의미 없이 시간을 보내는 경우가 많다. 원하지 않는 일을 시키는, 이해되지 않는 문화라는 이유에서다. 이 점은 나도 다를 바 없다. 화난 적도 많았고 혼난 적도 많았고 갈등이 있던 적도 있었다. 그럼에도 불구하고 밤 10시만 되면 책을 읽고 메모하러 도서실에 가는 것을 절대 멈추지 않았다. 그리고 이 행위는 확실한 결과로 내 인생에 보답해 주었다.

현시대를 살아가는 학생, 청년, 직장인들은 책이 중요하다는 사실을 어렴풋이 알고 있더라도 독서를 실천하는 경우는 드물다. 하지만 지금보다 훨씬 더 나은 삶을 살기 위해서는 독서가 필수다. 그리고 책에서 나온 내용을 실천해 자신의 것으로 만드는 '독서행동력'을 갖추는 것이 어느 때보다 중요하다.

나는 이러한 내용과 확실한 요령을 책으로 전달해 주는 것을 희망한다. 하지만 그 이상으로 내 의견을 필요로 하는 많은 사람들 앞에 직접 서서 말로 전달해 주는 것을 바라고 있다. 무엇보다도 나는 오랫동안 큰 강단에 서서 무언가를 강연하고 있는 내 모습을 꿈꿔 왔다. 그런데 이것을 성공한 후에나 하는 것이라고 생각하며 미뤄 두었다. 하지만 많은 생각 끝에 책을 써서 내가 원하는 것들을 좀 더 빠르게 실천하기로 다짐했다.

별로 경험도 없이 어중간하게 창업해 작은 결과를 얻기보다, 책을 쓰고 강연을 다니기 위해 많은 시간을 들이기보다, 지금 당장 할 수 있는 책 쓰기와 강연을 할 것이다. 그렇게 내 이름에 브랜드를 씌우고, 많은 경험과 조언을 토대로 성공할 만한 사업을 시작할 것이다. 물론 이 방법도 만만하지는 않을 것이다. 하지만 힘들다는 이유로 안 할 것이었다면 대기업을 퇴사하지는 않았을 것이다.

나는 꼭 내가 경험한 독서행동력의 기적을 선포하고 다니는 강사가 될 것이다. 1년 안에 큰 강단에도 설 정도로 이름을 날리고, 2년 안에 TV에도 출연해 자랑거리를 만들 것이다. 그 후에 자타 공인 '명강사 정광영'이라는 칭호를 얻어 내기로 결심했다.

생각보다 독서행동력을 절실히 필요로 하는 사람들은 많다. 무기력한 사람들, 우울해서 술로 날을 보내는 사람들, 시간과 지인

관리라는 문제를 해결하지 못해서 허우적거리는 사람들이 그들이다. 나는 돈 없는 학생이었고, 흔히 있는 이등병이었으며 아무 힘도 없는 말단 회사원이었다. 모두 한 번씩은 겪어 봤던 문제이기 때문에 나처럼 헤매는 사람을 하루라도 빨리 그 늪에서 꺼내 주고 싶은 마음이 간절하다.

내가 군대에서 정말 힘들었을 때 독일의 심리학자 베르벨 바르데츠키의《너는 나에게 상처를 줄 수 없다》의 첫 장을 읽고 눈물을 흘렸던 기억이 난다. 모든 것이 나의 잘못이고 나의 무능이고 나의 죄라고 생각하며 퇴보하던 나를 늪에서 끄집어내 준 책이다. 이 뒤로도 수많은 책이 나를 늪에서 숲으로, 숲에서 하늘로 끌어올려 주었다.

하지만 하늘로 올라갔다고 한들, 스스로 날갯짓을 하는 법을 알지 못하면 금방 늪으로 떨어지고 말 것이다. 남들이 나에게 하는 칭찬과 비난에 오르락내리락하는 삶은 버리고, 스스로의 기준으로 자신만의 발전을 꾀해야 한다.

자기계발은 일과 여가를 끝내고 남는 시간에 하는 것이 아니다. 필요한 만큼의 자기계발과 적당한 휴식을 취한 후, 그 힘으로 일을 하여 최대의 성과를 효율적으로 내야 한다. 그리고 그만큼 남는 시간에 다시 여가를 즐겨야 한다. 힘들어도 지속해야 하는 것이 자기계발이다. 이 자기계발은 독서에서 끝나는 것이 아니다. 그 내용을 삶에서 실천해 자신만의 것으로 개량시키고 최종적으로 자신이 원하는 삶으로 더 가까이 다가가는 행위가 자기계발의 순서다. 읽고 끝내는 것은 1단계에서 포기한 것이기 때문에 "자기계발을 했다."라고 완료형으로 말할 수 없다.

주변만 봐도 독서행동력이 지금 당장 필요해 보이는 사람이 많다. 어찌할 수도 없는 현재 상황에 갇혀서 아무것도 못하고 있는 사람이 많다. 하기 싫은 일을 억지로 하는 것을 인내라고 혼동해 인생을 낭비하고 있는 경우도 많다.

물론 자신의 인생은 자신이 결정하고 판단하는 것이다. 하지만 누구에게나 해당되는 것은, 지금보다 훨씬 나아질 수 있는 길이 있다는 것이다. 자신만의 방법으로 해 보겠다는 아집은 그저 어리석음일 뿐이다. 나도 다른 사람에게서 최선을 다해 배우듯이, 분명히 나의 경험과 조언을 필요로 하는 사람도 많을 것이다.

하루빨리 멋지게 강단에 서서 최고의 강연을 하고 싶다. 그리하여 수많은 사람이 나로 인해 인생에서 도움을 받는 모습을 보고 싶다. 그 모습을 보고 있으면 분명 나에게도 큰 자극과 동기부여가 될 것이다. 그러면 그때에는 지금보다 더 큰 꿈을 꾸고 있을 것이다.

그러므로 꼭 나를 포함해 다른 사람들을 위해서 '독서행동력을 강연하는 명강사'라는 꿈을 이루고 싶다.

# 부모님에게 드림하우스
# 지어 드리기

내가 초등학교에 다닐 때 이사를 자주 다녔던 기억이 난다. 예전에 유행했던 부동산 수익에 관련된 이사가 아니었다. 단지 경제 상황에 따라서 이리저리 옮겨 다녔었다. 지금은 24평짜리 아파트에서 살고 있지만 여기에 정착시키기 위해서 노력하는 부모님을 옆에서 봐 왔다. 나는 그 고통을 자식으로서 이해하고 싶었다.

신병교육대에서 배식 당번이었을 때는 식당일을 하셨던 엄마를 이해하고 싶어서 다른 훈련병들이 다가가지 않던 음식물 찌꺼기에 달라붙다시피 했었다. 힘들만한 작업이 있을 때는 노동 위주의 일을 하셨던 아빠를 이해하고 싶어서 죽을힘을 다해 일했다. 거의 매일 이런 환경에 맞닥뜨리며 지금의 살 곳을 마련해 준 부모님을 생각하면 너무 슬펐다. 도대체 뭘 해 드려야 그 노력의 결실을 매일 느끼실 수 있을지 궁리하기 시작했다.

내가 스무 살에 취직했을 때, 부모님은 도시가 숨 막힌다고 하시며 시골로 내려가셨다. 지인에게서 저렴하게 땅을 얻고 그 땅에 있는 허름한 집을 조금씩 보수하면서 사셨다. 처음 상태와 비교해 보면 지금은 몰라볼 정도로 달라져서 감탄이 나올 정도이다. 하지만 마음 한 켠에는 부모님께서 좀 더 나은 집에 사셨으면, 하는 바람이 있었다. 그러던 중 이웃 중에 멋진 집을 짓고 사는 분을 보고 부러워하시는 부모님의 모습에 '바로 이거다!'라는 생각이 들었다. 상상할 수 있는 가장 멋진 집을 부모님에게 실제로 지어 드릴 수 있다면 그보다 좋은 선물은 없다고 생각했다. 실제로 부모님도 좋은 집을 원하고 계신다고 나에게 말씀하신다.

이것은 부모님의 꿈을 이루어 드리는 것이다. 그리고 내가 하는 효도이기도 하다. 나는 효도를 의식적으로 하려는 편이다. 억지로 한다는 뜻이 아니다. 다른 일에 치여서 멀어지지 않게 우선순위에 두려고 노력한다는 뜻이다. 가끔 뉴스에서 버려지는 부모들이 나온다. 아니면 일에 치여서 자식이 돌봐 주지 못하는 부모들도 나온다. 하지만 부모까지 제쳐 두고 한 일이 잘 풀릴 가능성은 천지가 개벽해도 없다. 왜냐하면 자신이 무슨 짓을 하는지 두 눈이 지켜보고 있기 때문이다. 또한 우리의 뇌가 무슨 마음을 먹고 있는지 인지하고 있기 때문이다. 이런 철저한 감시 속에서 효도를 게을리하는 것은 자신을 효도도 하지 못하는 사람이라고 인정하는 꼴이다.

효도는 돈으로 하는 것이 아니다. 언제나 마음이 함께해야 할 수 있다. 부모님에게 좋은 집을 지어 드릴 돈을 가지고서 더 급한 다른 일을 할 수도 있다. 하지만 나는 부모님보다 급한 일은 세상 어디에도 없다는 사실을 잘 알고 있다. 부모님은 이제 환갑이시고, 조금이라도 정정하실 때 많은 것을 보여 드리고 경험하게 해 드리고 싶다.

돈은 언제든지 생기는데, 부모님은 이 세상에 한 분씩만 계시고 한 번밖에 사실 수 없다. 나는 나 자신을 효도를 할 줄 아는 사람이라고 인지하고 싶다. 부모님에게 된 사람으로 살아가는 자식으로 남고 싶다.


처음에 집을 지어 드리기로 정했을 때는 가능한 한 빨리 지어 드리고 싶었다. 그래서 지금은 2018년까지 계획이 단축되었다. 자신만의 집을 짓고 싶다는 사람은 나 말고도 많을 것이다. 하지만 대부분은 불가능하다고 생각한다. 정작 나도 의문이 들었다. 하지만 가능성은 중요한 일이 아니다.

나는 군대에서 나를 실험 대상으로 여러 도전을 했었다. 내가 생각하는 단점들을 고쳤고 원하는 습관을 몸에 익혔다. 심지어

포상휴가의 개수로도 나 자신과 내기를 했었다. 무려 다른 병사들의 5배에 달하는 수치였다. 불가능해 보이는 일도 우선 도전했다. 그 도전들은 모두 이루어졌고 실패하더라도 다른 기회를 가져다주었다. 그 결과 얻은 결론은 가능성은 우리의 삶에 관여할 수 없다는 것이었다. 내가 어떤 일에 도전해도 언제나 가능성이 낮은 것들밖에 없었다. 목표로 정할 정도라면 가능성은 당연히 낮기 때문이다. 언젠가 기우제에 관한 일화를 들었다. 어떤 부족이 무조건 이루어지는 주문을 외우는데, 이 주문이 바로 기우제라는 것이었다. 비가 올 때까지 주문을 외우기 때문이다.

언제나 중요한 것은 가능성이 아니라 하고자 하는 의지였다. 아무리 가능성이 낮아도 해야만 하는 일이라면 무조건 방법이 눈에 보였다. 반대로 가능성이 높아도 하지 않아도 되는 일이라면 늑장을 부리다가 못하는 일도 많았다. 지금의 내가 옛날 모습에서 벗어날 수 있었던 것은 가능성을 계산하지 못하는 능력 덕분이었다.

따라서 부모님의 집을 2018년까지 지어 드리는 것도 가능성을 계산하지 않을 것이다. 무슨 방법을 써서라도 달성할 목표일 뿐이다.

주변에서 가능성에 대해 이야기하는 사람들을 많이 봤다. 어떤 일을 시작할 때 가능성을 따진다. 누군가 도전을 할 때 의문을 제기한다. 하지만 무모한 것에 도전하는 것보다 가능성을 계산하는 것이 더 자만이 아닌가 싶다. 미래를 알 수 있는 사람은 아무도 없다. 미래를 모르기 때문에 가능성을 더 계산한다는 것은 악순환의 반복이다.

과거는 이미 지나갔기 때문에 어쩔 수 없다. 미래는 아직 오지 않았기 때문에 알 수 없다. 하지만 지금만큼은 우리가 행동함으로써 바꿀 수 있는 변수가 있다. 최선의 행동은 언제나 자신이 하고 싶은 것을 실천하는 것이다. 원하는 목표를 정하고 이루기 위해서 노력해야 한다. 가끔 이런 말이 이상적이라고 한다. 하지만 지금 도전하지 않으면 도전해 보지도 못하고 평생 핑계를 대면서 늙어 가야 한다. 조금이라도 젊을 때 도전하는 것이 당연하다고 생각한다.

나는 대기업에 다니고 있었다. 어린 나이에 남들이 부러워하는 연봉을 받고 있었다. 하지만 나는 대기업에서 늙을 때까지 일하기 위해서 태어났다고 생각하지 않았다. 회사에서 느낀 것도 많고 얻은 것도 많다. 어린 나이에 이런 경험을 하는 사람은 드물 것이다. 한 달에 일주일도 쉬지 못하고 일하며 얻은 경험은 나에게 귀중한 자산이다. 하지만 지금 그만두지 않으면 더욱 사고가 굳어진 내가 기다리고 있을 뿐이라고 생각했다.

많은 회사 선배가 조금 더 준비하고 퇴사하는 것이 낫지 않겠냐고 물었다. 하지만 도대체 어떻게 미래를 준비한다는 말인지 이해되지 않았다. 회사에 다니며 돈을 얻으려면 그만큼의 시간을 바쳐야 하는데, 시간은 무궁무진한 가치를 가지고 있다. 이 길이 아니라는 것을 알고 있는데 더 이상 시간을 희생할 필요를 느끼지 못해서 퇴사했다. 자신이 바라보는 방향으로 길은 열린다. 내 삶은 언제나 그랬기 때문에 이 말에 확신을 가지고 있다.

내가 지금 바라보는 방향에 꼭 필요한 것 중 하나는 부모님께 드림하우스를 지어 드리는 것이다. 이것이 나의 진로보다 중요하다. 나는 군대에서 한 달에 10만 원씩 적금을 모았다. 그 돈으로 내가 한 일은 한 번도 꾸민 일이 없으신 아빠에게 손목시계를 사 드렸고 고생하며 살아오신 엄마에게 금목걸이를 해 드린 것이었다. 하루에 500원씩 쓰면서 모은 돈이었지만 아깝지 않았다. 통장에 적힌 숫자가 중요한 것이 아니기 때문이다.

우리 가족이 모두 편하지 않다면 체한 것처럼 편할 날이 없다는 것을 나는 잘 알고 있었다. 내 문제는 내가 알아서 처리할 수 있다. 지금 나는 통장잔고가 많지 않다. 하지만 매우 미래지향적이고 걱정 하나 없이 낙천적으로 살아가고 있다. 시골의 부모님이 편하게 계시기 때문이다. 퇴직금으로 나온 돈도 모두 부모님께 생활비로 부쳐 드렸다. 나는 최소한의 생활비만 있어도 젊음이 있기 때문에 상관없다.

이와 같은 맥락으로, 부모님에게 드림하우스를 선물해 드릴 것이다. 그리고 승승장구할 자신이 있다. 왜냐하면 부모님이 편하게 사실 것이기 때문이다. 하지만 집을 짓는 것은 공짜로 할 수 있는 일이 아니다. 작가활동과 강사활동을 정말 활발히 할 것이다.

나에게 있어서 2018년까지 부모님에게 드림하우스를 지어 드리는 것은 앞으로 나아가기 위한 초석이다. 초석이 없다면 바늘로 탑을 쌓는 것과 같은 일이 발생한다. 힘들고 불안한 나날의 반복이다. 이것이 내가 생각하는 효도다. 기쁜 마음으로 부모님에게 집을 지어 드릴 날이 정말 기대된다. 이 일을 실현시키기 위해서 나는 노력할 것이다.

# 베스트셀러 작가가 되어
# 모교 찾아가기

나의 고등학교 생활은 군 생활만큼 인상적이다. 가장 먼저 떠오르는 일은 등하굣길을 뛰어다녔던 일이다. 나는 한 달에 2만 원씩 용돈을 받았지만 집안 사정을 뻔히 알고 있었다. 그래서 그 돈을 쓰기가 죄송해서 모두 모아 두었다. 하지만 군것질과 취미생활 등에 써야 할 돈은 분명히 존재했다. 그래서 내가 생각해 낸 방법은 교통비를 용돈으로 승화시키는 방법이었다. 학교에서 집까지는 버스로 다섯 정거장 정도의 거리였는데 1학년 여름부터 뛰어서 학교를 다녔다. 기온이 치솟아도, 영하 20℃로 떨어져도 버스를 타는 일은 없었다. 여름에는 땀범벅이 되어서 학교에 오고, 겨울에는 몸을 떨면서 등교하는 나를 별종으로 생각한 친구들도 많았을 것이다. 물론 고등학교 생활이 끝났을 때 부모님에게는 사실대로 말씀드렸다.

하지만 오직 교통비 때문에 뛰어다닌 것은 아니었다. 나의 고등학교 시절은 온갖 자격지심으로 채워져 있었다. 우리 가족과 가깝게 지내지 않는 친척, 나보다 공부를 잘하는 아이들, 특성화고를 좋게 보지 않는 사람들 등이 모두 원망스러웠다. 이걸 해결하려면 내가 좋은 회사에 취업하는 길밖에 없다고 생각했다. 나는 원해서 대기업에 취업하려고 한 것이 아니었다. 대기업이 주는 사회적 위치가 필요했다. 취업에 성공한 후에는 모든 것이 달라질 줄 알았다. 하지만 원망의 대상들만 바뀌어 갈 뿐이고 바뀌는 것은 없었다. 언제나 원망의 대상이 있었고 자격지심은 나를 따라다녔다. 군대에 가서도 마찬가지였다. 나는 언제나 그대로였다.

어느 날 신병교육대 때 받았던, 《소중한 나의 병영일기》에 적혀 있던 웨스트민스터 대성당의 어느 주교의 묘비명이 뒤늦게 내 눈에 들어왔다.

"내가 젊고 자유로워 상상력에 한계가 없을 때 나는 세상을 변화시키겠다는 꿈을 가졌었다. 좀 더 나이가 들고 지혜를 얻었을 때 나는 세상이 변하지 않으리라는 것을 알았다. 그래서 나는 내 시야를 약간 좁혀 내가 살고 있는 나라를 변화시키겠다고 결심했다. 그러나 그것 역시 불가능한 일이었다.

황혼의 나이가 되었을 때 나는 마지막 시도로, 나와 가장 가까운 내 가족을 변화시키겠다고 마음을 정했다. 그러나 아무도 달라지지 않았다.

이제 죽음을 맞이하기 위해 누운 자리에서 나는 문득 깨닫는다.

만일 내가 나 자신을 먼저 변화시켰더라면, 그것을 보고 내 가족이 변화되었으리라는 것을. 또한 그것에 용기를 얻어 내 나라를 더 좋은 곳으로 바꿀 수 있었으리라는 것을.

그리고 누가 아는가, 세상도 변화되었을지."


이 글을 읽고 맨 처음에는 좋은 글이라고만 생각했었다. 하지만 시간이 지난 후에 다시 읽어 보니 다른 책에서도 같은 말을 하고 있었다. 나는 이미, 스스로 바뀌려고 하지 않은 채 사회만 바꾸려고 하는 사람이었던 것이다. 그러면서도 모두가 나를 좋게 봐 주기만을 바라고 있었다.

지금도 이 글을 적절한 시기에 읽은 것은 천운이라고 생각하며 감사한다. 이 글을 읽은 것을 계기로 본격적으로 나를 바꾸기 시작했다. 내가 바뀌니까 나를 대하는 사람들의 태도도 달라졌다. 세상의 색이 다르게 보였다. 그 과정을 거치고 나서야 나를 믿는 법을 배웠다. 나는 뭐든지 남의 기준에 맞춰서 행동했었다. 남이 좋게 봐 주는 직장에 들어갔고 남이 칭찬을 해 줘야 잘한 일이라고 받아들였다. 주관이 없으니 이리저리 흔들리며 발전이 안 되는 것은 당연한 일이었다.

하지만 지금은 나만의 기준이 생겼다. 내 삶은 누구도 대신 살아 보지 않았기 때문이다. 이제는 내 의견과 다르다고 해서 분노하거나 불안해 하는 대신 내 생각을 논리적으로 설명할 수 있게 되었다.

고등학교 때부터 자격지심을 겪은 나는 이제 지금의 학생들이 걱정된다. 내가 고등학생 때 독서를 하라고 권해 주고, 하고 싶은 일이 무엇인지 물어 봐 주는 사람이 있었다면 지금의 상태에 더 빠르게 도달하지 않았을까 싶다. 누군가는 내가 그동안 겪은 일이 있었기 때문에 지금의 마음가짐을 가질 수 있는 거라고 말할 수도 있다. 하지만 고통으로 성장하는 방식은 너무 낡고 시간과 젊음을 낭비하는 방식이다. 옳은 방식으로 잘 알려 준다면 누군가는 덜 힘들게 원하는 삶을 살 수도 있다. 그리고 학생들에게 무엇보다 '자신에 대한 신뢰'를 알려 주고 싶다. 자신을 믿을 줄 아는 사람이 다른 사람도 믿을 줄 아는 법이다. 모든 것을 불신하는 사람 주위에는 결국 비슷한 사람들만 모인다는 것을 알려 주고 싶다. 좀 더 자신감을 가져도 좋고 모든 행동에 이유와 근거를 대라고 조언해 주고 싶다.

많은 사람들은 자신을 믿는 것이 자만이라고 생각한다. 좋은 명분으로는 중국의 부자인 리카싱의 "자만을 경계하라."라는 말이 있다. 하지만 자신이 가진 능력을 모두 숨기는 것을 겸손이라고 하지는 않는다. 우리 삶의 목적은 겸손한 척하면서 다른 사람의 뒷담화를 하고, 노동을 하는 것이 아니다. 자신의 능력을 제대로 발전시켜서 홍보해야 한다. 자신의 능력으로 타인을 도와서 서로 이익을 얻는 것이 가장 이상적이다. 자만하지 않는다는 명분으로 뭘 잘하는지도 모르는 삶은 사는 것이 아니다. 우리는 비슷해 보이지만 각자가 가진 장점과 능력은 모두 다르다. 우리의 미래를 이끌 학생들에게 더 많은 가능성을 제시해 주는 사람이 되고 싶다.

고등학교 3학년 때 선생님이 종이 한 장을 주시며 10년 후의 자신한테 편지를 쓰라고 했다. 타임캡슐에 묻고 나서 나중에 볼 것이라고 하시면서. 진짜로 10년 후에 학교에서 부를지는 모른다. 하지만 이미 그 편지가 내 머릿속에 들어 있으므로 상관없다. 난 자격지심으로 인해서 구체적인 계획은 없지만 꼭 성공하겠다는 야망을 가지고 있었다. 반드시 그러고 싶었다. 그래서 10년 후의 나에게 꼭 여유 있는 미소로 이 타임캡슐을 볼 수 있게 성공해 달라고 부탁했다. 그리고 지금은 다른 이유로 바라는 것들을 모두 이뤘으면 한다. 학교에서 불러서 갔는데 타임캡슐을 보며 '이건 터무니없는 생각이었어' 하고 핑계를 대야만 하는 상황에 놓이는 것은 사절이다.

학생들의 타임캡슐에 대기업이나 공무원 말고 옳은 마음가짐으로 큰 꿈을 향해서 살겠다는 꿈이 적히면 좋겠다. 그것을 위해서 단서를 제공해 주고 싶다. 하지만 타인한테 설득력 있게 말하려면 그만한 지위가 있어야 하는 것이 사실이다. 지금의 나는 학생들 앞에 설 명분이 없다. 베스트셀러 작가이자 강연가가 되어서 학생들에게 꿈을 심어 주고 싶다. 출신 고등학교가 아닌 학교에서 강연 요청이 들어와도 적극적으로 임할 것이다. 하지만 고등학교에 찾아가기 위한 목적으로만 책을 쓰는 것이 아니다. 원하는 일을 하면서 많은 아이들에게도 힘이 될 수 있다면 그만큼 기쁜 일은 좀처럼 없을 것이다. 앞으로 1년 안에 이 일을 이루고 싶다.

# 서른 살 안에 100억 부자 되기

중학교 3학년 때부터 나는 부자가 되고 싶었다. 다른 사람들에게 인정받고 싶었다. 그래서 남들이 인정해 주는 대기업에 취업하려고 특성화고에 진학했다. 그리고 열심히 공부해서 대기업 취업에 성공했다. 그러나 회사에는 내가 바라는 미래가 없었다. 돈을 많이 벌 수도 없었고 원하는 방식으로 살 수도 없었다. 다람쥐 쳇바퀴 돌 듯 일하면서 부자가 되고 싶다는 열망은 잊혀졌다. 1년쯤 일하다가 군대에 갔다. 거기에서 많은 독서를 했다. 나에 대해 알아 가는 과정에서 자연스럽게 부자가 되고 싶다는 꿈도 수면 위로 떠올랐다.

다시 꿈을 떠올린 나는 막연하게 부자가 되고 싶다는 꿈을 어떻게 설정할지 많이 고민했다. 전처럼 사람들에게 인정받기 위해서 부자가 되고 싶은 것이 아니었기 때문이다. 근거가 사라지고 껍질만 남은 꿈을 재구성할 필요가 있었다. 목표를 이루기 위해서는 최대한 꿈이 구체적이어야 한다고 생각했다. 그래서 나는 총 4개의 질문에 답하기로 했다. 그 질문은 '왜 부자가 되고 싶은가?', '언제까지 부자가 될 것인가?', '어떤 방법으로 부자가 될 것인가?', '얼마를 벌면 부자인가?'였다.

처음으로 답할 수 있었던 질문은 '얼마를 벌면 부자인가?'였다. 군대의 도서관에 꽂혀 있는 책 중에서 노진섭 작가의 《한국의 100억 부자들》이라는 책이 눈에 띄었다. 책의 내용 중에 보편적으로 100억 원을 벌면 부자라고 생각된다는 대목이 있었다. 나는 거기에 동의했다. 화폐가치는 변하겠지만 100억 원을 벌 능력이 있다면 그 이상도 벌 수 있는 환경이 갖춰진다고 생각했다. 그렇기 때문에 지금도 100억 원을 목표로 잡고 있다.

두 번째로 답한 질문은 '언제까지 부자가 될 것인가?'였다. 이 질문에는 퇴사 절차를 진행하면서 답할 수 있었다. 예상과 다르게 퇴사는 순식간에 진행되는 사항이 아니었다. 퇴사를 하는 이유와 앞으로의 비전에 대한 설명을 반복해서 해야 했다. 그 과정 중, 자연스럽게 내 입에서 "서른 살까지 100억 원을 버는 것이 목표입니다."라는 말이 튀어나왔다. 너무 갑자기 튀어나온 이 말에 대해서 이후에 생각해 봤다. 하지만 다른 나이에는 싫었다. 서른 이전에는 너무 촉박한 감이 있고 서른 이후로는 부모님의 나이가 걱정되었다.

사람들은 중요한 문제는 신중하게 생각해야 한다고 믿는다. 또한 최선의 결정을 내려야 한다고 말한다. 맞는 말이지만 이 과정에서 자신의 생각이 무시될 수 있음에 주의해야 한다. 내가 '서른 살에는 아무래도 힘들 것 같다'라고 생각한다면 서른 살에는 100억 원을 벌 수 없을 것이다. 나는 무슨 일이 있어도 서른 살까지 100억 원을 벌고 싶다. 다른 이성적인 판단보다 이 욕심이 나에게는 훨씬 중요하다.

우리는 사회생활을 하면서 은연중에 자신의 감정이나 의견을 무시하라고 배운다. 그래서 머릿속에 필터를 달고 산다. 감정을 감추고, 생각을 버린다. 내가 그랬기 때문에 잘 알고 있다. 상사의 눈치를 봐야 하는 상황에서 나의 의견은 쓰레기에 불과하다. 비록 내가 맞더라도 그것이 중요한 것이 아니었다.

하지만 자신의 생각을 솔직하게 표현하지 못하는 사람이 다른 사람에게 인정받을 일은 없다. 이 세상에 이렇게 많은 사람들이 살고 있는데 자신만의 개성을 발전시키지 못하는 것은 자신의 존재를 위협하는 일이다. 자신을 솔직하게 표현할 줄 아는 능력은 성공을 좌우하는 능력이다. 그래서 나는 무의식중에 튀어나온, 서른 살에 100억 원을 벌겠다는 목표를 존중하기로 한 것이다.

세 번째로 답한 질문은 '어떤 방법으로 부자가 될 것인가?'다. 이 질문은 중학교 3학년 때부터 줄곧 고민했지만 답이 나오지 않던 질문이었다. 발명을 하는 것도 생각해 봤고 사업을 시작하는 방법도 생각해 봤었다. 하지만 당시의 상황과 맞지 않거나 원하지 않는 것들이었다.

군대에서도 이 질문에 대답하기 위해서 여러 아이디어를 생각했었다. 하지만 결국 직장을 퇴사할 때까지 무엇을 할지 몰랐다. 그럼에도 불구하고 퇴사한 이유는 회사를 다니며 내가 군대에서 쌓아 왔던 것들이 사라져 버리는 것을 매일 느꼈기 때문이다. 성취감을 느낄 일이 도저히 없었다. 긍정적인 생각도 점점 사라지는 것이 느껴졌다. 운동을 했던 몸은 다시 말라 가고 있었다. 이렇게 버는 돈은 의미가 없다는 것을 금방 이해했다. 자신감이 사라져 가고 자존감이 줄어들었다. 하루라도 빨리 퇴사하지 않으면 더 퇴화한 내일이 있을 뿐이라는 압박감이 나를 밖으로 이끌었다.

결국 퇴사를 하고 한 달쯤 지났을 때, 군대에서 사용했던 노트를 살펴보게 되었다. 전역하기 직전에 쓴 메모에는 "책을 써 보자." 라고 적혀 있었다. 내 고민의 답을 적어 놓고도 헤매고 있었던 것이다. 처음에는 급한 마음에 임원화 대표의 《한 권으로 끝내는 책 쓰기 특강》을 읽고 혼자서 책을 썼었다. 하지만 〈한책협〉의 〈1일 특강〉에 참석한 것을 계기로 지금 공동저서를 쓰고 있다. 그리고 공동저서를 쓴 경험을 활용해 개인저서 집필과 강연활동을 병행할 생각이다. 이 방법으로 안정적인 시스템이 자리를 잡으면 창업도 할 것이다. 퇴사할 때처럼 무슨 창업을 할지 지금은 모른다. 하지만 분명히 답은 내 삶에 숨어 있을 것이다.

내가 퇴사 후에 할 일을 못 정했다고 아직도 회사에 남아 있었다면, 이런 일들은 일어나지 않았을 것이다. 지금 쓰고 있는 공동저서의 내 자리는 다른 작가님의 글로 채워졌을 것이다. 준비만 하면서 살기에는 시간은 너무 귀한 가치를 가지고 있다는 점을 항상 기억해야 한다.


마지막으로 답한 질문은 '왜 부자가 되고 싶은가?'였다. 답은 두 가지로 나뉜다. 하나는 부모님과 미래의 내 가정을 위해서다. 누구나 꿈꾸고 있는 개인적인 이유다. 또 하나는 청소년들이 나를 보고 자신감을 얻었으면 해서다. 비열한 방법을 쓰거나 돈이 많은 집안에서 태어나지 않아도 원하는 것을 이룰 수 있다는 것을 보여 줄 것이다.

나는 어릴 때부터 특별할 것이 없던 사람이다. 그런 사람도 장점을 활용하면 성공할 수 있다는 것을 보여 주고 싶다. 우리나라의 미래인 청소년 및 20대에게 자신감을 심어 주고 싶다.

습관적으로 자신을 과소평가하는 사람들이 있다. 재능이 있어도 별것 아니라고 한다. 또는 더 우수한 사람이 있을 것이라고 미리 겁을 먹는다. 하지만 각자가 지향하는 점이 모두 다른 것을 알아야 한다. 자신의 재능은 이 세상 누구에게도 없는 것이다. 어떤 한 사람이 아무것도 이루지 못하는 것은 세상의 발전이 그만큼 늦어진다는 것을 의미한다.

꿈은 무조건 커야 한다. 한번 꿈이 담겼던 그릇은 다시 줄어들지 않는다. 부자가 되겠다는 내 꿈도 회사를 다니면서 멀어졌지만 결코 내 욕심이 줄어들지는 않았다. 단, 그 꿈의 인과관계가 명확해야 한다. 나는 목표나 꿈을 점검할 때 다음의 질문을 한다. '꿈이 무엇인가?', '왜 그 꿈을 이루고 싶은가?', '꿈을 가지게 된 계기가 무엇이며, 타당한가?', '그 꿈을 이루면 타인이 행복해지는가?'다. 점검을 마치면 명확한 기준을 세우고 시간제한을 건다. 그리고 방법을 생각하는 것이 내가 목표를 이루는 방법이다.

이렇게 만들어진 꿈과 목표는 반드시 이루어진다. 뇌가 명확히 인지했기 때문이다. 목표가 이루어지지 않는 것은 뇌가 목표를 이해하지 못했기 때문이라고 생각한다. 꿈이 큰 사람은 남들이 도전하지 않는 것에 도전한다. 한계를 언제나 높여 나간다. 꿈이 작은 사람은 자그마한 일을 하고 만족하기 때문에 절대로 꿈이 큰 사람을 이길 수 없다.

꿈의 크기는 사람마다 다르다고 말할 수도 있다. 하지만 작은 꿈에 만족하는 삶은 이기적으로 변할 수도 있다는 것을 주의해야 한다. 꿈이 큰 사람은 "나 먹고살기도 바쁜데!"라는 말을 하지 않는다는 것을 알아야 한다. 만약 나도 혼자 사는 것이 목표라면 많은 돈은 필요 없다. 죽을 때까지 적당히 먹고살 돈만 모으면 끝이다. 그러나 내 곁에는 부모님이 계시고 나를 믿는 친구들이 있다. 미래에는 내가 책임질 가정이 생길 것이다. 앞으로 만날 인연이 있다. 이 사람들을 모두 생각해도 작은 꿈으로만 만족할 수 있는지 진지하게 생각해야 한다.

돈이 모든 것을 이루어 주는 것은 아니다. 큰 꿈이 많은 돈을 의미하는 것도 아니다. 하지만 돈은 언제나 가질 자격이 있는 사람에게 원하는 만큼만 흘러간다. 그리고 돈을 가진 사람은 중요한 사회 문제를 해결할 지위와 자격을 가지게 된다. 완벽한 자유를 얻는 것은 덤이다.

100억 원을 가진 다음에는 무엇을 할지 아직 모르겠다. 하지만 걱정은 하지 않는다. 분명히 옆에 있는 사람들이 알려 줄 것이고 그때도 문득 입에서 무슨 말이 튀어나올지도 모르는 일이다. 다만 10~20대 청소년들에게 자신감과 희망을 심어 주는 사람이 되고 싶다. 하지만 100억 원에 만족하기는 싫다. 더 큰 문제를 해결하고 싶고 더 좋은 사람들을 많이 만나고 싶다. 많은 과정을 거쳐서 탄생한 '서른 살 안에 100억 부자가 되고 싶다'라는 목표를 꼭 이룰 것이다.

# 내 꿈이 모두 녹아 있는 건물 짓기

난 원래 건물을 짓는 데는 관심이 없었다. 처음으로 관심을 가진 것은 군대에서 한 책을 읽고 나서였다. 강헌구 작가의 《가슴 뛰는 삶》에서 비전스쿨을 설립한 사례를 봤다. 자신의 꿈과 열정이 담긴 건물이 도시 어딘가에 있다면 정말 벅찰 것 같았다. 이후에 선임과 대화를 한 적이 있었다. 비전에 대한 대화를 했었는데, 나중에 자신만의 건물을 짓겠다는 그의 이야기를 듣고 정말 설레었다. 그래서 무심결에 나도 그런 생각을 가지고 있다고 동의했다. 그때부터 만약 건물을 짓는다면 어떤 용도일지, 어떤 형태일지 고민하기 시작했다.

영화 〈어벤저스〉에서는 토니 스타크 소유의 '스타크 타워'가 있는 것을 볼 수 있다. 입대 전에는 재미있게 보기만 했던 영화에서 내 비전을 찾았다. 완벽히 같은 건물을 지을 것은 아니다. 하지만 건물을 짓는다면 나의 정체성과 의도가 잘 드러나면 좋겠다고 생각했다. 멀리서 보고 "어? 혹시 정광영 건물인가?"라는 생각이 들었으면 좋겠다. 그리고 건물 안에는 많은 사람들에게 도움이 될 만한 것들을 구성해 놓고 싶다. 그런 면에서 영화 속의 스타크 타워는 완벽한 본보기가 되어 주었다.

이 말만 듣는다면 허무맹랑하게 여겨질 것이다. 하지만 자신의 건물을 짓는 것을 상상하는 사람은 흔하지 않다. 나는 상상의 힘을 믿는다. 사람은 자신이 상상한 모습 그대로 미래를 만들기 때문이다. 아무것도 상상하지 않는 사람은 주변 환경이 타인에 의해서 바뀐다. 매일 불만이 있을 수밖에 없다. 또한 무엇이 잘못된 건지 모르기 때문에 개선하기가 어렵다.

처음에는 나도 건물을 짓는다는 것이 정말 내 꿈이 될 수 있는지 의심했었다. 지금까지의 꿈들이 근거가 있었던 것과 달리 너무 갑자기 생긴 꿈이었다. 내가 정말 멋진 건물을 도시에 지을 수 있을지 자신감이 서질 않았다. 하지만 곧 이것이 쓸데없는 생각이라는 것을 깨달았다. 먼저 건물을 짓는다고 생각하면 기쁘다. 이것이 가장 중요한 것이라고 생각한다. '삶의 목적은 목적 있는 삶을 사는 것이다'라는 말이 있다. 큰 목표를 많이 가지는 것은 중요한 일이다.

지금까지 나의 삶도 상상을 했기 때문에 모두 바뀌었다. 주어진 환경과 조건에 만족하면서 불평만 하고 있었다면 지금 가지고 있는 것은 아무것도 없을 것이다. 삼성전자에 입사도 못 했을 것이고 멋진 군 생활도 없었을 것이다. 물론 퇴사도 하지 못했을 것이고 책을 쓰고 있지도 않았을 것이다.

내가 군대에서 사격을 했을 때, 총 13개의 표적 중 3개를 맞췄었다. 사격 실력이라고는 조금도 없었던 것이다. 하지만 나는 꼭 12개를 맞춰서 특급이라는 칭호를 얻고 싶었다. 매번 부족한 점을 채워서 사격장에 갔지만 결과는 크게 달라지지 않았다. 하지만 남들보다 신중하게 연습하는 동안 간부님이 말씀해 주시는 사격 요령에 대해 크게 공감할 수 있었다. 그리고 이미 특급인 선임, 동기, 후임들에게 지속적으로 자문을 했다. 그럴 때마다 "너는 안돼."라는 답이 돌아왔지만 크게 신경 쓰지 않았다. 언제나 "이번에는 특급을 달성할 거야!"라고 큰소리치고 다닐 뿐이었다. 나는 병장이 되도록 특급을 달성하지 못했다. 그러나 전역 전 마지막 사격에서 결국 해냈다. 나에게는 모두가 스승이었고 모든 동작이 귀중한 경험이었다.

나는 이렇게 어렵게 성공했지만 자대배치를 받자마자 특급을 달성하는 후임도 있었다. 난 착실히 실력을 쌓아서 특급을 달성했다고 생각하지만 운이 좋았을 수도 있다. 하지만 진작 포기하고 대충 쐈다면 아무것도 눈에 보이지 않았을 것이다. 배울 것을 못 배우고 전역할 때까지 이 귀중한 경험을 못했을 것이다. 그리고 지금 이 내용을 책에 쓸 일도 없었을 것이다. 나는 특급을 달성하는 나의 모습을 계속 상상했다. 사격만 그런 것이 아니다. 나는 모든 일을 할 때 달성할 때의 모습을 아주 진하게 떠올린다. 그 이미지가 내 머릿속에 박혀서 행동으로 발전되기 때문이다.

건물을 짓는다는 것을 목표 중의 하나로 설정한 후에는 도심의 건물들이 눈에 띄기 시작했다. 건물 하나를 보더라도 '왜 저런 모양으로 지었을까?', '저런 아이디어를 적용하면 좋겠다!', '저 건물은 짓는 데 얼마가 들었을까?' 등의 생각이 든다. 실내에 들어가도 인테리어를 직접 만져 보며 '이런 종류의 타일이 좋겠다!'라고 생각한다. 솔직히 아직은 나의 업적이 녹아 있는 건물을 짓고 싶은 마음만 있다. 어떻게 하면 사람들에게 도움이 되는 건물을 지을 수 있을지 모르겠다. 어떻게 내부 구성을 할지, 어떻게 인테리어를 할지도 정하지 못했다. 규모도 아직 미지수다. 하지만 나만의 건물을 짓고 싶다는 마음 하나는 확실하다.

현재 내 인생의 최종 목표인 만큼 업적을 하나씩 이뤄 나가면서 정할 생각이다. 베스트셀러의 업적을 이룬다면 도서관을 내부에 짓고 강단도 만들어서 아마추어 작가나 강사들의 무대로 꾸며

도 좋을 것이다. 이런 상상은 결국 나중에 현실이 될 것이다.

나의 삶에서 상상이란, 자신에게 솔직해지는 제일 쉬운 방법이다. 나는 매사 자신에게 솔직해지려고 노력한다. 머리에 가장 먼저 스친 생각을 대부분 메모로 남겨 놓는다. 감정의 이유를 밝히고 생각의 근거를 밝힌다. 이런 과정을 통해서 스스로에게 거짓말을 할 수 없는 환경을 조성한다. 그러면서 내 안에 있는 두려움의 정체를 밝힌다. 공포, 불안 등의 부정적인 감정이 없어진 후의 마음 상태는 매우 깨끗하다. 긍정적인 감정이 넘치고 매사에 솔직할 수 있는 힘이 주어진다.

이런 과정을 통해서 느낀 것이 있다. 사람은 너무나 많은 생각을 한다는 것이다. 간혹 '~하면 좋겠다', '나라면 이렇게 하지 않을까?' 등의 생각들이 스쳐 가는 것을 경험해 본 적이 있을 것이다. 나는 이렇게 스쳐 가는 생각이 나의 진심이라는 것을 알았다. 무의식이 견디다 못해서 먼지 속을 비집고 나오는 귀한 기회였던 것이다.

그리고 자신에 대해서 모르는 부분이 상당히 많다는 것도 알게 되었다. 싫어한다고 생각했던 것이 의외로 사소한 두려움의 기억 때문인 경우도 있었다. 예를 들어, 나는 입대하기 전에 사람들을 만나는 것을 꺼린다고 생각했었다. 같이 일하는 선배들에 비해서 인간관계에 적극적이지 못했기 때문이다.

하지만 이런 마음은 일에 대한 부담감에서 비롯된 것이었다.

당시에 나는 일을 잘 해내지 못한다는 죄책감을 갖고 있었기 때문이다. 그러나 지금은 사람들을 매우 반기는 편이고 수다를 떠는 것을 좋아한다. 결국 몸은 컸어도 자신과 대화를 얼마나 했느냐가 성장의 척도였던 것이다. 건물을 짓고 싶은 나의 꿈도 스쳐가는 생각을 잡은 것이다. 아마 별 생각 없이 그 대화에 임했다면 지금 이렇게 큰 꿈을 꾸고 있는 나는 세상에 없을 것이다.

예전에는 TV를 보면 부러운 것이 많았다. 길에서 간식거리를 마음껏 사 먹는 모습도 부러웠다. 좋은 차를 타고 다니고 좋은 집에서 사는 사람들이 부러웠다. 마음껏 문화를 즐기고 좋은 사람들과 놀러 다니는 사람들이 부러웠다. TV뿐만 아니라 내 눈에 보이는 대부분의 사람들이 부러웠다. 특히 고등학생 때는 교복을 빼면 변변한 옷 한 벌이 없어서 잘 차려입고 다니는 친구들이 더 부러웠다. 한겨울에도 교복만 입고 학교를 뛰어다녀야 하는 내가 서러울 때도 있었다. 등굣길에 토스트를 사 먹을 돈이 없어서 침만 삼키는 것이 쓸쓸하게 느껴졌다.

그러던 내가 지금은 많은 자아혁신을 이루어 냈다는 사실이 자랑스럽다. '지피지기 백전불태(知彼知己 百戰不殆)'라는 고사성어가 있다. 상대를 알고 나를 알면 백번 싸워도 위태롭지 않다는 뜻이다. 이 말은 전략적인 상황에만 적용되지 않는다. 내 주변에는 늘 당황하며 사는 사람들이 몇 명 있다. 항상 바쁘고 예기치 못한 일이 발생하며 늘 비상이 걸려있는 상태다. 이런 사람들은 할 일이 많은 것이 아니라 자신의 삶을 다루지 못하는 것이다. 내가 회사에서 그랬다. 정작 퇴근하면 하루종일 뭘 했나 싶을 정도로 한 일이 아무것도 없는데 출근하기만 하면 바쁘기만 했다. 이런 일이 발생하게 두어서는 안 된다는 것을 알았다.

당황하지 않도록 자아를 단단히 잡아 두어야 한다. 휩쓸리지 않도록 인생의 가치관과 비전을 명확히 설정해 놓아야 한다. 그리고 그 비전을 세분화해 오늘 이룰 목표를 설정하게 되는 순간이 성공하는 날이다. 결코 남이 비집고 들어와서 배가 산으로 가게 두면 안 된다.

나는 서른 살에 100억 부자가 되고 건물을 지을 만한 사람이 되고 싶다. 이 목표를 위해서 지금 책을 쓰고 있고 꾸준히 자기계발을 하고 있다. 적당히 위기만 모면하며 묻혀서 살고 싶지 않다. 대단하고 화려한 것들로 내 인생을 장식하고 싶다. 누가 봐도 정광영이 지은 건물을 도시에 세울 것이다. 그리고 그 건물을 시작으로 다시 큰 목표에 도전하는, 지루하지 않은 삶을 사는 것이 나의 목표다.

# PART 5

# 개인저서 출간 후
# 방송 출연하기

·

이 하 늘

## 이하늘

〈한책협〉, 〈임마이티〉 코치, 자기계발 작가, 동기부여가

어느 날 한 권의 책으로 자신을 되돌아보게 되었다. 늘 궁금했던 나를 책을 통해 이해하고 진정한 모습을 찾을 수 있었다. 현재 많은 사람들이 명확하게 표현하고, 주도적인 삶을 살아갈 수 있도록 거절하는 법에 대한 책을 집필 중이다. 저서로는《미래일기》외 6권이 있다.

E-mail skyl86@naver.com
C·P 010-3624-3811

# 꿈 부부 2인 기업가 되기

"인생은 마라톤이다."

많은 사람들이 인생을 마라톤에 비유한다. 끝없는 질주와 목표를 향해 달려가는 여정에 비유하는 듯하다. 나 역시 중학교 때부터 시작한 예체능을 나의 목표이자 평생 함께할 어떤 것으로 생각했다. 예고, 대학교, 대학원까지 음악을 전공하면서 방황하기도 했다. 그럴 때면 주변에서는 끝까지 가는 사람만이 살아남는다고 조언했다.

사실 맞는 말이기도 했다. 중도 포기하는 사람들이 많기에 포기하지 않고 끝까지 가는 사람이 승리자인 것이다. 그렇게 나도 끝까지 음악 세계에서 살아남아 승리자가 될 줄 알았다. 20대 중반까지 음악은 내가 좋아하는 것, 전부라고 생각했다. 하지만 오랜 시간 음악을 하면서 그 본질을 잊었던 걸까.

어느 날 거울에 비친 나의 모습이, 음악을 하고 있는 내 모습이 전혀 행복해 보이지 않았다. 그저 처량해 보였다. 이런 내 모습을 보면서 회의감에 빠져들었다. 난 진짜 내가 하고 싶은 일이 무엇인지 심각하게 고민하기 시작했다.

그 답을 찾기 위해 많은 책들을 읽었다. 그 속에서 간접경험을 통해 하나씩 배우고 깨달음을 얻었다. 그러다 우연히 한 권의 책을 읽고 나서 인생의 터닝 포인트를 맞이했다. 나의 인생 목표가 달라진 셈이다. 음악과 전혀 다른 삶으로 전향하는 계기가 되었다.

나는 책을 읽으면서 나의 꿈을 찾았고 버킷리스트를 작성했다. 그중 하나가 나의 이름으로 된 책을 쓰는 것이었다. 막연하게 책 쓰기를 꿈꾸다 임원화 작가의《하루 10분 독서의 힘》을 읽고 그 계기를 찾게 되었다. 네이버 카페 〈한책협〉에서 김태광 대표 코치에게 단기간에 책 쓰는 노하우를 배운 것이다. 현재는 내 이름이 들어간 책을 6권 펴낸 작가다. 나의 지식과 경험이 담긴 스토리로 책을 써내고 작가, 강연가, 코치, 컨설턴트로서 인생 2막을 살아가고 있다.

자신의 경험과 지식을 메시지로 만들어 다른 사람들에게 전달하고 선한 영향력을 주는 메신저의 삶을 사는 것이 내가 진정 원하는 삶이었다. 나는 과거에 학교에서 학생들을 가르치는 일을 했다. 그때 내가 가지고 있는 지식을 전달하는 일이 즐거웠다. 하지만 학교교육이라는 울타리 안에서 내가 전달할 수 있는 메시지는 제약적이었다. 메신저의 삶은 그런 틀에서 벗어나 자유롭게 메시지를 전달하고 동기를 부여해줄 수 있다. 그렇게 누구가의 삶을 이끌어 주는 일은 즐거움이다.

나는 메신저의 삶을 살아가면서 마인드 세팅, 시스템 구축 등 4차 산업혁명시대에 필요한 배움을 〈한책협〉에서 배우고 있다. 그러면서 생산적인 발전을 거듭하고 있다. 한 권의 책으로 인생을 배우고 새롭게 개척하며 나의 무한한 잠재력을 일깨우는 중이다. 무기력했던 과거의 나는 '생각하는 대로 살지 않으면 사는 대로 생각하게 된다'라는 말처럼 뚜렷한 목적 없이 사는 대로 사고와 마인드를 한계 지었다.

이런 내가 변하고 변했다. 얼굴에는 생기가 넘치고 인생을 대하는 마음가짐부터 달라졌다. 주도적으로 내가 원하는 삶을 그리고 이루며 살아가고 있다. 하나의 목표를 설정하고 그것을 향한 노력과 열정으로 결과를 보이며 내면의 나를 업그레이드해 나간다. 인생 2막을 시작하는 삶은 너무나도 즐겁고 행복한 시간이었다. 지금도 달라지는 내 모습이 믿기지 않을 때가 있다.

〈한책협〉에서 많은 이상주의자, 자기계발을 하며 끝없이 자신을 발전시켜 나가는 사람들을 매일 만나면서 그중 꿈 친구, 꿈 부부가 멋져 보였다. 같은 곳을 바라보며 일심동체가 되어 동행하는 그 모습은 아름다움 그 자체였다. 나도 모르게 꿈 친구에 대한 로망이 생겼다. 내게도 '언젠가는 함께하는 꿈 친구가 생기겠지'라고 무의식에 또 하나의 드림리스트를 심어 두었다. 사실 남녀 사이에 크게 관심이 없던 나는 꿈 친구에 대한 로망만 가지고 있었을 뿐이었다. 꿈 친구를 간절하게 원했던 것은 아니었다.

그러다 김태광 대표 코치의 소개로 평생 함께하고 싶은 꿈 친구를 만나게 되었다. 잘 어울릴 것 같다며 한번 만나 보라는 말 한마디에 인연을 맺게 되었다. 평소에 인사하는 정도였지, 친분이 두터운 사이가 아니어서 꿈 친구로의 연결은 생각지도 못했다. 우리는 그렇게 틈틈이 서로를 알아 가기 시작했다.

각자의 꿈, 비전, 야망을 매개로 우리는 금방 친해질 수 있었다. 항상 서로의 꿈에 대해서 이야기하고 조언하며 지지했다. 커다란 공통점이 우리를 더욱 가깝게 했고 서로를 신뢰할 수 있었다. 상대방의 꿈을 지지하고 믿어 주는 사람을 또 만날 수 있을까? 라는 생각을 할 때면 내 옆에 있는 사람이 고마웠다. 그는 나에게 힘이 되는 존재가 되었다.

나이에 비해 생각이 깊고 진취적이고 성실한 그는 내가 모르던 나의 잠재력을 꺼내 주었다. 그리고 항상 누군가를 서포트하고 챙겨 주는 성향인 나는 그의 부족한 부분을 메워 주었다. 우리는 서로의 장단점을 파악하고 부족한 면을 채워 주며 상호 보완을 해 나갔다. 그렇게 혼자 꿈꾸고 이뤘던 것보다 빠르고 더욱 즐겁게 시너지 효과를 내고 있었다. 일터인 꿈터에서 우리는 함께 일하면서 오늘보다 더 나은 미래를 꿈꾸고 그려 나가고 있다.

나와 꿈 친구는 앞서가는 성공자를 보면서 성공자의 발자취를 따르고 사고, 마인드, 의식을 배우며 생산적으로 성장하고 있다. 그 롤모델은 김태광 대표 코치와 권동희 회장이다. 지금까지도 자기계발을 하고 계속 배움을 이어 가는 두 분을 보고 있노라면 환상적이다. 김태광 대표 코치는 매일같이 때론 하루 내내 의식 책을 읽으며 마음을 가다듬고 영감, 아이디어를 구상한다. 권동희 회장은 대표 코치가 말한 아이디어에 살을 붙이거나 영감을 주고 실행할 수 있도록 서포트한다. 두 분을 보며 나와 꿈 친구는 함께 2인 기업가를 꿈꾸게 되었다.

메신저는 자신이 좋아하고 잘하는 일을 평생 즐기면서 할 수 있는 특수한 직업이다. 그것을 혼자 이뤄 가는 것보다 함께 멀리 나아가려는 것이다. 무엇보다 사랑하는 사람과 함께라면 그 어떤 어려움이 닥쳐와도 이겨낼 수 있을 것이다.

우리는 성공적인 2인 기업가로 나아가기 위해 자신의 분야에서 책을 쓰고 콘텐츠를 쌓고 코치로 활동하면서 각자의 역량을 키워 나가고 있다. 직장인의 틀에서 벗어나 서로의 생각을 한계 짓지 않는다. 그러곤 4차 산업혁명시대에 맞서 나아갈 방향에 대해 끊임없이 대화를 나누기도 한다. 생산적인 대화와 지속적인 독서를 통해 현재에 안주하지 않고 서로에게 동기부여를 해 준다. 한 살이라도 더 젊었을 때 시간적, 경제적 자유를 누리기 위해 준비를 하는 것이다.

2인 기업가를 꿈꾸는 매일매일이 즐겁고 행복하다. 롤모델 김태광 대표 코치와 권동희 회장을 보면서 우리는 시행착오를 줄이고, 보다 빠르게 많은 것을 보고 배우면서 꿈을 실현시켜 나가고 있다. 책을 쓰는 작가에서 코치, 강연가뿐만 아니라 많은 사람들의 잠재력을 깨우고 선한 영향력을 주는 동기부여가로, 그들이 필요로 하는 조언을 해 주는 컨설턴트로서 눈부신 미래를 그려 나가고 있다.

지금처럼 앞으로도 우리는 그 누구보다 더 서로를 지지할 것이다. 같은 곳을 바라보고 만들어 가는 그 길을 응원하면서 등불이 되어 밝혀 주고 서로를 채워 나갈 것이다.

# 개인저서 출간 후 방송 출연하기

나는 학창시절 소심하고 조용했다. 그래서인지 TV와 각종 언론매체에서 스포트라이트를 받는 하이틴 스타들의 모습이 위대해 보였다. 예쁜 옷과 액세서리를 하고 위풍당당한 그들은 마치 이 세상의 주인공인 듯했다. 드라마 속 여주인공은 눈뜨는 시간부터 감는 시간까지 손 하나 까딱하지 않는다. 네다섯 명 되는 보모들이 화장이며 옷, 음식까지 모두 다 챙겨 주기 때문이다. 뿐만 아니라 의사, 검사, 부잣집 딸, 악역 등 다양한 분야를 경험해 볼 수 있는 연기자는 숫기 없던 나한테 그저 부러움의 대상이었다. 나도 저렇게 모든 사람들에게 주목받고 싶었다.

연예인 쪽에 관심이 많았던 나는 중학교 때 잡지 모델에 응모

했던 적이 있었다. 며칠 후 오디션을 보러 오라고 연락을 받기도 했다. 전화를 받고 너무 좋았지만 끝내 용기를 내지 못하고 오디션에 참가하지 않았다.

그때 오디션에 응했더라면 지금쯤 어떤 삶을 살고 있을지 가끔 생각하곤 한다. 그렇게 TV 출연은 기억 저편으로 사라져 가는 듯했다. 그러나 학창시절 예체능을 하면서 가끔 연주자로서 TV에 나왔던 적이 있다. 관현악 연주자로 나오거나, 연예인들과 함께하는 행사였다. 하지만 딱 거기까지였다. 더 이상 방송 출연 계기는 없는 듯했다.

우연히 TV 채널을 돌리다 김미경 원장이 나오는 프로그램을 본 적이 있다. 특유의 말투와 제스처 그리고 분위기를 압도하는 카리스마가 대단했다. 김미경 원장은 TV에 나와 청산유수 같은 말보다는 청중들이 공감할 수 있는 말을 전하고 있었다. 자신의 경험을 말하고 있어 모두가 편하게 들을 수 있었다. 누구나 할 수 있는 이야기로 재미와 감동을 느끼게 했고 마음속에 깊은 울림을 주었다. 내가 가진 지식과 경험 노하우를 다른 사람들에게 들려주고 그들과 함께 공감하며 변화할 수 있도록 도와주는 일. 드디어 내가 하고 싶은 일을 찾은 듯했다. 더 나아가 누군가에게 재미와 감동, 희망을 주는 사람이 되고 싶었다.

평범한 내가 TV에 나올 수 있는 방법이 무엇일까 생각하고 고민했다. 그러던 어느 날 읽던 책 중에서 평범한 사람이 많은 이들에게 이름을 알릴 수 있는 방법을 알게 되었다. 그것은 바로 내 이름이 들어간 책을 쓰는 것이었다.

나는 네이버 카페 〈한책협〉에서 〈책 쓰기 과정〉을 수강하며 단기간에 책 쓰기 프로세스를 배웠다. 우유부단한 성격으로 명확하게 거절하지 못했던 과거의 경험을 토대로 책을 썼다. 그것이 나의 첫 번째 책이다. 부끄러운 과거이지만 나의 지난날들을 오픈했다. 그 책을 쓰는 동안 많은 감정들이 교차했다. 나 자신을 이해하고 알아 가는 과정이었다.

나는 나의 취약점을 콘텐츠로 만들었다. 생생한 나의 사례로 많은 독자들의 공감을 얻고 다가갈 수 있었다. 특히 책을 읽은 독자들은 내게 컨설팅을 요청하고 조언을 구했다. 그 이유는 평범한 내가 책을 쓴 것이 그들에게 친근하게 와 닿았기 때문이다. 심리전문상담사, 정신전문의에게 내담하는 부담을 덜어 준 것이다. 나는 더 큰 무대에서 대중들과 소통하고 싶다는 꿈을 위해 끊임없이 활동을 이어 갔다.

매년 모교에서 후배들을 위해 동기부여 특강을 하면서 그들의 관점을 변화시켜 주고 있다. 나 역시 책을 쓰면서 사고와 관점의 폭이 넓어졌다. 좁았던 시야는 자연스레 넓어지고 긍정적인 마인드가 세팅되었다. 내가 경험하고 변화된 모습만으로도 충분히 동기부여가 되었다. 그뿐만 아니라 대인관계, 심리분야까지 섭렵하며 강연 무대 범위를 넓혀 가고 있었다. 책을 써서 바라던 유명세를 타기 시작했다.

하지만 이렇게 되기까지 나는 많은 저항들을 이겨내야 했다. 책이 나오기까지 1년 정도 시간이 걸렸다. 책이 나오는 시기가 늦어지는 동안 주변의 기대감은 부담감으로 바뀌었다. 겉으로 내색하지 않으시던 부모님에게도 미안했다. 오랜 시간 예체능을 하다가 한순간에 다른 분야로 전향했을 때 아무런 말씀도 하지 않고 믿고 기다려 주셨기 때문이다. 그런 시간이 길어지자 나에게도 초조함이 밀려왔다.

책이 나오기 전까지 친구들과도 연락을 거의 하지 않았다. 눈에 보이지 않는 결과를 설명하는 일이 쉽지 않았다. 꼬리에 꼬리를 묻는 질문들을 설명하고 이해시키는 일이 어려웠다. 거기에 에너지를 쏟기 싫었다. 나는 친구들과 간간이 안부 정도의 연락만 주고받았다. 찾아온다는 친구들도 만류하고 나는 내가 해야 할 일에 집중했다. 가끔은 친구들이 보고 싶기도 했다. 하지만 결과를 내놓기 전까지는 원고를 쓰고 앞으로 준비할 것에 집중하기로 한 나와의 약속을 지키고 싶었다.

그 시간 동안 나는 많이 달라져 있었다. 부정적인 생각보다 오직 되는 방법만 생각했다. 그리고 마치 내가 원하던 꿈을 이미 이룬 것처럼 생생하게 느끼고 말하고 행동했다. 책을 써서 작가, 강연가, 코치, 컨설턴트가 되고 싶었다. 나의 존재만으로 희망을 주는 사람이 되고 싶었다.

그렇게 1년이라는 시간을 거쳐 세상에 나의 분신이 나왔을 때 그 벅찬 마음은 말로 표현이 안 될 정도였다. 정말 작가가 되었고, 드디어 세상의 중심에 내가 서게 되었다. 모든 것이 탄탄대로, 내가 원하는 대로 이루어져 가고 있었다. 나는 작가가 되어 책을 기반으로 전국을 무대로 강연을 다니고 있었다. 나의 스토리는 상대방에게 진심으로 다가갔고, 조언과 피드백은 그들의 치유에 도움을 주었다. 그 덕분에 나를 찾는 사람들이 많아졌고 서서히 방송에서도 연락이 오기 시작했다.

토크쇼에 토론자로 출연하게 되었다. 일반인을 상대로 연예인, 의료 전문의 등 다양한 직업군의 사람들이 고민 상담을 해 주고 실용적인 해결책을 내어주는 프로그램이었는데, 나도 작가로서 출연하게 되었다. 시대가 변하면서 연예인들이 주도하는 프로그램보다 일반인과 함께 편하게 소통하는 프로그램이 많이 생겨났다. 그러면서 방송에서 나를 찾는 일이 더욱 많아졌다. 나의 특유의 친화력과 소통력은 방송에서도 한몫했다. 나는 그들의 니즈를 해결해 주는 것뿐만 아니라 동기부여를 해 주고 잠재의식을 깨우는 등 변화 가능성을 열어 주었다. 의료 전문의보다 차별화된 나만의 특별함이 있었기 때문이다. 그 특별함은 과거의 나에서 달라진 현재의 나의 모습의 결과다.

토론자로 출연해서 고정으로 자리매김을 하면서 하루가 다르게 나의 영역을 넓혀 갔다. 방송 요청은 쇄도했고, 한번은 스타강사 쇼에 나갔다. 구애받지 않고 '주도적인 삶으로 살아가는 나'라는 주제로 강연했다. 반응은 폭발적이었다. 만나고 싶은 강사 1위로 뽑혔고, 그 후에도 여러 차례 강연했다. 단독으로 나만의 토크쇼를 진행하기도 했다. 하루 24시간이 모자를 만큼 행복한 바쁨 속에 나의 영향력을 전하고 있다.

이 모든 것은 나의 생각에서 비롯되어 현실이 되었다. 평범하고 조용했던 내가 모든 사람들의 시선을 받고 있다. 타인의 말에 힘없이 무너졌던 나의 경험은 또 다른 이들에게 힘이 되어 주고 있다. 과거의 나의 생각들은 하나의 점들이다. 그것들이 모여 하나의 선이 되었다. 그리고 이것들은 내가 새로운 인생을 만들어 가는 길이 되었다.

# 꿈 친구와 공동저서 쓰기

나는 친구들을 만나 밥 먹고 영화 보고 커피숍에 가는 것보다 혼자서 시간을 보내는 것을 좋아한다. 학창시절에는 연습실에서 시간을 다 보냈었다. 여유시간이 있을 때면 서점에 가곤 했다. 베스트셀러 칸에 가서 어떤 책들이 나왔는지 확인하며 책을 읽었다. 자투리 시간을 활용하는 정도로 읽었기에 책을 읽어도 내용을 실천하거나 내 것으로 만들지 못했다. 서점에서 책을 봤다는 정도로 만족했던 것이다. 지금 되돌아보면 다른 사람들도 무언가 자기계발을 하니 나도 무엇이든 해야지 했던 것 같다. 그래서 나에게 보여주기식의 독서를 한 것이 아니었을까? 라는 생각이 든다. 하지만 서점에 갔을 때는 세상 걱정이 다 사라지는 기분이 들었다. 나와 마주하기에 딱 좋은 장소였던 것이다.

그 덕분에 내게 가장 힘든 순간이 찾아왔을 때도 방황하지 않고 극복할 수 있었다. 내게 유일한 안식처와 같은 장소였기 때문이다. 힘들 때면 어김없이 나는 베스트셀러 칸에 가서 한 권의 책을 집어 들었는데 책표지를 펼치자마자 눈에 들어온 첫 문구가 나의 마음을 훔쳤다. 그 자리에서 집어 든 책을 단숨에 읽었다. 위로해 주는 듯한 책의 이야기는 오직 나에게만 하는 말인 듯했다. 그때를 계기로 나는 꾸준히 책을 읽기 시작했다. 에세이로 시작한 나의 독서는 점차 다양한 분야로 확대되었다.

지금까지는 수박 겉핥기식으로 독서해 왔다면 이제는 한 문장, 한 문장 곱씹으며 다양한 사람들의 지식과 경험, 이야기를 간접경험하고 있다. 많은 깨달음을 얻으면서. 나는 과거의 나보다 더 많은 꿈을 꾸게 되었고, 뚜렷한 주관을 찾을 수 있었다. 더 나아가 진정 내가 좋아하는 일, 목표, 꿈, 삶을 찾게 되었다. 자기계발서 위주의 책들은 나에게 많은 동기부여를 해 주었다. 나는 긍정적인 기운으로 나를 채우면서 무엇이든 해낼 수 있다는 자신감을 가지게 되었다. 독서를 통해 얻은 자신감은 생각만 하던 나를 행동할 수 있게 도와주었다. 단기간에 어학연수, 여행 등 다양한 경험을 하면서 새로운 삶을 살아가고 있다.

자신이 겪어 온 스토리로 동기부여를 해 주는 책을 읽으면서 나도 언젠가는 나의 스토리로 다른 이들에게 동기부여를 해 주고 싶다는 생각이 들었다. 하지만 나는 이렇다 할 스토리도 스펙도 없었다. 독자는 누구나 될 수 있는 것이지만 저자가 되는 건 꿈같은 일이라고만 생각했다. 그러나 지금은 그 꿈같은 일을 이루었다. 정말 내가 책을 쓴 작가가 된 것이다.

'성공해서 책을 쓰는 것이 아니라 책을 써야 성공한다'라는 모토를 갖고 있는 김태광 코치에게서 책 쓰기 프로세스를 배웠다. 그의 모토대로 나는 독자에서 저자가 될 수 있었다. 책을 통해서 꿈을 꾸었고 삶이 변화했다.

마침내 책을 펴내면서 나는 다른 인생을 살고 있다. 예체능 연주자에서 책을 쓴 작가로 인생 2막을 그려 나가고 있는 중이다. 평범한 나의 스토리로 누군가에게 희망을 줄 수 있었다. 나의 스토리는 충분히 가치 있는 스토리 스펙이 되었다. 나의 스토리가 다른 사람들에게 동기부여가 되었다. 이제는 작가를 넘어 동기부여가, 컨설턴트를 꿈꾸고 있다.


나는 지금 근무하고 있는 〈한책협〉에서 같은 꿈을 꾸고 같은 곳을 바라보는 꿈 친구를 만났다. 그는 자투리 시간을 활용한 독서를 통해 어린 나이에 대기업을 그만 두고 자신의 꿈, 비전, 소명을 찾아 인생 2막을 시작했다. 현실에 안주하지 않고 자신을 한계에 가두기보다는 원하는 삶을 그리며 살아가고 있다.

꿈 친구 역시 작가, 강연가, 독서법 코치로 활동하고 있다. 그가 책을 준비하면서 내게 조언을 구하고, 나 역시 그에게 조언을 구했을 때 우리의 시너지는 배가 되었다. 우리는 자신의 콘텐츠로 책을 써냈고, 독서를 통해 새로운 삶을 계획한 공통점을 지니고 있다. 그래서 우리에게는 독서가 특별하다. 자신의 경험과 지식을 나누면서 성장하는 특수한 일인 만큼 꾸준한 독서도 중요했다. 나에게 독서는 많은 영향을 주었다. 문제가 닥쳤을 때 관점을 바꾸어 주고, 많은 생각을 하게 했으며 지혜를 주었다. 바쁜 일상에도 자투리 시간을 내어 지속적으로 독서를 한 이유다. 우리는 지금도 자투리 시간을 활용해서 하루 한 쪽이라도 독서를 하고 있다. 독서로 끝나는 것이 아니라 책을 읽고 각자의 생각을 이야기하고 공유한다. 이러한 우리의 대화는 일상적이다.

그러던 어느 날 함께 이루고 싶은 드림리스트를 작성하기로 했다. 그중 하나가 바로 공동저서 출간이었다. 나와 꿈 친구의 롤모델인 김태광 코치와 권동희 회장도 함께 쓴 공동저서가 있다. 바로 《생산적 책쓰기》다. 이 책은 책 쓰기 기본부터 출간까지, 책 쓰기의 안내서와도 같은 책이다. 실제로 책을 써서 인생을 바꾼 사람들의 스토리를 넣어 책 쓰기의 힘을 보여 주고 있다.

나와 꿈 친구는 선한 영향력을 전하고 함께 나아가는 두 분의 모습을 닮고 싶었다. 우리들만의 경험을 토대로 많은 사람들에게 생산적으로 독서하는 방법을 알려 주고 싶었다. 시간이 없다는 핑계로 책을 읽지 않고, 그러면서도 불안한 미래에 힘들어하는 사람들에게 독서가 주는 힘을 알려 주고 싶었다.

우리나라 국민의 독서량은 OECD 국가 중 최하위권이다. 독서가 쉽지 않은 여러 가지 이유가 있겠지만 요즘은 스마트폰으로 인해 독서와 거리가 멀어지고 있다. 우리나라의 독서량은 한 달에 1.3권 수준이다. 뿐만 아니라 성인의 35%는 1년에 단 한 권의 책도 읽지 않는다고 한다. 이에 비해 미국은 1인당 한 달에 6.6권, 일본 6.1권, 프랑스 5.9권, 중국 2.6권의 독서량을 보인다. 선진국일수록 독서량이 많아지는 것이다. 안타까운 우리나라 국민의 독서 현주소다.

일상이 바쁘면 바쁠수록 보다 나은 미래를 위해 독서를 통해서 자신을 성찰하고 깨달음과 지혜를 얻어야 한다. 나와 꿈 친구는 더욱더 많은 사람들에게 도움이 되고 선한 영향력을 미치고자 한다. 그래서 나와 꿈 친구가 독서를 하면서 얻게 된 지식과 경험, 이야기를 담은 생산적 독서법을 주제로 공동저서를 쓸 것이다.

공동저서 속에는 변화된 우리의 모습을 담을 것이다. 그리고 많은 이들의 공감을 이끌어낼 수 있는 내용을 담아 남녀노소 누구나 쉽게 책을 접하게 할 것이다. 왜 독서를 해야 하는지, 독서에 대한 관점 바꾸기 등 현대인들이 원하는 독서법을 알려 주고 꾸준히 독서를 유지할 수 있는 노하우를 담을 것이다. 독서로 삶을 바꿀 수 있는 기회를 만들어 주고 싶다.

이 책의 목적은 우리나라 전 국민이 책을 읽기를 바라는 것이 아니다. 단 한 명이라도 독서를 통해 발전하고 성장하는 삶, 더 나은 인생을 살기 바라는 마음이다. 꿈 친구와 함께 공동저서를 집필할 날이 머지않았다.

# 빌딩 5채의 주인 되기

누군가 내게 로또에 당첨되면 뭐 할 것이냐고 물어보면, 나는 망설임 없이 넓은 집부터 살 것이라고 대답하곤 했다. 중학교 3학년 때 서울로 전학 가기 전까지 나는 한 집에서 10여 년째 살고 있었다. 우리 식구는 부모님, 이모, 큰언니와 작은언니 그리고 나 6명이었다. 서울 사람인 엄마는 아빠를 만나 결혼하면서 울산으로 오게 되었다. 이모 역시 고등학교를 졸업하자마자 엄마가 결혼하면서 함께 울산으로 왔다. 내가 태어나기 전부터 이모는 우리 가족과 함께 살고 있었다.

방은 자연스럽게 부모님과 이모가 따로 쓰고 나는 언니들과 함께 한 방을 사용했다. 언니가 책상에서 공부할 때면 나와 작은 언니는 엎드려서 공부했던 기억이 난다. 책상이 없다고 해서 불편하지는 않았다. 단지 나도 나만의 공간을 갖고 싶다는 마음뿐이었다. 우리도 이사 가자고 부모님을 졸랐던 적이 있다. 부모님도 부동산에 집을 내놓기도 하고, 집을 보러 오는 사람들도 있었지만, 이사 가는 게 쉽지만은 않은 듯했다.

나는 고등학교 때부터 기숙사 생활을 하게 되었다. 그러면서 유일하게 나의 책상과 딱 그만큼의 독립적인 공간이 생겼다. 그것만으로도 나는 행복했다. 작지만 그 공간만큼은 내가 원하는 대로 꾸몄다. 기숙사 단체생활은 대학교에 가서도 이어졌다. 2인 1실로 인원수가 적어진 만큼 더 독립적인 공간이 생겼다. 이제는 나만의 기숙사 공간에 익숙해졌다. 공간은 작았지만 아늑했다.

대학교를 졸업하고 서울생활을 하면서 언니들과 함께 지냈다. 나만의 공간에 대한 로망은 여전했다. 시간이 흘러 언니들이 결혼하면서 꿈꿔 왔던 나만의 공간이 생겼다. 언니들과 함께 살던 집을 정리하고 나는 원룸으로 옮겼다. 운이 좋게도 원룸을 알아본 지 한 시간 만에 좋은 방을 얻었다. 풀 옵션에 화이트 가구들로 꾸며진 원룸이었다. 방 크기도 적당했다. 그렇게 첫 번째 나만의 생활이 시작되었다.

큰 벽면에는 여행을 다니면서 찍었던 사진들을 붙이거나 좋은 글귀들을 붙이는 등 나름대로 멋을 내어 꾸몄다. 다시 한 번 원룸을 옮겼지만 동일한 구조였다. 더 넓은 집으로 가고 싶었지만 내겐 여유가 없었다. 원룸은 더 이상 내게 로망이 아닌 생활공간이 되어 버렸다. 혼자 살기에는 좋은 집이었지만 좁다는 생각이 드는 순간 불편해지기 시작했다. 책장은 책으로 넘쳤고, 책상 위까지 책이 쌓여 있었다. 나는 더 나은 환경을 원했다. 더 큰 공간이 필요했던 것이다.

그러다 우연히 인터넷을 검색하면서 천장이 높고 복층으로 된 오피스텔을 보았다. 스무 살 때 꼭 이런 멋진 오피스텔에서 살아야겠다고 생각했던 것이 떠올랐다. 그때부터 나는 원룸의 보증금으로 오피스텔로 갈 수 있는 방법을 생각했다. 그 당시 살고 있던 원룸은 전세였기 때문에 오피스텔 보증금으로 거는 것이 어느 정도 가능했다. 더 좋은 환경에서 생활하기 위해 월세를 지불하더라도 이사를 가기로 마음먹었다. 나는 일단 부동산에 가서 원룸을 내놓았다. 되도록 빨리 방을 빼 달라고 했다. 다행히 금세 새로운 원룸 주인이 나타났다. 나는 1층과 2층 공간이 분리되고 모던한 조명의 아일랜드식 부엌이 있는 복층 오피스텔로 이사했다.

사실 아무 준비도 없이 덜컹 이사를 했다. 그래서인지 그토록 원했던 집이었음에도 불구하고 큰 공간이 더욱 크게 느껴져 집에 들어가는 것이 싫을 때도 종종 있었다. 하지만 차츰 새로운 공간에 적응하면서 하나씩 가구를 채우고 꿈꾸던 나만의 서재를 완성했다. 그러곤 2층을 편히 쉴 수 있는 아늑한 공간으로 만들었다. 나는 더 좋은 환경에 들어오면서 더 많은 것들을 보게 되었고 꿈 꾸게 되었다.

더 좋은 환경에 들어오니 집에 대한 욕망은 점점 커져만 갔다. 틈만 나면 주상복합부터 전원주택까지 인터넷을 검색하면서 이미 지를 찾아보았다. 때론 모델하우스를 찾아가서 인테리어나 집의 규모를 보기도 했다. 이런 시각화는 내게 끝없이 집에 대해 생각 하게 하는 원동력이 되었다.

그러한 집을 가지기 위해서는 부동산에 대한 기본 지식이 필 요했다. 나는 부동산에 대해 공부하기 시작했다. 사실 기본 지식 이 없는 터라 조언을 구하기 위해 전문가의 컨설팅을 받았다. 그 러자 궁금한 점들이 일사천리로 해결되었고 내가 할 수 있는 방 법으로 앞으로의 전략을 세울 수 있게 되었다.

컨설팅을 받은 이후 나는 집 한 채의 꿈을 점포주택까지 넓혀 갔다. 부동산 세계를 알아갈 때마다 꿈의 크기 또한 커져만 갔다. 예전에는 아무 생각 없이 지나쳤을 거리의 수많은 건물들이 이제 는 새롭게 보이기 시작했다. 이제 와 하는 말이지만, 이 건물들에 모두 주인이 있을 거라는 생각을 전혀 하지 못했었다. 그런데 모두 주인이 있다니. 그 사실만으로도 충격이었다. 그제야 연예인들이 몇백 억씩이나 하는 건물을 샀다는 방송의 의미를 알 수 있었다.

나는 매일같이 꿈 친구와 미래에 대해서 소통한다. 한 번뿐인 인생, 젊었을 때 누리며 멋지게 살자는 것이 우리 두 사람의 공통된 생각이다. 시대가 빠르게 변화하고 4차 산업혁명시대가 도래하면서 많은 직업들이 사라지고 있다. 그럴수록 사람들은 악착같이 일해서 돈을 모으려고 하지만 크게 달라지는 것은 없다. 대부분의 직장인들은 수입에서 적금을 넣는 정도로 은퇴 자금을 마련하고 있다.

현재 자신의 위치에서 경제적, 시간적 자유를 얻고 싶으면 그 이상을 볼 줄 아는 안목을 키워야 한다. 다르게 행동하지 않고서는 절대 변화하지 않는다. 나 역시 악착같이 일만 하고 돈만 모았던 시간이 있었다. 그렇게 열심히 일하고 돈을 모으면 좀 더 편하게 살 줄 알았던 것이다. 하지만 자신에게 투자하지 않는다면 미래는 결코 달라지지 않는다. 나는 나의 외모와 내면에 아낌없이 투자를 했다. 명사들의 수십 권의 책을 읽으며 그들의 사고와 행동을 보고 배우려 노력했다. 그것이야말로 남들보다 빠르게, 그리고 가장 확실하게 부의 추월차선으로 나아가는 길이었다. 돈을 굴리고 늘리는 방법을 알면 직장인들 한 달 월급 정도는 부동산으로 충분히 창출할 수 있다.

과거의 나는 부동산은 돈 있는 사람들만 하는 것이라고 생각했다. 하지만 공부를 하면 할수록 부동산에 대해 생각했던 바가 점차 바뀌고 있다. 평범한 나도 시작할 수 있는 것이 부동산이었다. 투자 방법을 알게 되니 자연스럽게 주파수가 거기에 맞춰지고 되는 방법을 생각했다. 꿈 친구 역시 나와 같은 생각을 하고 있었다. 우리의 생각이 시너지를 일으키면서 젊은 나이에 부동산 투자에 뛰어들게 되었다. 몇백 억대 건물주는 더 이상 유명한 연예인들의 이야기가 아니었다. 방법을 알고 용기만 있다면 누구나 이룰 수 있는 꿈이었다.

나는 넓은 집에서 살고 싶다는 소망을 갖고 있다. 그래서 부동산에 투자해 5층짜리 점포주택을 5채 가진 빌딩 주인이 되는 꿈을 꾼다. 4채는 상가용으로 각종 브랜드가 모인 쇼핑몰이다. 4채의 이름은 4계절 이름을 딴 봄동, 여름동, 가을동, 겨울동이다. 마지막 1채는 주거용 주택이며 꿈 친구의 이름을 딴 허동이다. 5채의 건물은 모두 최고의 환경과 보안시설을 갖추고 있다. 1층에는 스타벅스와 각종 편의시설이 들어서 있고, 2층부터 4층은 원룸형태의 주거지다. 허동의 꼭대기 층인 5층은 나와 꿈 친구의 드림하우스다. 화려하면서도 심플하고 모던한 분위기를 자아내는 펜트하우스다.

로또에 당첨되면 반드시 넓은 집을 사리라고 다짐했던 내 오래된 소망은 결코 허무맹랑한 것이 아니다. 내가 원하는 집은 그 크기를 가늠할 수 없을 만큼 넓은 집이었다. 그 '넓은 집'은 내가 목표를 이룰 수 있게 달려나가도록 해 준 원동력이었다. 나로 하여금 많은 것들을 꿈꾸게 해 왔으며, 앞으로도 꿈꾸게 할 것이다. 작아도 좋으니 독립된 내 방 하나만 가지면 좋겠다고 생각했던 과거의 나. 그랬던 내가 이제는 내 이름이 들어간 5채의 꼬마빌딩의 건물주를 꿈꾸고 있다. 앞으로도 착실히 그 과정을 밟아 나갈 것이다.

# 포르쉐 718 박스터
# 오너 드라이버 되기

얼마 전 운전면허증을 갱신하라는 고지서가 날아왔다. 벌써 운전면허증을 갱신해야 하나 하고 살펴보니 내가 면허증을 발급받은 지 벌써 10년이나 됐다는 것을 알게 되었다. 사실 대학교 3학년 때 신분증으로 들고 다니려고 면허증을 취득했다. 하지만 그 당시에는 기숙사 생활을 하고 있어 자동차의 필요성을 느끼지 못했다. 자연스럽게 내 면허증은 흔히들 말하는 '장롱면허'가 되었다.

나는 대학교를 졸업하고 대학원 수업을 듣기 위해 울산 집에서 부산까지 대중교통을 이용했다. 가끔 부모님들에게서 자동차를 선물 받은 친구들이 부럽기도 했다. 하지만 운전의 피로를 느끼지 않아도 되는 대중교통이 더 편했다. 출퇴근 시간이 혼잡하긴

해도 시간 계산을 잘하면 안전하게 도착지까지 모셔다 주는 대중교통을 더 선호했던 것이다.

불과 1년 전까지만 해도 나는 뚜벅이(자기 자동차가 없어 대중교통을 이용하거나 걸어 다니는 사람)였다. 주변에서는 이제 차를 살 때가 되지 않았냐고 말하곤 했지만, 언제나 시간이 많았던 나는 대중교통을 이용하는 데 딱히 불편함을 느끼지 못했으므로 굳이 많은 돈을 들여 차를 사야 하나 생각했었다.

그러나 이 생각도 시간이 지나면서 변하기 시작했다. 체력적으로 너무 힘들었던 것이다. 대중교통을 이용하여 출퇴근을 하거나, 조금 멀리라도 이동할라치면 마치 몸이 없어지는 듯한 피로감이 몰려왔다. 그때마다 나는 입버릇처럼 "그냥 내 발보다 빠르면 되니, 굴러가는 차만 있으면 좋겠다."라고 말했다. 더군다나 하던 업무의 특성상 이동하는 일이 잦았기 때문에 더욱이 차가 필요한 상황이었다.

나는 내게 있던 돈을 모두 모아 입버릇처럼 말했던, '나의 발보다 빠르고 굴러가는 차'를 구매했다. 바로 기아 차 모닝이다. 고작 모닝을 구입하면서도 나는 좀 더 있어 보이는 스마트키를 고집했다. 핸들과 운전석 자리에 열선이 꼭 장착되어야 한다고 했다. 이 세 가지만 충족되면 모닝은 내게 최고의 차였다. 연비가 좋은 경차이고 거기다 공영 주차비용까지 할인된다. 이 정도면 꽤 만족스러왔다. 부모님은 안전을 생각해서 승용차를 구입하라고 하셨지만 대중교통에서 벗어나고 싶은 마음이 가득했던 나는 경차만으로도 그저 감지덕지한 마음이었다. 스무 살 때의 드림카가 BMW였던 사실을 까마득하게 잊고선 귀염둥이 모닝을 타며 나는 행복해했다. 출퇴근시간에 사람들 사이에서 샌드위치가 되는 일을 더는 경험하지 않아도 되었기 때문이다. 이동시간 단축으로 여유시간이 확보되어 쉴 틈을 갖기도 했다. 이동수단용으로 딱 안성맞춤이었다.

그러다 한번은 외제차인 벤츠를 운전할 일이 생겼다. 난 그전까지 외제차는 사치품이라는 부정적인 편견을 가지고 있었다. 고가의 벤츠를 운전하는 것이 부담스럽기도 했다. 외제차는 이래서 저래서 좋다는 말을 들어도 사치품이라는 생각이 쉽사리 바뀌지 않았다.

그러나 막상 벤츠 운전대를 잡고 보니 그렇게 편할 수가 없었다. 안전벨트를 착용하는 순간 자동센서가 나의 몸에 맞게 운전석을 조정해 주었다. 그뿐만이 아니었다. 운전석과 조수석 좌석은 또 어떠한가. 등받이며 허리받이며 분리형으로 조정이 가능했다. 빨간 신호등 앞에서 수동으로 기어를 N으로 가져다 놓은 습관은 벤츠에서는 쓸모가 없었다. 발로 브레이크를 꾹 누르면 P모드로 설정이 되었고, 발을 떼면 자동으로 D모드가 설정이 되었다. 벤츠의 또 다른 자동센서는 차 주변으로 무언가 가까이 오면 '삐익' 경고

음을 울렸다.

제일 중요한 승차감은 말할 것도 없었다. 조수석에 탔을 때도 옥구슬이 굴러가는 듯했다. 너무나도 편했다. 차가 주는 묵직함에 안전함을 느낄 수 있었다. 시속 100킬로미터가 넘어가면 붕 뜨는 느낌을 주는 모닝과 달리 벤츠는 안전하게 느껴졌다. 자동차는 그저 이동수단이라고만 생각했던 내가 왜 좋은 차를 타야 하는지, 외제차에 대한 인식을 바꾸게 된 계기가 되었다. 벤츠라는 고급차를 직접 경험하자 나의 편견이 바뀌게 된 것이다.

일반적으로 외제차, 이른바 고급차는 부자들의 상징이다. 나 역시 돈이 많으니 사는 것이라고 생각해 왔다. 그 말이 틀린 것은 아니나 단지 외제차를 몬다고 해서 부정적으로 여길 일만은 아니라고 말하고 싶다. 대부분 부를 축적한 사람들은 자신에 대한 보상으로 슈퍼카를 선물한다. 가격보다는 그 차만의 특별한 가치를 보고 구입하는 것이다. 삼성그룹의 이건희 회장만 보아도 소유하고 있는 슈퍼카만 120여 대라고 한다. 또한 슈퍼카는 성공하기 위해 노력하는 사람들의 목표가 되기도 한다. 무조건 외제차를 탄다고 해서 선입견을 가질 필요가 없다. 꼭 부모를 잘 만나야 탈 수 있는 것이 아닌 것이다.

〈한책협〉 허동욱 코치는 스물세 살 어린 나이에 블랙 머스탱이라는 고급 외제차 오너가 되었다. 그가 부모를 잘 만난 덕에 머스

탱을 소유하고 있는 것이 아니다. 그는 자신의 드림카를 갖기 위해 스스로를 한계 짓지 않고 꿈을 위해 노력해서 쟁취한 것이다. 충분히 고급차를 탈 자격이 있는 것이다.

그도 김태광 대표 코치를 만나고서 어린 나이에 외제차에 대한 인식을 바꾸게 되었다. 김태광 대표 코치는 20여 년간 책 쓰기 한 분야를 연구해 자수성가한 사람이다. 그는 아버지가 남겨놓은 빚을 20대에 모두 갚고 그때의 노력을 발판 삼아 지금의 자리에 있다. 그는 대한민국 1등 책 쓰기 대표 코치다. 그가 배출한 작가만도 600명이 족히 넘는다. 모든 사람의 버킷리스트인 책 한 권 쓰는 꿈을 실현하도록 도와주고 있다. 선한 영향력으로 타인을 돕는다는 것은 이로운 일이다.

김태광 대표 코치 역시 자신의 노력에 대한 보상으로 자신에게 차를 선물하곤 한다. 그가 소유하고 있는 여러 대의 슈퍼카 중에는 람보르기니도 있다. 나는 우리나라의 유명 연예인들이나 가지고 있는 줄만 알았던 람보르기니를 이때 처음 보았다. 황금색이 주는 럭셔리한 느낌과 압도되는 그 무언가에 입을 다물지 못했다. 그 화려함은 주변에 있는 차를 초라하게 만들 정도였다. 누가 봐도 살면서 한 번쯤 갖고 싶게 하는 슈퍼카였다.

최근에는 포르쉐 718 박스터를 구입했다. 선명한 노란색의 오픈카다. 그 차를 보는 순간 마치 이성을 보고 첫눈에 반한 것처럼 가슴이 뛰기 시작했다. 그동안 '차는 차답게 생겨야지'라고 생각하던 나에게는 슈퍼카란 허세 그 자체의 것이었다. 그런 내가 포르쉐 718 박스터를 본 순간 꼭 소유하겠다는 욕망으로 불타올랐다. 동글동글 귀엽게 디자인된 박스터는 차 내부 구조와 편안함이 다른 슈퍼카들과 다르다고 했다. 시동을 켜는 순간 많은 사람들의 주목을 받는 큰 엔진 소리와 바람을 가르는 모습은 상상만 해도 짜릿했다.

나는 2년 안에 포르쉐 718 박스터 오너가 되기로 했다. 그저 이동수단으로 자동차를 타야 한다면 귀염둥이 모닝으로 충분할 것이다. 하지만 이제 나의 목표는 포르쉐 718 박스터이다. 백발 노인이 될 때까지 한 푼 한 푼 모아서 휠체어를 탄 후에야 백만장자가 되는 것은 내가 원하는 바가 아니다. 나는 한 살이라도 더 젊은 바로 지금, 좋은 차를 타며 풍요로운 삶을 살 것이다. 다른 사람들에게는 막연한 꿈일지도 모른다. 그러나 나의 우주에서 나는 이미 포르쉐 718 박스터 오너다. 그리고 그것은 곧 내 눈앞의 현실세계에 나타날 것이다.

# PART 6

# 희망학교 설립하고
# 성공 롤모델 되기

이 채 명

## 이채명

**'행복드림 연구소' 대표, 동기부여 강연가, 새터민 인생코치, 자기계발 작가**

2004년 탈북한 새터민이다. 절망 속에서도 희망의 끈을 놓지 않은 결과 지금은 자유의 땅 대한민국에서 하고 싶은 일, 꿈 넘어 꿈을 꾸고 있다. 자기계발 작가로, 1인 창업가로 자신만의 행복한 삶을 살아가고 있다. 꿈으로 인생을 디자인하고, 또 사람들에게 희망을 전하는 동기부여가의 삶을 살고 있다. 나아가서 희망학교 설립을 목표로 하고 있다. 인생의 빅픽처를 그려갈 사람들에게 희망을 주고자 개인저서, 강연, 코칭 프로그램을 준비 중이다.

E-mail  success1734@naver.com          Cafe  http://cafe.naver.com/jymspc
Blog  http://blog.naver.com/lee2005ok

# 30대에 1인 기업가로 성공하기

2004년 탈북한 나는 13년이라는 긴 시간 동안 인생여행을 해왔다. 북에서 나서 자라 자유가 무엇인지 모른 채 오직 가족의 부를 위해 떠난 길, 나 하나쯤은 희생해도 된다고 생각했다. 하지만 스물한 살, 어린 여자의 몸으로 자기 나라 땅도 아닌 타국을 헤매며 내 인생을 찾는다는 것은 너무나 힘든 일이었다. 북한이라는 나라에서 태어난 죄밖에 없는 나에게 닥치는 시련은 비극이었다. 부모형제를 떠난 죄를 이렇게 받아야 된다는 생각에 더 이상 누구를 원망하지도 못했다. 그래서 늘 혼자서 정처 없는 인생길을 걸어야만 했다.

진짜 내 모습인 지금의 나를 찾기까지 13년이라는 시간이 걸렸다. 이렇게 긴 시간 나는 늘 혼자 아프고 혼자 상처받고, 또 그 상처를 지우려고 애써 왔다. 하지만 지난 과거의 상처를 지운다는 것은 힘든 일이었다. 결국 모든 것을 받아들이고 지금 내가 서 있는 이 자리에서 최선을 다해 미래로 향하는 길뿐이었다. 시련이 없었다면 오늘의 내가 이런 글을 써서 누군가에게 동기부여를 해주지 못했을 것이다.

나는 30대에 1인 기업가로서 성공한 삶을 살 것이다. 20대에, 30대에 벤츠를 타지 못할 이유는 없다. 꿈을 크게 가지면 깨져도 그 조각이 크다는 말이 있듯이 나이를 떠나서 누구나 꿈을 크게 가져야 한다. 내 꿈에 날개를 달아 주면 하늘을 나는 새보다 더 높게 비상할 수 있다. 꿈에게 기회를 주지 않는다면 그 꿈은 나를 떠나 다른 누군가의 꿈이 될 것이다. 사람들은 "내가 할 수 있을까, 너라서 가능한 일이야, 네가 잘되면 나도 해 볼게." 이런 말들을 많이 한다. 할 수 있다는 자신감을 갖기보다 할 수 없다는 두려움을 몸속 깊이 새기는 것이다.

인생은 어쩌면 위험이 계속 순환되는 그런 길이다. 사람들은 안정적인 삶에 익숙해져 위험을 피하려고만 한다. 대부분의 사람들은 꿈이 나에게 어떤 질문을 할 때 그 질문을 받아들일 준비가 되어 있지 않다. 그러므로 항상 내 꿈에 한 걸음 다가가고 그것을 이루기 위해 나에게 필요한 것, 또 가장 먼저 무엇을 해야 할지를 생각해야 한다. 물론 누구나 힘들지 않은 순탄한 인생길만 걷기를 원한다. 하지만 인생길이 그렇게 순탄하기만 하다면 누구나 평범한 삶에서 머무를 것이다. 그렇게 된다면 도전이라는 것이 필요하지 않을 것이고 세상은 아무것도 변하지 않을 것이다.

북한이라는 나라에서 21년을 자란 나는 자유가 얼마나 소중한지 너무나 잘 알게 되었다. 처음에는 오직 가족의 부를 위해서 탈북을 택했다. 하지만 중국을 헤매며 또 한국에 와서 자본주의의 개념을 조금씩 알아 가게 되었다. 그러면서 발 빠르게 발전하는 자본주의 나라에서 내가 어떻게 해야 지갑 속에 갇힌 삶이 아닌, 백화점에서 가격표를 따지지 않고 물건을 살 수 있게 될까, 그런 생각들을 하게 되었다. 보통 사람들은 몇십 년을 회사에서 일해도 가격표를 따지며 마트에서 물건을 산다. 또한 제대로 된 집한 채 없이 전세, 월세를 산다.

한 번뿐인 인생을 멋지게 살아 보는 것은 누구나의 꿈이지만 그 꿈을 이루는 사람은 아주 소수다. 성공한 사람들은 모두가 그들만의 피나는 노력으로 성공을 일궜다. 운을 말하는 사람들도 많지만 솔직히 따지면 99%의 노력과 1%의 운으로 그들은 성공의 정상에 오른 것이다. 앉아서 운이 오기를 기다리는 사람은 절대 성공할 수 없다. 그런 사람들은 인생을 포기하겠다고 말하는 것밖에 안 된다. 99%의 노력을 하면서 1%의 운이 왔을 때 잡아야 하는 것이다.

나는 30대에 여성 1인 기업가로 성공할 것이다. 지금은 그러기 위해 내가 할 수 있는 모든 것을 다 하고 있다. 그러기 위해서는 남들이 위험하다고 가지 않는 길을 가는 용기가 필요하다. 처음에 새로운 세상에 도전할 때 나에게는 항상 두려움이 앞섰다. 그럴 때마다 옆에서 늘 힘내라고 응원해 주시는 좋은 분들이 계셨기에 이겨 낼 수 있었다. 작가가 되기 위해 〈한책협〉을 찾았을 때도 두려움에 떨었다. 내가 과연 해낼 수 있을까, 답을 찾지 못하고 있을 때 김태광 대표는 나에게 많은 힘과 용기를 주신 고마운 분이다. 할 수 없다는 고정관념을 깨면 뭐든 할 수 있다고, 주저앉지 말고 힘내라고 늘 용기를 심어 주었다. 그래서 지금 나는 이렇게 성장하고 비상할 수 있었다.

성공하고 싶다면 누구든 성공한 멘토를 찾아가서 무엇이든 배워야 한다. 부자가 되고 싶다면 부자가 된 멘토를 찾아가서 배우면 된다. 지금 당장 들어가는 비용 때문에 망설이는 순간에도 시간은 냉정하게 흘러가고 있다. 10년, 20년 동안 시련을 겪으면서 이뤄 낸 그들의 성공을 아무 비용 없이 내 것으로 만들려는 것은 말도 안 되는 일이다. 정당한 대가를 지불하고 그들만의 노하우를 내 것으로 만들고 가치를 찾으면 성공에 걸리는 시간은 반, 아니 그 이상으로 줄어들 것이다.

지금 내가 하는 현명한 선택만이 미래의 나를 부와 성공으로 데려다줄 것이다. 물질적인 것보다 꿈을 가지고 도전하는 것이 보다 멋진 인생을 살 수 있는 길이다. 명확한 목표를 가지고 꿈을 이루면 물질적인 것, 경제적 자유는 나를 따라오게 되어 있다. 요즘 나는 주말이 더 바쁜 하루를 보내면서 힘들다는 생각보다 앞으로 펼쳐질 미래에 대한 설렘에 행복하다. 목적지가 명확하고 나만 포기하지 않는다면 원하는 대로 어디든 갈 수 있다.

보통 사람들은 대부분 회사에 갇혀 자유가 주어지지 않은 삶을 살아간다. 매일매일 반복되는 회사생활에서 이제는 벗어나야 한다. 아침에 눈뜨고, 회사에 출근할 시간이 다가올 때 인상이 찡 그려진다면 그것은 분명 자신이 원하는 삶이 아니기 때문이다. 희미한 꿈일지라도 누구나 분명 자신만의 꿈을 갖고 있을 것이다. 그 희미한 꿈을 이제는 진정한 내 꿈으로 만들어야 한다. 20대, 30대에 홀로서기 하여, 내가 사장이 되어 원하는 시간에 일하고 자유를 누리며 살아야 한다. 내가 가진 경험과 지혜로 충분히 1인 기업가의 삶, 부의 추월차선으로 갈아탈 수 있다.

이것에 대한 답은 단 하나. 생각에 멈추지 않는 행동과 용기면 충분하다. 30대에 1인 기업가가 되겠다는 나의 꿈은 지금 반은 이루어졌다. 여기에 이르기까지 나는 매일매일 내가 되고 싶은 것을 종이 위에 적어 왔다. 종이 위에 적은 것 중 많은 것이 이루어 졌다. 작은 것 하나라도 내가 이루어 냈을 때 자신감이 생기고 또 도전에 도전, 꿈 너머 꿈을 꾸게 된다. 나는 작가가 되고 싶어 지금은 이렇게 글 쓰는 삶을 살게 되었다. 또한 1인 기업가의 삶을 살기 위해 지금도 끊임없이 주말이면 발품을 팔며 많은 강연장과 사람들이 모여드는 곳을 찾아다닌다. 다양한 생각을 가진 사람들을 보노라면 아이디어가 생기고 또 할 수 있다는 자신감이 생긴다. 항상 긍정적으로 생각하고 할 수 없다는 부정은 단 1%도 받아들이지 않는다.

30대에 1인 기업가로 성공하겠다는 나의 꿈은 꼭 이루어질 것이다. 나를 믿는 믿음이 나를 성공의 문 앞에 데려다줄 것이다. 성공의 문을 열고 성공의 세계에 들어가는 내 모습을 상상하며 오늘도 내 꿈과 함께한다. 환승표가 없는 인생의 기차를 타고 나는 지금도 성공이라는 역을 향해 달리고 있다.

# 새터민의 성공 멘토이자
# 롤모델 되기

누군가의 멘토, 롤모델이 되기 위해서는 나 자신이 먼저 바뀌어야 한다. 자신의 생각을 바꾸지 않고 누군가의 멘토, 롤모델이 되려 하는 것은 어리석은 일이다. 2011년 한국에 와서 7년이 지난 지금까지 나는 많은 시행착오를 겪었다. 계약직 회사부터 몇 가지 알바를 거치며 어떻게 하면 경쟁사회에 맞게 앞으로 나아갈 수 있을지 많은 고민을 했다. 내가 처음부터 이렇게 작가가 되려고 했던 것도 아니다. 수많은 시행착오를 겪으면서 여기까지 오게 되었다.

처음에는 나라는 존재를 숨기려고 했지만 그것은 오히려 독이 되었다. 서울, 부산 말이 다른 것처럼 사람 사는 세상이라 모든 것을 개개인에 맞출 필요는 없다. 그래서 지금은 어디를 가도 당당하게 말한다. 나는 함경북도에서 경기도로 이사를 왔다고…. 북한에서 태어난 것은 죄가 아니다. 어디에서 태어나든 모두 이유가 있다고 생각한다. 내가 북한이라는 곳에서 태어나지 않았다면 어둠이 얼마나 무서운지 몰랐을 것이고, 세상의 빛을 찾아 떠나지 않았을 것이다. 모든 것이 내가 선택한 길이기에 어디를 가도 환경에 맞게 적응해야 한다고 생각했다. 자본주의 경쟁사회에 발맞춰 가려면 남들이 한 걸음 걸을 때 나는 열 걸음을 걸어야 한다.

처음 탈북할 때 나는 진정한 자유가 무엇인지 또 삶의 의미는 무엇인지 아무것도 몰랐다. 30대인 지금에 와서 나의 20대를 돌아보면 너무나 시련이 많았다. 하지만 그런 시련들이 오늘날 나를 이렇게 대나무처럼 강하게 만들어 주었다. 20대 나이에 내게 온 시련의 장벽이 너무 높아서 때 없이 주저앉아 눈물을 흘렸다. 세상 탓 부모 탓을 하며 나 자신을 원망했지만 아무 소용없었다. 그때마다 그 순간을 넘어서야만 했다. 아니면 다음 문이 절대 열리지 않았다.

한국에 왔을 때만 해도 나는 삶에 대한 욕심이 아무것도 없었다. 그냥 평범한 삶, 회사에 취직해서 받는 월급으로 안정적인 삶을 살면 된다고 생각했다. 그러다 문득 내가 왜 살아야 하는지, 나라는 사람이 세상에 태어나서 어떤 소명을 가져야 하는지 의문이 들기 시작했다.

첫째로 나 자신이 누군지를 알아야 한다. 그냥 나니까 나겠지, 라고 생각하면 절대 삶이 행복해질 수 없다. 요즘 시대에는 이혼하는 사람들도 너무나 많다. 처음에는 평생 행복하게 살 것을 약속하고 결혼한다. 하지만 시간이 지나면서 점점 삶에 지치고 힘들어지면 이혼에까지 이르게 된다. 이런 삶은 우리의 인생에 상처로 남고 또 상처가 커지면 자살로까지 이어진다. 그래서 우리는 무엇을 하더라도 먼저 나 자신이 누군지를 알아야 한다. 진정한 나 자신을 찾을 때 비로소 꿈이 생긴다. 또한 그 꿈에 날개를 달아 주면 하늘을 나는 새보다 높이 나를 수 있다. 불과 1년 전의 나의 모습은 이런 모습이 아니었다. 하지만 나는 내 삶을 찾기로 마음먹고 우선 생각을 행동으로 옮겼다. 이 사회에 적응하기 위해 1년 동안 끊임없이 강연장을 찾아 다녔다. 그리고 성공한 사람들을 만나면서 배움의 가치가 무엇인지 깨닫게 되었다.

인생의 가치를 찾는 길에는 무엇보다 배움이 있어야 한다. 그렇게 나는 배움에 대한 투자를 아끼지 않았다. 앞서간 사람들의 경험과 노하우를 배워서 나도 그들처럼 누군가의 멘토, 롤모델이 되고 싶었다. 그렇게 내 꿈은 점점 커져 갔고 내 안의 잠재력은 무한하다는 것을 알게 되었다. 내가 알고 있는 경험을 누군가에게 나눠 주고 또 그들이 나를 넘어서 또 다른 누군가의 꿈이 되고 희망이 된다면 세상은 아름다움으로 물들 것이다.

나는 이 사회에 힘들게 적응하는 새터민들의 멘토, 롤모델이 되려고 한다. 그래서 그들이 어떻게 하면 이 사회에 한 걸음 더 다가갈 수 있는지, 내가 겪은 시행착오를 밑천 삼아 그들을 도우려고 한다. 그들만이 아닌, 나보다 힘든 상황에 있는 사람들의 희망의 빛이 되어 줄 것이다. 지구별에 온 모든 사람은 똑같은 사람이다. 어디서 태어났든 고향이 어디든 편견을 가지면 절대 성장하지도, 사회에 맞춰 살아가지도 못한다. 우리가 앉아서 누구를 판단하기에는 인생은 너무나 짧은 시간이다. 누가 나를 어떻게 생각할까, 이런 것을 고민하는 시간에 어떻게 하면 더 나은 내가 되고, 내 삶의 주인이 될까를 생각해야 한다.

　　남들과 조금만 다른 생각을 가지면 많은 기회가 생긴다. 아무리 사람으로 인해 상처를 받았다고 해도 사람으로 치유받기 마련이다. 사람 사는 세상에서 사람에게 상처를 받았다고 세상과 단절하고 지난날의 상처를 자꾸 헤집으면 상처는 점점 더 깊어진다. 평범한 삶이 아닌 위대한 삶, 우아하고 당당한 삶을 살아야 한다. 한 번 태어난 인생을 멋지게 살아야 한다.

　　우리 인생에 아무런 고통과 시련이 없다면 인간은 그냥 아무 생각 없이 살아가게 될 것이다. 그리고 세상은 아무것도 변하지 않을 것이다. 당당한 자신감과 용기로, 또라이 정신으로 도전을 멈추지 말아야 한다. 처음에 부동산이며 책 쓰기며 여러 강연장을 다닐 때 나는 항상 두려움이 앞섰다. 다른 사람들이 나를 바라보는 시선은 어떨까, 탈북민이라고 하면 그들이 나를 어떻게 바라볼까, 이런 생각을 항상 해 왔다. 스펙 하나 없는 내가 과연 어떻게 그들과 나란히 걸을 수 있을까. 이런 쓸데없는 생각들이 내 머리를 스칠 때면 정말 나도 내가 싫을 만큼 미워졌다.

하지만 이런 생각은 나 혼자 하는 쓸데없는 생각들이었다. 같은 곳을 보고 같은 꿈을 꾸는 사람들은 어느 누구도 그런 것에 관심이 없었다. 오직 자기 자신을 찾는 일, 자기 꿈을 찾는 일밖에는…. 오히려 그들은 나를 응원하고 더 잘될 거라는 믿음을 주었다. 환경을 바꾸고 내가 만나는 모든 사람을 바꾸었다. 그러니까 내가 생각하고 있는 그런 세상이 아닌 또 다른 세상이 펼쳐졌다. "익숙함에 속아 소중함을 잃지 말자."라는 말이 있듯이, 내가 한 걸음 더 나아가기를 두려워하고 익숙함에 속아 늘 그 자리에 머물렀다면 지금의 세계를 볼 수 없었을 것이다.

이 글을 읽는 독자 중에 누구라도 나는 스펙이 없는데, 가난한 집에서 자랐는데, 과거에 어떤 실수를 했는데 하며 세상에 나아가기를 두려워한다면 용기를 내라고 이야기하고 싶다. 나는 북한이라는 곳에서 태어나 중학교를 다니다 중퇴했다. 또한 여기까지 오는 길에 여자로서 상상할 수 없는 고통과 아픔을 수없이 경험해 왔다. 그리고 옆에 기대고 싶은 가족도 없다. 그래도 세상을 향해 한 걸음 한 걸음 나아가고 있다. 그렇게 세상이라는 무대를 향해 한 걸음씩 나아가다 보면 옆에서 손 내밀어 주는 고마운 사람들이 생긴다. 좋은 인연을 만들면서 새로운 세계를 향해 나아 갈 때만이 기회가 생기는 것이다. 아무런 준비가 되어 있지 않은 사람에게 기회는 주어지지 않는다.

새터민뿐만 아니라 누구라도 힘든 상황에 있다면 용기를 내어 세상이라는 무대를 향해 한 걸음씩 나아가길 바란다. 세상을 향해 나아가는 그들에게 나는 희망의 멘토, 롤모델이 되어줄 것이다. 하지만 손 내밀었을 때 손을 잡고 일어설 수 있는 힘은 자신이 키워야 한다. 누군가 일어나라고 손 내밀었을 때 일어설 용기조차 없으면 자신에게 온 기회마저 놓치게 된다. 지금 있는 자리에서 진정 나 자신이 누군지를 찾고 뒤로만 가지 않는다면 한 걸음 한 걸음 앞을 향해 나아갈 수 있다. 아니 한 걸음 나아갈 힘마저 없다면 반걸음이라도 앞만 보고 나아가길 바란다.

우리 삶은 시련과 고통을 통해 더욱더 강해지는 것이다. 인생의 가치를 찾고 끊임없이 목표를 향해 나아갈 때만이 성공이라는 단어가 익숙해질 것이다. 삶 뒤에서 앞서가는 사람들을 바라만 보는 사람이 되지 말자. 한 걸음 더 나아가면 당신도 충분히 누군가의 멘토, 롤모델이 될 수 있다. 지금 당신에게 이 순간보다 가치 있는 일은 아무것도 없다.

# 월드비전 10명의
# 아이들과 결연 맺기

2004년 나는 엄마와 1년 후에 돌아온다고 약속하며 두만강을 건넜다. 하지만 기약 없는 길이라는 걸 나는 잘 알고 있었다. 엄마의 허락을 받기 위해 어떻게든 돌아온다는 약속을 해야 했다. 나의 고집을 이기지 못한 엄마는 끝내 1년을 약속하고 집을 떠나는 것을 허락해 주었다. 그렇게 차디찬 두만강을 건넜지만 내 생각과는 정반대인 비극적인 삶이 나를 기다리고 있었다. 물건처럼 나는 중국의 깊은 시골에 팔려 강제 결혼을 하게 되었다. 그곳에서 원치 않은 임신을 하고 아이를 낳게 되었다.

그렇게 나는 중국의 시골에서 눈물로 몇 년이라는 시간을 보냈다. 말 한마디 모르는 그곳에서 손짓 몸짓으로 말을 한마디씩 배우기 시작했다. 그때 나는 삶이 무엇인지 인생이 무엇인지조차 모르는 나이였다. 매일같이 밤에는 악몽에 시달리고 낮에는 먼 산만 바라보며 눈물과 싸워야 했다. 그렇지만 그 집 식구들은 아무도 나를 위로하지 않았다. 오히려 돈을 주고 샀다며 노예처럼 일을 시키려 들었다. 매일같이 시어머니의 폭언이 이어졌다. 마마보이 같은 남자는 엄마의 말이라면 뭐든 듣는 그런 사람이었다. 내가 살아가야 할 이유조차 없게 만든 그런 사람과 몇 년을 같이 지내는 것은 정말 지옥과 같았다.

그는 말을 듣지 않는다는 이유로 때로는 폭행해 가며 나에게 덤벼들었다. 그곳에서 탈출을 해야 되는데 아이까지 낳게 된 상황이었다. 나는 '어떻게 해야 한 아이의 엄마로서 아이에게 상처를 주지 않을까?'라는 생각을 수없이 했다. 아무리 물건처럼 팔려 낳은 아이라지만 내 몸으로 낳은 자식을 두고 나온다는 것은 말로 표현할 수 없을 만큼 아픈 일이었다. 그렇지만 내 어깨 한쪽에는 북한의 가족이라는 무거운 짐이 달려 있었다. 모두를 살려야 하는 상황에서 내가 어떻게 하는 것이 옳은 선택인지 답을 찾지 못했다.

그렇게 고민하던 끝에 우선 북한의 가족부터 힘든 삶에서 벗어나게 해야 한다고 생각하게 되었다. 아이는 중국에 있기에 언제든 다시 가서 보면 된다고 생각했다. 그렇지만 북의 가족이 힘든 경제난에서 벗어나려면 내가 돈을 보내 주어야 한다고 생각했다. 그렇게 나는 어두운 겨울밤 그 시골집을 탈출했다. 지금 생각해도 너무 무서운 시골의 밤길을, 높은 산을 혼자 걸어 넘으면서 다짐했다. 희생이 따르더라도 나는 가족과 자식 모두 책임지는 그런 여자가 될 것이라고…. 집에 어린 아이를 두고 나와야만 하는 그때 그 상황에서 나의 마음은 찢어지듯 아팠지만 그런 결정만이 모두가 사는 길이었다.

그렇게 나는 북의 가족에 이어 아이와도 이별을 하게 된다. 그 이후로 거의 매일을 눈물로 살았다. 큰 바위가 짓누르고 있듯이 내 마음은 아팠다. 시골을 탈출할 때 나는 아이 친할아버지한테 편지 한 장을 남기고 나왔다. 그 편지를 보고 아이의 친할아버지는 내 마음을 이해한다며 언제든 와서 아이를 만나 보라고 했다. 그렇게 나는 1년에 한두 번씩 시골에 가서 아이를 보곤 했었다. 하지만 아이를 옆에서 키워 주지 못하는 것은 너무나 아픈 일이었다. 지금도 나는 길을 지나가는 아이들을 보면 눈을 떼지 못한다. 모두가 내 아이 같아 보이고 '저 아이는 부모와 행복하게 잘살고 있겠지'라는 생각을 하면서 길을 걷는다.

그래서 나의 이루고 싶은 꿈, 목표 중에는 월드비전 아이들과 결연하는 것이 있다. 버려진 아이들, 한부모 가정 아이들이 희망을 가지고 마음껏 자랄 수 있는 환경을 만들어 주는 것이 나의 목표이고 꿈이다. 그 아이들이 자라서 스스로 일어설 수 있는 위치에 설 때까지 나는 그들에게 꿈과 희망, 빛을 찾아 주는 엄마가 되어 주고 싶다. 세상이라는 곳에 태어나 어쩔 수 없이 부모와 이별해야 하는 아이들이 너무나 많을 것이다. 희망과 꿈, 빛이 없는 어둠의 나라 북한에서 21년간을 살면서 희망과 꿈, 자유가 얼마나 소중한지 누구보다 잘 알고 있다. 희망의 끈을 놓지 않았기에 지금 여기까지 오게 된 나는 희망을 아이들에게 선물하고 싶다. 세상의 빛이 되어 꿈과 희망을 키워 갈 수 있는 아이들, 그 아이들과 함께 나는 행복한 엄마로 남고 싶다.

무모한 도전이라 할 수 있을지도 모른다. 하지만 나 자신을 믿는 믿음이 있으면 아무리 넘지 못할 장벽 앞에 서 있을지라도 아이디어가 떠오르는 법이다. 내가 생각하고 있는 것을 행동에 옮기면 그것은 무모한 도전이 아닌 꿈이 된다. 물론 꿈을 이루는 과정이 순탄하지만은 않을 것이다. 하지만 누구나 갈 수 있는 평탄한 길을 가고 싶지는 않다. 왜? 그 길은 위험이 없는 길이기에 발전할 수 없고 삶의 깊이를 헤아리지 못할 것이기 때문이다.

알 수 없는 인생이기에 더 설레고 기대되는 삶을 살아야 한다. 고통과 시련이 두렵다고 피하지 말아야 한다. 고통 뒤에 펼쳐질 새로운 인생이 얼마나 기대되고 설레는가. 우리는 고통과 즐거움이 순환되는 인생을 살아간다. 순환되는 고통과 즐거움 속에서 살아가는 우리는 어떤 시련과 고통이 와도 즐길 수 있어야 한다.

움켜쥔 인연이 아닌 나누는 인연으로 인생의 여행을 즐길 것이다. 누군가 나보다 조금 잘나간다고 질투하는 마음을 버릴 것이다. 누군가와 경쟁하는 삶이 아닌, 나만의 방식으로 세상을 살아 갈 것이다. 가족에 이어 자식과의 이별이 내게 준 아픔과 상처들 이 나에게 이런 말을 한다.

"너는 지금 너다운 인생을 잘 살아가고 있어. 이제는 그만 아 파하고 네가 하고 싶은 일, 네가 가고 싶은 길을 가도록 해. 인생 이란 원래 고통 없이 아무것도 이룰 수 없는 거라는 것 알잖아. 지금껏 내가 고통으로 변신해 너를 괴롭혔지만 이제 더 이상 너의 길을 막지 않을 거야. 그러니 네가 겪은 고통이 다른 누군가에게 희망이 되고, 또 빛이 되도록 도와줬으면 좋겠어."

고통은 내게 이런 말을 남기고 홀쩍 떠나 버렸다. 그래서 더욱 더 지금 내가 있는 이 자리에서 최선을 다하고 있다. 내가 이 세 상, 지구별에 와서 해야 할 소명을 다할 것이다. 한때는 죽을 만큼 힘들어서 부모님이 주신 소중한 목숨을 바다에 던지기도 했었다. 하지만 지금 이 글을 한 자 한 자 써 내려가고 있다. 그것은 어쩌 면 나보다 더 힘든 사람들을 희망으로 안아 주고 빛을 주라는 뜻 이기도 할 것이다. 같은 하늘 아래 살아가는 우리는 어디서 태어 나서 어떤 삶을 살았든 인종 차별 없는 따뜻한 나눔으로 세상을 가득 채워야 한다. 함께 정을 나누고 희망을 나누며 누군가 절망 과 좌절에 빠져 있다면 손을 내밀어 주어야 한다.

피를 나눈 가족이 아닐지라도 옷깃만 스쳐도 소중한 인연이다. 우리네 인생은 홀로 하는 여행이 아니다. 돌아올 수 없는 인생길을 가는 우리는 사람냄새 나는 세상에서 삶의 주인으로 살아가야 한다. 사랑과 행복, 기쁨과 슬픔, 이별과 만남은 모두 우리와 함께 가야 할 소중한 인생친구들이다. 좋으면 좋은 대로 힘들면 힘든 대로 모두 이유가 있어서 내게 머물다 가는 것이다. 지나고 나면 좋았던 일은 추억으로 남을 것이고 힘들었던 일은 내가 가야 하는 길의 밑거름이 되어 나를 더욱더 강하게 만들어 줄 것이다.

나는 오늘도 행복한 아이들의 엄마가 되어 주는 꿈을 꾸며 따뜻한 커피 향에 취해 이 글을 써 내려간다. 사랑 한 스푼 희망 한 스푼 나누며 아이들과 동행할 세상을 꿈꾼다. 그 아이들이 자라서 희망의 빛, 세상의 중심이 되어 또 다른 누군가의 희망이 되고 꿈이 되어 줄 것이다. 희망으로 가득한 행복한 세상을 꿈꾸며…

# 인생 동기부여가, 스타강사 되기

흐르는 시간 속에는 삶의 지혜가 가득 담겨 있다. 물이 고이면 썩듯이 우리 삶의 지혜는 계속 써야 발전하고 성장한다. 과거에 상처받았다고 자신을 마음속에 가둬 두면 그 상처는 더 깊숙이 내 마음에 자리 잡는다. 아무리 큰 상처를 받았다고 해도 상처는 사람에 의해 치유된다. 마음의 문을 열고 세상과 소통한다면 상처는 조금씩 아물어 갈 것이다.

나는 과거에 수많은 이별의 아픔, 외로움, 순간순간의 위험한 고비들을 넘어야 했다. 부모와의 이별, 자식과의 이별, 혼자 걷는 외로운 인생길은 나에게 삶의 지혜를 가르쳤다. 학교나 대학에서 들을 수 없는 인생수업이었다. 내 삶을 스쳐 간 수많은 시련과 역경이 내게 세상과 인생은 어떤 길이라는 걸 가르쳐 주었다. 34년이라는 인생, 아직 초년의 인생밖에 살지 못했지만 나는 수많은 인생사를 경험했다.

빛을 찾아 떠난 세상이 때로는 내게 비극의 삶을 가져다주기도 했다. 하지만 이 모든 것은 내가 지구별, 이 세상에 와서 겪어야 할 일이었다고 생각한다. 순탄한 길만 걸어왔다면 내가 지금 이 글을 쓸 이유도 없었을 것이다. 누구나 순탄대로의 삶만 펼쳐지기를 원한다. 하지만 순간순간 우리가 가는 삶의 길에 장벽들이 막아선다. 그것은 나라는 한 사람을 인간의 세계로 데려가기 위함이다. 이 길에서 장벽을 넘지 못한다면 우리는 좌절과 절망 속에 빠져들게 된다.

나는 여기에 이르기까지 수많은 장벽을 넘어야만 했다. 두만강을 넘는 순간부터 나의 삶은 전쟁터였다. 내 인생, 내 삶의 스승은 언제나 말 없는 시간이었다. 풀지 못할 인생이라는 숙제를 안고 살아가면서 매일매일을 나 자신과 싸워야 했다. 이해할 수 없는 사랑, 불행들이 내 곁에 머물며 나를 괴롭힐 때 그것에서 빠져나오려고 안간힘을 썼다. 하지만 빠져나올 수 없었다. 그런 삶에 대한 답을 흐르는 시간을 통해 하나씩 찾기 시작했다. 우리 인생은 돌아올 수 없는 승차권 하나를 쥐고 떠나는 여행이다. 돌아갈 수 없는 길이기에 앞만 보고 한 걸음 한 걸음 여기까지 왔다. 한 걸음 한 걸음 걸으면서 끊임없이 삶에 질문을 던졌다. 삶은 내게 이런 답을 주었다.

"진정한 너의 삶이 무엇인지 그 답을 알고 있는 건 너 자신뿐이야. 인생에 정답은 없지만 너의 선택이 너의 인생을 결정하는 거야. 지금껏 힘든 삶을 살아왔다고 한 걸음 더 나아가기를 두려워하고 그 자리에 머문다면 너는 앞으로 네 앞에 어떤 세계가 펼쳐질지 모를 거야. 지금껏 네 앞을 막아선 장벽을 너는 잘 넘어왔잖아. 조금만 더 힘내서 한 걸음만 더 세상으로 나아가. 또 다른 삶이 너를 기다릴 테니까."

한 여자로 태어나 감당할 수 없는 시련을 겪으면서 더 이상 힘든 세상에 몸을 내던지고 싶지 않았다. 그래서 늘 나의 꿈은 생각에만 그쳐 왔다. 누구나 성공을 말하고 부를 말하지만 늘 가난에서 벗어나지 못하는 것은 명확한 목표가 없기 때문이다. 사람들은 보통 익숙하고 편한 곳에 머무는 습관이 있다. 어떻게 하면 익숙함, 편안함에서 더 나은 삶을 추구할 수 있을까를 생각한다. 하지만 편안하고 안정적인 삶은 우리에게 더 나은 삶을 가져다주지 않는다.

시간은 언제나 내 곁에서 나를 기다리지 않는다. 남는 것이 시간이라며 인생을 게으르게 살고, 언젠가는 내가 원하는 곳에 다다르겠지, 라고 생각하는 것은 잘못된 생각이다. 하루하루를 내 인생 마지막이라고 생각한다면 오늘을 절대 게을리 보내지 않을 것이다. 인생이란 내 뜻대로 흘러갈 수 없다. 때로는 험한 가시밭길, 때로는 아름다운 꽃길도 지날 것이다. 하지만 항상 가시밭길만 내 앞을 가로막는 것은 아니다. 그 길이 지나면 분명 꽃길이 나를 반겨 줄 것이다. 가시가 내 몸에 상처를 남긴다고 그 길을 피하면 다음에 펼쳐질 아름다운 꽃길을 보지 못할 것이다. 진정 가치 있는 사람은 가장 힘든 순간에도 웃을 수 있는 사람이다. 아픔과 고통이 따를지라도 그것을 이겨 내는 삶만이 진정 멋지고 우아한 삶이다.

힘든 순간 좌절하고 절망에 빠진다면 삶의 깊이를 알지 못하고 늘 그 자리에서 제자리걸음만 하게 된다. 용기란 단 몇 초를 견뎌 내는 힘이다. 그 몇 초를 견뎌 내는 힘을 키워야 인생의 바다를 항해할 수 있다. '내가 과연 무엇을 할 수 있을까, 그냥 이대로가 좋아'이런 생각으로 익숙함, 평범함에 머물지 않기를 바란다. 인생의 가치, 보이지 않는 가치를 찾을 때만이 삶은 아름다움으로 채워질 것이다. 보이는 가치만 찾는다면 늘 부정만 따르게 된다. 지금 현시대 모든 것이 스트레스고 힘들다고 생각한다면 부정만 보는 것이다. 조금만 꿈을 크게 가지고 인생의 그림을 그린다면 지금의 힘듦을 충분히 견뎌 낼 수 있다.

앞에 보이는 가치만 찾는다면 당연히 스트레스가 쌓여 간다. '내 아이를 어떻게 하면 다른 집 아이보다 더 잘 키울까, 어떻게 하면 결혼생활을 잘할 수 있을까, 내가 원하는 삶은 이것이 아닌데 왜 나만 힘든 걸까, 그냥 지금 하고 있는 것마저 포기할까' 이런 수많은 두려움들이 자신의 발목을 잡을 것이다. 부정적인 생각에 발목을 잡히지 말자. 늘 긍정적인 마인드가 나의 미래를 밝게 만든다.

자신의 인생의 빅 픽처를 그려라. 그리고 하나씩 조각을 맞춰 나가면 어느 순간 나만의 큰 그림이 완성될 것이다. 나만의 인생 지도는 누구도 대신 그려 줄 수 없다. 오직 나만이 그릴 수 있는 것이다. 그림이 잘못 그려졌다고 두려워하지 말아야 한다. 잘못된 그림 위에 나만의 방식으로 새로운 무언가를 그려 낼 수 있다. 그러면 그것이 자신만의 보이지 않는 가치가 된다. 보이지 않는 자신만의 무한한 능력을 찾아내어 새로운 인생을 살아간다면 미래는 눈부실 것이다. 내 앞에 어떤 미래가 펼쳐질지를 생각하며 가슴 뛰는 하루하루를 살아야 한다.

과거에 늘 아파하던 나는 지금 기적 같은 하루하루를 살아가고 있다. 아파도 내 인생이라면 그 아픔을 즐기며 미래에 한 걸음 더 다가갈 것이다. 언제나 오늘이 내게 가장 소중한 날이다. 나, 즉 당신이 없으면 안 되는 세상이라는 무대를 즐겨야 한다. 허튼 생각에 사로잡히지 말고 명확한 목표를 가지고 나만의 인생을 살아가야 한다. 우리 마음속 생각에는 한계가 없다. 한계를 짓는 건 늘 나 자신이다. 자신의 생각을 믿고 어떤 일이든 해낸다면, 성공이라는 단어가 익숙해질 것이다. 성공이라는 단어가 익숙해질 때까지 자신을 채찍질해야 한다. 자기 자신과의 싸움은 세상에서 제일 어려운 싸움이다. 자기 자신과의 싸움에서 이기는 것이 진정한 성공이라고 말하고 싶다. 자신의 삶에 항상 질문을 던지며 지금 내가 올바른 길을 가고 있는지 어떤 꿈이 있는지 물어야 한다.

나는 앞으로 작가를 넘어 강연가, 1인 기업가로서 하고 싶은 일을 하며 인생의 여행을 계속해 나갈 것이다. 13년간의 상처는 지금 내가 가는 길에 든든한 뿌리가 되어 주었다. 부정적인 삶, 보이는 현실에 안주하지 않고, 보이지 않는 내 안의 잠재의식의 힘으로 나를 깨울 것이다. 스펙으로 쌓는 지식보다 내가 살아온 인생 경험을 나누며 동기부여가, 인생강연가가 될 것이다. 인생 동기부여 강연가, 또 세상이라는 무대를 즐기는 스타강사가 되어 사람들에게 꿈과 희망을 나누어 줄 것이다. 내가 아닌 누구라도 자신이 살아온 인생은 백만 불을 주고도 살 수 없다. 지식보다 지혜로 세상을 살아간다면 더 이상 남의 눈치를 보지 않아도 충분히 마이웨이 인생을 살아갈 수 있다.

나는 오늘도 행복한 나의 꿈을 이루기 위해 한 자 한 자 나만의 글을 쓴다. 그러면서 나만의 인생 지도에 맞는 조각을 찾아 가고 있다. 누구도 대신해 줄 수 없는 소중한 인생을 꿈으로 디자인하고 그 꿈을 하나하나 실현해 나갈 것이다. 꿈과 희망, 행복으로 가득한 나만의 인생을 경영할 것이다. 내 운명의 주인은 항상 나 자신이다.

# 희망학교 설립하기

희망이라는 단어는 나를 구해 준 유일한 내 인생의 벗이다. 북한을 떠나 13년이 넘는 시간 동안 세상을 방황했다. 그 시간 희망이 없었다면 이미 나는 세상과 이별했을 것이다. 가족을 위해 떠난 길이 나를 험한 삶에 맞닥뜨리게 했지만 나는 오직 희망의 끈을 놓지 않았다.

"그래, 내 인생에도 언젠가는 햇볕이 들 거야. 가족을 떠난 죄를 받아야 한다면 달게 받을 거야. 하지만 이제 더 이상 내게 고통은 없었으면 좋겠어."

사랑하는 내 가족 내 자식을 떠나 홀로 세상을 행군하면서 죽을 만큼 힘들 때 나는 하늘을 바라보는 것조차 힘들어했다. 늘 고개를 숙인 채 굳게 굳어 버린 콘크리트 바닥을 보며 인사를 하곤 했었다.

그런데 얼마 전 북의 여동생에게서 전화가 걸려 왔다.

"언니, 나야."

"누구라고?"

"나 언니 동생 이○○이야."

믿을 수 없어 나는 계속해서 확인했다.

"아빠는 이름이 뭐니. 엄마는 이름이 뭐니. 내 동생이 맞으면 언니 나이가 몇인지 한번 말해 봐."

"언니 왜 그래. 나 언니 동생 맞아. 우리 어릴 때 정말 많이 싸웠잖아."

그제야 나는 눈물이 왈칵 쏟아졌다.

"그래. 언니가 정말 미안해. 이렇게 헤어질 줄 알았다면 그때 그렇게 싸우지 않았을 텐데. 언니가 잘못했어."

"언니, 아니야. 내가 철이 없어서 그랬어. 그러니 언니 울지 마. 우리 언젠가는 만나지겠지. 언니 항상 아프지 말고 건강히 잘 지내. 엄마 아빠 걱정은 하지 마. 내가 여기서 잘 모실 거야."

동생이 열아홉 살 되던 해 집을 떠난 이후로 처음 듣는 동생의 목소리였다. 동생 목소리조차 알아들을 수 없는 언니인 내가 너무 낯설게 느껴졌다. 어릴 때는 엄마 아빠의 사랑을 동생들이 더 많이 받는 것이 싫어서 괜히 동생들과 싸우고 화를 냈었다. 지금은 모든 것이 고스란히 후회로 남아 있다. 그때는 오직 혼자 어디론가 훌쩍 떠나고 싶다는 생각, 또 가족의 부를 책임지겠다는 생각으로 탈북을 선택했다. 희망이 무엇인지, 꿈이 무엇인지, 자유가 무엇인지조차 모른 채 떠난 길이었다. 하지만 세상을 행군하면서 희망과 꿈, 자유를 알게 되었다. 그리고 가족의 소중함을 더 깊이 알게 되었다.

지금은 부모님한테 너무 고맙고 감사하다. 내가 혼자 세상이라는 무대를 향해 당당히 걸어갈 수 있는 힘을 키우게 해 주셨기 때문이다. 평범함이 아닌 대범함으로, 항상 용기 하나로 도전하고 있는 나 자신에게도 너무 고맙다. 부끄럽고 실수투성이인 나의 과거를 전부 용서하고 나는 새로운 인생, 새로운 삶에 도전하고 있다. 과거에 연연하면서 앞으로의 미래를 통째로 버릴 수는 없다. 내가 과거에 어떤 삶을 살았든 그것은 진짜 내가 원했던 모습이 아니다. 그렇기에 지금은 내 꿈, 희망과 진짜인 나를 찾아가는 길을 함께하고 있다.

나를 사랑하는 진정한 마음을 가질 때 나를 스쳐 가는 모든 인연, 사람을 존중하고 사랑할 수 있다. 보잘것없는 나 자신이라도 있는 그대로의 모습을 사랑한다면 진정한 삶의 가치, 인생의 가치를 찾을 수 있다. 인생으로 인해 빚어지는 모든 환경을 사랑할 때

비로소 행복한 삶이 이어질 수 있다. 10원짜리 동전이라고 가치를 무시한다면 부는 따라오지 않는다.

인생길을 가는 사람마다 간절히 바라는 소망이 있을 것이다. 무엇을 간절히 소망한다면 생각과 꿈, 목표와 행동, 결과가 따라야 한다. 그 결과가 설령 좋은 결과가 아닐지라도 더 좋은 기회가 올 것임을 믿으면 당신의 성공은 당신을 두 팔 벌려 환영할 것이다. 또한 성공했다고 거만하게 행동해서도 안 된다. 성공한 그 자리에서 늘 배움과 가치를 찾아 갈 때만이 성공 너머 성공, 멋진 인생을 움켜쥘 수 있을 것이다.

행복하기 위해 억지로 웃는 것이 아니라, 진정 웃기 때문에 행복한 삶을 살아가야 한다. 정말 삶에 지치고 삶이 힘들면 잠시 나무 그늘 밑에 앉아 쉬어 가길 바란다. 한 걸음이 힘들면 반걸음이라도 괜찮다. 뒤로만 가지 않는다면 당신이 가고자 하는 목적지로 향할 것이다. 정처 없는 인생의 바다를 항해하면서 모든 걸 다 잃는데도 희망만은 잃지 않길 바란다. 아무리 정처 없는 바다를 항해한데도 어딘가에서는 당신의 길을 비춰 줄 등대가 반짝일 것이다. 바다를 항해하다 암초를 만나도 희망을 잃지 않으면 배는 좌초되지 않을 것이다.

나는 좌절과 절망 속에 빠져 있는 당신에게 희망을 가지라고 말하고 싶다. 독자 여러분 누구라도 삶에 지쳐 쓰러져 있다면 이 글을 보며 힘을 내서 다시 일어서기를 소망한다. 사람 사는 세상이라 이런 사람 저런 사람 다 있다. 하지만 다른 사람의 시선 때문에, 또 자신의 과거 때문에 세상에 도전하길 두려워하고 있다면 힘을 내라고 말해 주고 싶다. 두려움은 내 마음속 감정일 뿐이다. 두려움에 사로잡혀 인생을 포기할 것인가? 한 번뿐인 인생이다. 누구나 행복하고 멋진 인생을 살아가길 바란다. 그래서 더욱더 꿈과 희망을 잃지 않고 용기로 세상에 도전하는 당신이 되길 바란다.

나의 꿈은 삶에 지친 사람들을 위한 희망학교를 설립하는 것이다. 희망학교에 오는 모든 사람들에게 희망과 꿈을 심어 줄 것이다. 새로운 꿈, 희망을 안고 눈부신 미래로 나아가는 사람들에게 희망의 길잡이가 되어 줄 것이다. 뭐든 간절하게 소망하면 이루어진다. 오르지 못할 나무 쳐다보지도 말라는 말은 괜한 두려움을 심어 주는 말이다. 오르지 못할 나무라도 나만 포기하지 않는다면 올라갈 수 있다고 생각한다. 진정으로 원하는 마음을 가지고 노력한다면 불가능도 가능으로 바꿀 수 있는 힘이 우리 잠재력 안에 있다.

할 수 있다는 용기와 자신감이면 어떤 일도 해낼 수 있다. 희망과 꿈을 갖고, 용기와 자신감으로 무장하고 자신만의 진짜 인생을 찾아라. 현실에 안주하고 있는 우리의 모습은 진짜 당신이 원하는 모습이 아니다. 당신 안에 숨어 있는 잠재의식 안에는 당신도 모르는 엄청난 힘과 능력이 있다. 그것을 깨워야 한다. '할 수 없다'라고 자신의 능력을 한계 지어 버리는 내가 되지 말자. 상대가 어떤 힘을 가지고 있다고 해도 나의 확고한 신념을 꺾지 않는다면 당신은 누구도 상대할 수 없는 위대한 사람이 될 수 있다. 언제라도 당신은 '노'를 '예스'로 바꿀 수 있어야 한다. 그것이 바로 용기다.

물질적인 것이 없다고 당신 안에 숨어 있는 능력까지 썩게 만들지 않기를 바란다. 당신의 진짜 능력을 인정받을 때 경제적인 부는 저절로 당신 뒤를 따라오게 되어 있다. 어디에서도 주눅 들지 않고 당당한 당신이 되기를 바란다. 나의 꿈이자 목표인 희망학교를 설립하면 이곳에 오는 사람들만큼은 인생의 가치, 삶의 가치를 찾아 가길 간절히 바란다. 부정적인 썩은 뿌리를 완전히 잘라 내고 새 희망으로 가득 찬 긍정의 씨앗만 뿌려 가길 바란다.

일어설 수 있는 용기, 힘을 길러라. 누군가 손을 내밀었을 때 손잡고 일어설 수 있는 힘은 자신이 키워야 한다. 그 힘마저 키우지 못한다면 삶은 늘 그 자리에서 머물거나 삶의 끝자락에 이르렀을 때 고스란히 후회만 남을 것이다. 지금 당장은 자신의 삶이, 미래가 어두워 보이겠지만 희망이 있는 한 어둠은 우리를 비켜

갈 것이다. 어느 누구도 나, 즉 당신의 희망을 빼앗을 수 없다. 희망을 안고 오늘 하루를 내 인생 최고의 날로 만들어 가길 바란다.

# PART 7

# 장학재단 설립하고
# 최고의 성공 메신저
# 강사 되기

최 영 경

## 최영경

**GA보험 본부장, 성공 메신저, 보험교육 전문가, 자기계발 작가, 강연가, 동기부여가**

10년째 보험영업에 종사하고 있으며 많은 컨설턴트의 교육을 담당하고 있다. 우연한 기회에 새로운 미래의 인생전환점을 발견하게 되면서 더 큰 꿈을 향해 나아가기 위한 한걸음을 내디뎠다. 현재 영업에 관한 책을 집필 중이다.

E-mail  ggamil70@nate.com
C·P  010-6650-0516

# 어머니께 아파트 사 드리기

3년 전 아버지가 돌아가셨다. 아버지는 생활비도 제대로 벌지 못하고 어머니의 수입으로 55년간을 살았다. 그런 아버지를 동네 사람들은 한량이라고 손가락질했다. 외아들인 덕에 금이야 옥이야 귀하게 자라셔서인지 아니면 태생이 그런 건지 남 일은 내 일처럼, 내 일은 남 일처럼 했던 분이시다.

그래도 똑똑은 하셔서 동네 이장을 역임하셨다. 소임 때문인지 시골 살림이라 변변한 반찬조차 없음에도 하루가 멀다 하고 손님들을 모셔 오시곤 했다. 그러면 어머니는 밭일하다가도 식사를 차리고 물질을 하다가도 식사 준비를 해야 했다.

어린 나는 손님이 오는 날이면 반찬이 풍성해지는 데 맛 들여 손님 오기만을 기다리는 아이가 되었다. 경찰서장이라든지 면장이라든지 내로라하는 유지들은 다 우리 집의 손님으로 오셨다. 그들은 올 때마다 빈손으로 오지 않고 선물을 한 가득씩 가지고 왔다.

어머니의 수고로움이 나에게는 선물 보따리와 풍성한 반찬이었던 것이다. 한시도 쉴 틈이 없었음에도 어머니가 가족들의 삼시 세끼 식사를 거르는 일은 없었다. 아이러니한 건 그렇게 힘들게 집안일, 밭일하는 와중에도 어머니가 자신을 가꾸는 것을 무척 좋아하셨다는 것이다. 지금도 생각나는 건 동네에 보따리 장사가 오면 꼭 우리 집에서 짐을 풀고 동네 사람들을 불러왔다는 것이다.

보따리 안에는 없는 게 없었지만 유독 어머니가 사는 것은 화장품이었다. 어머니는 다른 동네 아주머니들하고 달랐다. 동네 아주머니들은 살림살이, 음식 재료들을 장만하는데 어머니는 당신 화장품을 제일 많이 구입하셨다. 그때만 해도 화장하고 다니는 어른들을 보지 못했을 땐데 동네에 어머니만 예쁘게 화장을 하고 다니셨다. 학교에 어머니가 온다고 하면 얼마나 자랑스럽던지.

어머니는 멋쟁이다. 시골에서 그런 멋쟁이는 보지 못했다. 내 어머니라서가 아니라 74세인 지금도 부지런히 얼굴을 가꾸신다.

"노인정에서 다들 눈이 너무 작아진대. 눈이 처지니 앞도 안 보이고 안 써도 되는 안경을 쓰고 다니고 있어."

"병원에 가서 상담 한번 받아 봐야겠어."

"동네 아줌마들이 병원에 간다는데 따라가 볼게."

시간이 지날수록 눈 수술에 대한 어머니의 열망이 커지기 시작했다. 마음을 정하고 어느 날 아는 병원에 상담만 받으러 같이 가자고 해서 갔다. 내가 "엄마 이왕 온 거 그냥 수술하고 가요." 했더니 바로 오케이를 하셨다. 지금은 그때의 수술 덕분에 멋지게 안경을 벗고 선글라스를 쓰고 다니신다.

어느 날, 아버지가 뇌졸중으로 쓰러지시면서 어머니의 고된 간병이 시작되었다. 간병인을 쓰자고 해도 고생시킨 아버지가 밉지도 않은지 어머니를 알아보지도 못하고 누워 계시는 아버지를 혼자서 다 뒤치다꺼리를 하셨다. 힘들다 힘들다 하면서도 간병인에게 맡겨 놓으면 혹시 아버지에게 해코지라도 할까 봐 곁을 떠나지 못하셨다. 온몸이 쑤시고 아프다고 하시면서도 그렇게 매일을 아버지와 함께 병원에서 생활하시기를 몇 달. 결국 아버지는 돌아가셨다.

내리사랑은 있어도 치사랑은 없다고 했던가. 항상 고생하는 어머니가 안쓰러워 아버지가 그래도 가족들 고생 덜 시키고 돌아가셨구나, 했다. 그런데 어머니는 몸은 고되었어도 마음은 많이 아프셨나 보다. 아버지가 돌아가시고 치매기를 보이기 시작하셨다. 어머니는 아니라고 하는데 조금씩 이상행동을 보이기 시작한 것이다. 깜빡하는 건 기본이고 자꾸 뭐가 보인다고 하고 집에서 냄새가 난다고 하거나 할아버지가 보인다고 하셨다. 그래서 집 안에

소금을 뿌리고 연기를 피웠다고 하시면서.

혼자 있는 외로움에 우울증까지 겹쳤나 보다. 꼼짝을 않고 몇 달을 집에서 보내니 걱정이 되기 시작했다. 혹시 잘못되시면 어쩌나? 치매에 걸리면 어쩌나? 쓰러지기라도 하면 어쩌나? 하지만 어머니가 잘못될까 봐 걱정하기보다는 혹여 잘못되어 자식이 모셔야 할 상황이 오면 과연 누가 모시고 살 것인지에 대한 걱정이 더 컸다는 것이 더 솔직한 표현일 것이다.

하지만 어머니는 내가 생각한 것보다 훨씬 강한 분이었다. 몇 달을 그렇게 꼼짝하지 않고 지내더니 동네 운동장을 돌기 시작한 것이다. 젊어서부터 가만히 있는 성격도 아니고 나태한 모습으로 사는 것도 싫어하시는 터라 금세 홀홀 털고 일어나 운동을 하기 시작한 것이다.

그러면서 서서히 병이 치유되기 시작했다. 예전처럼 활발해졌으며 독서와 사색을 즐기고 주위 친구들을 사귀기 시작했다. 이후 노인정의 총무일까지 도맡으면서 어머니는 아버지 병간호 전의 시절처럼 바빠지기 시작했다. 그런 어머니가 요즘 들어 아파트 얘기를 계속하신다.

"아파트에 살면 좋지?"

"아파트 노인정은 내가 다니는 노인정하고 다르겠지?"

"내 평생에 아파트에서 한 번도 못 살아 보고 죽을 것 같아."

"아파트를 사려면 얼마나 있어야 되냐?"

"아파트는 햇빛도 하루 종일 들어오지?"

"너네 집에서 자니까 기침이 안 나와서 편안히 잤다. 아파트라 공기가 잘 통해서 그런가 보네."

어머니는 햇빛 하나 들어오지 않는 지하빌라에 살고 계신다. 빌라를 구입할 때는 빛이 들어왔는데 어느 날 갑자기 앞에 높은 건물이 들어서면서 빛을 가려 버렸다. 그렇지 않아도 지하라 답답하고 습하고 컴컴하다고 늘 얘기했었는데 이제는 이 빌라에서 떠나고 싶은가 보다. 아버지와의 추억도 같이 내려놓고 싶은가 보다. 나는 그런 어머니를 위해 오늘도 마음속으로 다짐한다.

'엄마, 조금만 기다려요. 제가 아파트 꼭 사 드릴게요. 세대수 많아서 노인정 잘되어있는 곳. 남향으로 햇빛이 하루 종일 쨍쨍 내리쬐는 곳. 대문짝보다 더 큰 창문들로 둘러싸여 문만 열면 바람 쌩쌩 통하는 그런 아파트로 이사시켜 드릴게요. 그때까지 건강하게 사시고 재미있게 지내셔야 해요. 아셨죠?'

# 성공 메신저 강사 되기

"힘차게 외칩니다."

지금도 있는지 모르겠지만 1970~80년대만 해도 학교에서는 매년 6월이 되면 웅변대회를 개최했다. 그리고 등수를 매겨 상품을 주곤 했다. 6·25를 되새기느라 만든 대회이기도 하다.

어느 날 반별로 웅변할 사람을 추천하라는 학교의 주문이 있었다. 우리 반에서는 웅변에 나서는 사람이 한 명도 없었다. 선생님께서 나를 지목하며 해 보라고 하셨다. 나는 남 앞에 나서는 걸 싫어하고 부끄럼이 많던 터였다. 하지만 많은 청중들 앞에서 강의하는 것이 꿈이기도 했기에 어린 마음에 해 봐야겠다는 생각을 더 많이 했나 보다.

웅변대회 날짜가 점점 다가오고 있었다. 연습에 연습을 거듭했지만 소심하고 내성적인 성격은 전혀 고쳐지지 않았다. 웅변대회 날 비가 오거나 아파서 학교에 갈 수 없는 상황이 되었으면 좋겠다, 라고 얼마나 간절히 바랐는지. 하지만 그런 상황은 오지 않았다. 강단에 오르자 얼마나 떨리고 막막하던지. 지금 생각해도 부끄럽고 창피해서 얼굴이 화끈거린다. 마지막 "힘차게 외칩니다."의 대목에서 최대한 악센트를 주어 목소리를 끌어 올려야 했건만 마무리를 제대로 하지 못하고 강단에서 내려와야 했다.

그때부터 나는 더욱 소심해지기 시작했다. 남 앞에 서는 게 부끄럽고 목소리는 자신감이 없어졌으며, 자세는 구부정해졌다. 하지만 항상 사람들 앞에서 교육하는 사람들을 동경했다. 어떻게 하면 저렇게 할 수 있을까? 어떻게 하면 강단에서 강의를 할 수 있지? 어떻게 하면. 어떻게 하면.

우연한 기회에 메리츠화재에 들어가게 되었다. 전화영업이라 어려울 것이 전혀 없다며 친한 지인이 소개해 시작했다. 전화영업이긴 하나 100% 전화영업은 아니었다. 방문 약속 잡는 것까지는 전화로 하고 직접 방문해서 계약하는 직업이었다. 낯설고 부끄럼 많은 내가 영업을 하게 된 것이다. 신입으로 처음 보험회사에 들어가면 3개월 정도 교육을 받는다. 우선은 시험 합격을 위한 과정 교육을 받는다. 시험에 합격하고 나면 그다음 상품교육, 화법교육을 받게 된다. 교육하는 사람은 젊지 않았다. 나이가 있음에도 활기차고 열정적이었으며 힘이 넘쳤다. 나는 교육 강사에 매료되었다. 하지만 그때 당시는 너무 어려서 영업만 해야 되는 줄 알고 영업만 열심히 했다. 그 위를 볼 생각을 못했던 것이다.

어느덧 시간이 흐르고 나는 다른 회사로 옮기게 되었다. 그곳에서도 마찬가지로 교육 강사의 강의를 듣게 되었다. 연수원 강사의 파워 있는 말 한마디, 몸짓 하나까지 스스로 해 보고 싶다는 열망이 생기기 시작했다. 그 뒤로 영업사원의 마인드보다는 강사의 마인드를 배우기 위해 노력했다. 강사는 어떻게 하는지 교육은 어떻게 하는지 사원들 대하는 건 어떻게 하는지 관찰하기 시작했다. 강사를 바라보고 배우니 영업 또한 잘되기 시작했다. 교육 강사가 되려면 영업을 기본적으로 잘해야 한다. 그래야 나의 말을 믿어 주고 신뢰할 것이라는 것을 알고 있었기 때문이다.

그 생각은 적중했다. 내가 바라보는 것이 무엇인가에 따라 사람의 가는 길이 달라진다는 것을 이때 깨달았던 것 같다. 나와 같은 영업사원이 낮은 곳을 본다는 의미는 절대 아니다. 단지 나는 영업보다는 관리와 교육에 관심이 있으므로 그런 일을 하는 사람을 만나고 얘기하고 눈여겨보며 나의 것으로 만드는 것. 그것이야말로 나를 원하는 위치, 원하는 방향으로 데려다주겠다는 확신을 가졌다는 의미다.

이번에는 외부로는 나가지 않고 하루 종일 책상에 앉아 계약까지 하는 전화영업으로 자리를 옮겼다. 2006년도였음에도 불구하고 그곳에는 연봉이 억대를 넘는 사원이 수두룩했다. 그 많은 실적들을 관리자 한 명이 케어하고 있었다. 그때 나의 목표가 뚜렷해지기 시작했다. 관리자가 되자. 고능률 사원들을 만들어 낼 수 있는 능력 있는 교육 강사이면서 관리시스템을 통달하는 관리자가 되어 보겠다는 꿈을 갖게 된 것이다.

하지만 누군가에게 발탁되어 나의 꿈을 이루기엔 시간이 너무 부족하다는 생각이 들었다. 나는 영업을 하면서 관리자가 되는 길을 알아보기 시작했다. 꿈이 있으면 길이 있다고 찾으려고 하니 너무나 쉽게 기회가 왔다. 지인의 소개로 인사한 곳에서 사무실을 내어주겠다는 것이다. 그때는 앞뒤 가리지 않았다. 안 될 거라는 생각조차 하지 않은 채, 실패한 사람을 보지 못했으므로 무조건 밀고 나갔다.

조그마한 사무실을 오픈한 날. 너무나 가슴이 떨렸다. 드디어 내가 꿈꾸던 관리자의 길을 시작하게 되었다는 부푼 기대감을 안고 사원들을 교육할 자료들을 만들기 시작했다. 아무것도 모르고 시작했음에도 기존에 열정적으로 일하고 베풀었던 나의 인성을 보고 몇몇 사원들이 같이 일해 보겠다고 모이기 시작했다. 새벽부터 새벽까지 행복하고 즐거운 마음으로 뛰어다녔다.

사원들의 사기도 덩달아 올라 매출은 날로 오르기 시작했다.

이렇게 매출을 치다 보니 다른 곳에서 더 좋은 조건으로 일할 수 있는 기회를 알려 주었다. 다 아는 얘기지만 영업을 잘하거나 매출을 많이 치거나 하는 곳은 금세 소문이 난다. 그렇지만 무작정 갈 수 있는 것은 아니다. 나의 조건과 기존 사원들의 조건도 따져 봐야 하기 때문에 쉽게 결정할 수 있는 문제는 아니었다.

조건들을 따져 보고 확인해 확실하게 좋은 조건의 회사를 만나게 되었다. 현재 근무하고 있는 회사다. 대표님이 영업사원들의 천국을 만드는 것을 미션으로 삼아서인지 사원들에게는 한없이 좋은 회사다. 사원들도 물론 그렇게 생각하고 다니시는 분들이 대부분이다. 이런 회사에서는 평생 근무해도 되겠다는 생각을 굳혔다. 그냥 편안했다. 대표님은 관리자들에게도 실적에 대한 스트레스, 업무에 대한 스트레스를 전혀 주지 않으신다.

하지만 아무리 회사가 좋다고 하더라도 채찍질하는 관리자가 없으면 업무 분위기는 풀어지기 마련이다. 실적에 대한 스트레스가 없다 보니, 직원들이 편안하게 놀다가 가도 되는 곳이라고 생각하는 것도 무리는 아니었다. 그것을 거의 절반 이상의 사원이 갑자기 빠져나간 후에 깨달았다. 위기가 기회라고 했던가? 2년간 낙심만 하고 지내다 기존의 사원들이 의리 때문에 나와 같이 있어 줬구나, 하고 문득 깨달았다. 사원들에게 미안했다. 의리를 지켜 준 사원들에게 뭔가 보답해 주고 싶었다. 뭐를 해 줄 수 있나

고민하기 시작했다.

오랜 고민 끝에 내린 결론은 영업이 잘되게 하면 된다는 것이었다. 사원들의 영업이 술술 잘되게 하려면 어떻게 해야 되는지 생각하기 시작했다. 그 시작은 바로 내가 바뀌는 것이라는 것을 알았다. 그때 발견한 게 안규호 작가의 《나는 인생에서 알아야 할 모든 것을 영업에서 배웠다》란 책이었다.

바로 구매해 하루 만에 읽었다. 그러곤 〈1일 특강〉에 등록하고 더 나아가 7주 과정을 듣게 되었다. 정말 획기적이었다. 이런 시스템으로 사원들에게 교육하면 되겠다는 생각이 뇌리를 흔들었다. 갑자기 심장이 뛰기 시작했다. 글을 쓰는 지금도 그때의 감정을 잊을 수가 없다. 하지만 안타깝게도 7주 과정 이후에 더 이상의 과정이 없으므로 뛰었던 심장이 사그라들기 시작했다.

여기에서 멈출 수 없다고 생각한 나는 안규호 작가의 모태를 찾기 시작했다. 바로 여기다. 〈한책협〉. 내가 지금까지 꿈꾸던 강사의 길을 걸을 수 있게 도와줄 모든 시스템이 완벽하게 갖추어져 있고 모두들 긍정에너지로 똘똘 뭉친 곳. 난 기적을 만났다. 〈1일 특강〉 첫 강의를 들으러 가서 교육 강사이면서 성공 메신저 강사가 되겠다는 꿈이 생긴 것이다.

나는 해 나갈 것이며 이룰 것이다. 모든 꿈은 이루어진다는 말처럼 〈한책협〉을 발판 삼아 내가 갈 수 있고 오를 수 있는 곳까지 올라가 보려 한다. 아침마다 사원들과 조회를 한다. 오늘도 〈한책협〉의 마인드를 외치며 시작했다.

"열정적이며 긍정적인 에너지로 의심하지 말고 믿고 따라와라. 성공은 눈앞에 있다."

# 최영경 장학재단 만들기

언제나 나의 마지막 버킷리스트는 장학재단 만들기다. 언제부터인가 어려운 학생들을 보면 돕고 싶다고 생각했다.

어려서는 이기적이고 도도하며 나만 아는 아이로 자랐다. 그러다 초등학교 4학년 때 난 친구들에게 왕따를 당했다. 초등학교 성적표는 '수'로만 채워져 있었다. 남자만 반장을 하던 때라 나는 줄곧 부반장을 했다. 거기다가 학교 대표로 육상선수까지 하고 있을 때라 나의 교만함이 하늘을 찔렀나 보다. 내가 친구들에게 자꾸 지시를 한다고 했다. 나는 그런 사실을 모르고 있었다. 나의 말투가 어떻고 행동이 어떤지 알 수 없었던 나이이기도 했으니까.

집에서 학교까지는 30분 정도 걸어가야 하는 거리다. 같이 다녔던 친구들이 나를 멀리하기 시작했다. 왜 그런지 몰랐다. 그냥 일이 있나 보다 했다. 하루가 가고 이틀이 가고 한 달이 지나 난 알게 되었다. 친구들이 나를 멀리한다는 것을.

그때는 왕따라는 말 자체가 없었다. 그냥 친구들이 놀아 주지 않는다며 엄마에게 상담을 했다. 엄마는 그런 거 신경 안 써도 된 다고 했다. 공부 잘하고 운동 잘하니까 친구들이 시기해서 그렇다 고 했다. 조만간 친구들이 찾아올 거라며. 하지만 친구들은 쉽게 내게로 오지 않았다. 외로웠던 그 시절을 생각하면 몇 달이었지만 참 먹먹하다. 그러면서 친구들의 말이 떠오르곤 한다. "넌 우리들 한테 하라고만 해. 너는 아무것도 하지 않고. 그래서 너하고 안 놀 기로 했어." 지금 그런 일을 당했다면 어떻게 헤쳐 나갔을까?

한 달 전부터 나는 바빠지기 시작했다. 꿈이 있으므로 해야 할 일이 너무 많아진 것이다. 책을 일주일에 몇 권씩 읽어야 한다. 과제도 몇 가지를 해야 된다. 낮에는 회사 일을 하고 늦게까지 이 렇게 책 쓰기를 한다. 그렇지만 하나도 힘들지 않다. 기쁜 마음으 로 퍼즐 맞추듯 하나씩 해 나가고 있다. 초등학교 때 꿈을 가지고 있었다면 친구들에게 왕따 당하느라 가슴이 먹먹한 것이 아니라 내가 하고 싶은 일을 하면서 시간을 허비하지 않아 행복했노라고 얘기할 수 있을까?

나는 일을 즐기는 사람이다. 내가 좋아하는 일을 찾아서 했지, 돈 때문에 하고 싶지 않은 일을 한 적이 없었다. 그러다 보니 자연히 결혼 전에도 그 후에도 시간의 여유가 있는 직장을 선택해서 다닐 수 있었다. 하지만 시간적 여유와 더불어 금전적인 여유까지 생기다 보니 더 이상 목표와 꿈이 없어지기 시작했다. 사람은 늘 긴장하면서 살아야 한다. 안주하는 삶은 발전이 없으며 미래도 없다.

중학교 시절 아버지의 조합장선거 실패로 우리 집은 너무나도 힘겨워지기 시작했다. 그때만 해도 선거를 치르면 얼마나 많은 돈이 들어갔는지 모른다. 지금은 선거법 덕분에 많은 돈이 없어도 선거운동을 할 수 있다. 하지만 그 당시는 돈이 있어야만 당선될 수 있었던 시절이었던 것 같다.

부뚜막에 앉아 엄마가 말씀하셨다. "아버지가 선거에 당첨만 되면 우리는 부자가 될 거야." 정말 허무맹랑한 얘기였다. 그래도 잠시나마 행복했다. 저녁에 아버지께서 오셔서 선거에 떨어졌다고 하셨다. 당장에 그 여파가 있었던 것은 아니었다. 1년 정도 지나 중 3때였다. 학비를 내던 시절이었는데 선생님께서 갑자기 몇몇 학생들의 이름을 부르면서 나오라고 하셨다. 물론 나도 앞으로 나가야 했다.

"이 학생들은 학비를 내지 않은 애들이다. 언제까지 낼 건지 얘기하고 들어가라."

얼마나 창피하던지. 그때 당시에는 아르바이트라는 것을 몰랐다. 부모만 의지하며 공부했기 때문에 난 부모님을 원망했다. 학비를 언제까지 낼 수 있을지 내가 어찌 알 수 있단 말인가. 그래도 대답해야 했다. 내일까지 낸다고. 다른 친구들이 다 내일까지 낼 수 있다고 하며 들어갔기 때문에 나도 그렇게 대답할 수밖에 없었다. 그 뒤로 내가 언제 학비를 냈는지 기억은 나지 않는다. 납부를 했기 때문에 졸업할 수 있었을 테니 부모님이 어떻게든 준비를 해 주셨을 것이다. 그때의 상황은 나에게 상처로 남았다. 하지만 그보다 더 가슴이 찢어지게 아프고 지금도 이 얘기를 할 때면 눈물이 왈칵 나오는, 평생 잊지 못할 상황에 맞닥뜨렸다.

중학교를 졸업하고 고등학교 입학식이 되었다. 나와 비슷한 실력의 친구들은 도시의 고등학교에 진학했다. 나도 정말 원했지만 어려운 가정형편에 도시로 나갈 수 없었다. 당연히 면에 하나밖에 없는 고등학교의 입학식에 친구들과 같이 즐거운 마음으로 참석했다. 운동장에 모여 있는데 장학금을 받을 학생들을 부르기 시작했다. 나도 불릴 줄 알았다. 왜냐하면 장학금을 받는 애들 중에는 나보다 실력이 떨어지는 아이들도 있었기 때문이다. 하지만 최영경이란 이름은 불리지 않았다. 이유를 알 수 없었다. 공부 잘하는 사람에게 주는 장학금이 아닌가 보다 생각할 때쯤 나는 그 이유를 알게 되었다.

반 편성을 시작했다. 운동장에 모인, 거의 200명 정도 되는 친구들의 이름을 한 명 한 명씩 호명하며 반 번호가 있는 쪽으로 이동하라고 했다. 친구들은 이름이 불릴 때마다 기뻐하며 자리를 옮겨 가고 있었다. 나의 이름은? 나의 이름은? 당연히 불리겠지. 기다려 보자. 기다려 보자. 기다려 보자. 끝내 그 넓은 운동장에 덩그러니 나 혼자만 남게 되었다. 마지막인데 부르겠지 했다. 끝이란다. 내 이름이 없다. 이건 뭔가 잘못된 것이다. 착오가 생긴 것이라 생각했다. 그런데 아니었다. 선생님에게 다가가서 여쭤 보았다. "저 최영경인데요. 제 이름은 안 불렀는데요. 전 몇 반이에요?" 선생님은 서류를 뒤적거리시더니 갸우뚱거리시며 '네 이름은 없는데' 하신다. 이럴 수가. 그럴 리 없다. 믿기지 않았다. 왜 내 이름이 없는 거지. 없을 리가 없는데.

"너 학비 냈니?"

아, 이거구나. 학비를 내지 않았구나. 중학교는 학비를 냈는지 아니면 의무과정이어서인지 알 수 없었지만 당연히 입학했는데 고등학교는 달랐던 것이다. 학비를 내지 않으면 학교를 갈 수 없었던 것이다.

고등학교는 집하고 멀리 떨어져 있었다. 걸어서 다니려면 약 2시간 정도 걸리는 거리였다. 그날 어떻게 집에 왔는지 모른다. 단지 2시간 되는 거리를 혼자서 통곡하며 걸어왔던 기억이 생생할 뿐이다.

그날로 결심했다. 난 잘될 것이다. 난 잘될 것이다. 이 고통의 씨는 돈이다. 난 부자가 될 것이다. 이 고통, 창피함, 외로움을 다 해결할 수 있는 유일한 방법은 내가 부자가 되는 길뿐이라는 것을 그 어린 나이에 깨닫게 된 것이다.

아직 나는 돈이 없다. 반평생밖에 살지 않았으므로. 하지만 나는 매일 꿈꾼다. 나와 같은 고통을 당하는 아이들에게 희망을 주고 싶다고. 공부를 열망하는 아이들에게 마구 퍼부어 주고 싶다. 아무 걱정 말고 열심히 공부만 해서 꿈을 펼치라고. 돈이 없어 나에게 손을 내미는 아이들이 있다면 난 그들이 아무 걱정 없이 학업을 마치고 사회에 발을 내디뎌 또 다른 아이들의 희망이 되는 것을 보고 싶다. 그것이 나의 마지막 버킷리스트이기도 하다.

# TV방송 출연하기

TV매체는 위대하다. 한낱 소시민으로 평생을 살 사람도 TV에 얼굴 한 번 비치면 몇십 년 전에 끊겼던 인연도 연락이 오게 되어 있다. 내가 굳이 연락하지 않아도 많은 사람들의 스포트라이트를 받게 되는 것이다.

나는 어려서부터 스포트라이트를 받는 것을 즐겼다. 하지만 더 크게 성장할 수 있는 기회를 나의 내성적인 성격이 가로막았다. 아버지는 초등학교 시절 학교 임원이셨다. 아버지 덕분에 난 선생님들로부터 무척이나 예쁨을 받은 것 같다. 학교에서는 도지사 상장이 나오면 나에게 주었으며 각 반 행사 때도 지휘를 할 수 있게 세워 주었다. 육상선수로 뛰었으며 밴드부 악장 자리도 주었다. 이것은 친구가 너무 하고 싶다고 해서 양보해 주기도 했다. 그러고 보면 아버지 덕에 어렸을 적에 과한 대우를 받아 나의 꿈이 커졌는지도 모르겠다.

나는 얼굴은 가무잡잡하고 촌스럽기 그지없으며 빼빼 마른 말라깽이에다 고집 또한 셌다. 그렇게 어디서든 귀여움을 받을 인물이 아님에도 아버지는 공부 잘하고 운동 잘하는 나를 무척이나 자랑스러워하셨다. 그때부터 나는 남 앞에 나서는 게 당연한 거라고 생각했었던 것 같다.

그러다 고등학교를 어렵게 졸업하고 더 이상 학업을 지속할 수 없을 정도의 가난함이 소심함을 짓눌렀다. 그럴 때도 나는 어릴 적 그때의 상황을 잊고 싶지 않았나 보다. 동창들의 잘되어 가는 모습이 부럽기만 한 것이 아니라 그들보다 잘되어야 한다고 마음속으로 얼마나 되뇌었는지 모른다. 친구들보다 처질 거라고는 생각조차 하지 않았다. 그런 내면의 발판이 된 것은 어렸을 때의 아버지의 칭찬과 격려였다고 생각한다.

어느 날 행복전도사 최윤희 강사님을 TV에서 보게 되었다. '어머나, 생긴 모습이 나랑 비슷하네?' 예쁘고 날씬한 사람만 TV에서 보다가 최윤희 강사님을 보고 '아, 저런 분들도 TV에 나올 수 있구나'라는 생각에 가슴이 방망이질 치기 시작했다. 그런데 강의도 조용조용 소곤소곤 말들이 귀에 콕콕 박혔다. 아니나 다를까.

최윤희 강사님은 한순간에 인기를 얻기 시작했다. 채널마다 그런 최윤희 강사님을 모셨다. 이쪽을 틀어도 저쪽을 틀어도 쉴 틈 없이 정말로 신나게 강의하고 계셨다.

나는 생각했다. '나도 할 수 있겠어. 아니, 하고 싶어'라고. 그때부터였던 것 같다. 나는 할 수 없고 내가 할 수 있을 거란 생각조차 하지 않아 왔다. 그런데 남들도 하는데 나라고 하지 못할 이유가 없지 않는가, 라는 생각이 들면서 새로운 꿈을 꾸게 되었다.

요즘 TV를 틀면 보통 사람들이 많이 나온다. 모두 대본대로 하는 것은 아닐 텐데 보통 사람이 보통 사람들이 아니다. 모두가 연예인이고 방송인인 것 같다. 어쩌면 저렇게 말도 잘하고 위트도 넘치는지 오히려 연예인들의 방송보다 일반인들의 방송프로그램이 더 재미있을 정도다.

현재 나에게 위기가 찾아왔다. 나는 보험설계사와 사원을 관리하는 일을 겸하고 있다. 일의 특성상 사원들을 영입하는 일이 나의 주 업무이기도 하다. 기존에 있는 사원은 지켜야 하고 새로운 사원들을 계속해서 영입해야 한다. 그런 일이 기본적인 일이다 보니 사원들이 한 명씩 퇴사하면 나에게 그보다 더한 스트레스는 없다. 1년 이상을 영입은 되지 않고 퇴사만 하다 보니 30명이 넘던 사원들이 이제는 20여 명밖에 남지 않았다. 나의 스트레스는 극에 달했다.

한동안은 '정말 맞지 않는 일을 지금까지 하고 있었나? 회사를 그만두어야 하나? 나의 영업인생은 끝난 건가?'라고 생각하며 밤잠을 설쳤다. '이대로 그만두면 나는 또 무엇을 해야 하나? 나머지 사원들을 두고 떠날 수나 있을까? 내가 떠나면 우리 센터는 문을 닫게 되고 본점에 합류하게 될 텐데 사원들은 괜찮을까?' 하는 생각을 끊임없이 했었다.

계속해서 사원 영입이 정지되고 매출은 급감하고 있었다. 우연히 거울로 나의 표정을 보게 되었다. 이런 얼굴이었구나. 사원들의 사기가 자꾸 떨어지는 것은 나의 문제라는 깨달음이 왔다. 그 순간 이러면 안 되겠다는 생각이 뇌리를 스쳤다. 그랬다. 오너라며 사무실에 앉아서 계속 한숨만 쉬고 떠나간 사원들만을 바라보고 있었다는 사실이 사원들에게 굉장히 죄스러웠다.

새롭게 마음을 잡아야겠다고 생각하면서 인터넷을 뒤지기 시작했다. 어떻게 하면 사무실 분위기를 살릴 수 있을지 찾아보기로 했다. 영업이 일이기 때문에 실적이 나와야 했다. 실적이 나오려면 서로 긍정적으로 치켜세우며 한 사람 한 사람의 다운된 기분을 업시켜 줘야 했다.

내가 바뀌면 회사도 바뀌는 것을. 나는 여태 나를 믿고 자리를 지키고 있는 사원들을 서운하게 했던 것이다. 자리를 지켜 주고 있는 사원이 더욱 소중하다는 것을 이때 알게 되었다.

나는 사원들에게 보답해야 했다. 인터넷을 밤낮으로 뒤지다 새로운 아이템으로 강의하는 곳을 발견했다. 물론 그전부터 그런 아이템으로 일하고 있는 곳이 있었을 것이다. 하지만 그동안에는 너무나 쉽게 일을 해 왔기 때문에 찾아보려는 생각도 하지 않았던 것이다.

아침마다 나는 사원들 앞에서 조회를 한다. 아무 얘기도 준비하지 않고 사원들 앞에서 수다를 떤다. 사원들이 좋아하는지 안 좋아하는지 상황 파악은 하지 않는다. 나는 상품에 대해 설명하고 동기부여에 대해 한 가지씩 안내하고 아침조회를 마친다. 사원들의 박수 소리로 내가 오늘 조회를 잘했나 못했나를 판가름한다. 사원들은 정직하다. 감동을 주는 얘기 공감되는 얘기를 하면 어김없이 박수를 친다.

나는 점점 박수를 즐기게 되었다. 박수를 받고 싶은데 어떤 내용으로 조회를 하지? 어떤 말을 해야 박수를 받을 수 있을까? 궁리하기 시작했다. 나의 이런 마음을 알았는지 사원들은 스스로 일하기 시작했고 아침을 기다리기 시작했다.

말의 힘은 대단하다. 회사가 휴식처인 양 사무실에 나오면 모여 수다 떨고 점심을 먹고 또 서로 모여 얘기하고 3시가 되면 간식 먹고 4시면 퇴근하던 문화가 점점 바뀌기 시작했다. 자리를 지키려고 하고 서로 수다 떠는 것은 쉬는 시간에 하고 있다. 그리고 고객을 어떻게든 찾아서 상품을 안내하려고 한다. 그러한 모습을 보면서 내가 바뀌니 사무실도 바뀌는구나, 라는 생각을 하게 되었다. 조회를 하면서 점점 강의에 관심을 갖기 시작했다. 강의를 하면 왠지 구름 위에 떠 있는 거 같지만 그 구름 위에서 내려오고 싶은 생각은 없다.

이런 마음이 들 때쯤 〈한책협〉을 만나게 되었다. 정말 여기는 신세계였다. 지금까지 많은 사람들을 만나 봤지만 이렇게 긍정적인 사람들만 모인 집단은 처음이었다. 모두가 작가다. 모두가 강연가다. 모두가 유명인이 될 사람들이었다. 그럼 나도 작가면서 강연가면서 유명인이 된다는 것 아닌가? 맞다. 이곳은 꿈이 이루어지는 곳이다.

생각만 하고 이루지 못했던 TV방송 출연도 못 이룰 것은 없다는 확신이 든다. 나는 멋지게 TV에 출연할 것이다. 연락하고 싶어도 연락하지 못했던, 나를 아는 모든 사람들이 TV를 보고 나에게 연락해 올 것이다. 나는 행복전도사인 최윤희 강사처럼 단발머리로 TV에 나갈 것이다. 그리고 멋진 성공메신저 강사로서 방송사를 누빌 것이다. 많은 메신저 중에서 으뜸가는 성공메신저 강사로 TV 화면을 채울 것이다.

# 매달 3,000만 원씩 기부하기

'매달 3,000만 원씩 기부하기'

나의 버킷리스트다. 매달 3,000만 원씩 기부하면 1년이면 3억 6,000만 원이다. 나를 아는 사람들은 미쳤다고 할까? 아니면 할 수 있으니까 열심히 같이 한번 해 보자고 할까? 현재 나는 5억 원의 빚을 어떻게 하면 청산할 수 있을까 계속 고민 중이다. 나를 아는 모든 사람들이 나에게 이만큼의 빚이 있는지 모를 것이다. 나는 그 빚을 갚아 나가야 한다. 그렇다고 남에게 손을 내밀지는 않을 것이다. 내 힘으로 갚아 나갈 자신이 있고 꿈이 있으므로 나는 헤쳐 나갈 것이다.

그런 내가 매월 3,000만 원씩 기부하겠다고 하면 모두 놀랄 것이다. 황당한 얘기로 들릴 수도 있다. 다른 이들이 나의 상황이라면 나 또한 그들을 놀렸을 것이다. "남 도와줄 돈 있으면 너나 잘하세요."라고. 현재 나는 매달 5만 원을 초록우산 어린이재단에 기부하고 있다. 나의 기부는 5만 원이 전부다.

2015년 4월경 인터넷 검색을 하던 중 초록우산 어린이재단의 광고가 떴다. 어린아이가 희귀병에 걸려 치료비가 한 달에 1,000만 원이 넘게 든다고 한다. 아이의 모습이 너무 안타까워 3만 원씩 기부하기로 하고 자동이체 신청을 했다. 내 급여에 비하면 턱없이 적은 금액이었다. 하지만 처음부터 무리하면 중간에 기부를 그만두게 될까 봐 적은 금액으로 시작하기로 했다. 매달 통장에서 3만 원씩 이체가 될 때면 행복하고 뿌듯해하며 이체통장을 바라보기도 했다.

초록우산 어린이재단 광고는 인터넷을 켜면 아랫부분에 계속해서 떠 있다. 네이버 카페에도 가끔씩 팝업창이 뜬다. 안 보려고 해도 꺼지지 않고 떠 있어서 클릭을 자연스럽게 유도한다. 어느 날 또 다른 아이의 사진이 떠 있었는데 내 손이 자연스럽게 클릭을 하고 있었다. 순간 '이러면 안 되는데. 아직은 추가로 할 생각이 없는데' 하면서도 사연을 읽기 시작했다. 너무나 안타까운 사연이 올라와 있었다. 태어나자마자 버려진 아이들, 희귀병 때문에 고통받는 아이들, 가뭄으로 물이 없어 동물들이 먹는 흙탕물을 마시며 지내는 에티오피아 아이들까지. 어느 아이들 하나 고통받지 않는 아이들이 없었다.

그랬다. 마음이 일렁이기 시작했다. 적은 금액이라도 조금이라도 도움을 주자. 그래 2만 원이 없다고 내가 죽는 것도 아니고 생활을 못 하는 것도 아니지. 2만 원만 더 하자. 나는 2만 원을 결제했다. 그러면서 왠지 가슴이 따뜻해지고 뿌듯해짐을 느꼈다. 겨우 5만 원 때문에.

'언제쯤이면 좋은 시절이 올까? 나만 이러는 거 아니야? 잘살수는 있는 걸까?'라는 생각을 하고 지냈던 게 후회스러울 정도다. 우리나라뿐만 아니라 세계에서 고통받는 사람들이 이렇게나 많은데. 난 정말 행복한 사람임을 깨닫는다. 우리 아이를 봤다. 이 아이가 혹시 저런 상황이었으면 어땠을까? 누군가의 간절한 도움을 받고 싶지만 받을 수 없는 상황이라면 어땠을까? 가슴이 아파 왔다. 우리 아이를 생각하며 그 아이들을 바라봤다. 도와줘야 했다. 그들은 나 같은 사람을 몹시 기다리고 있을지 모른다. 아니 간절히 바라고 있을 것이다.

처음 〈한책협〉에서 교육을 받던 중 버킷리스트를 작성하라고 했다. 나는 난감했다. 어떤 것을 적어야 할지 솔직히 고민되었다. 나의 꿈, 희망, 바라는 것이 무엇이었을까? 먼저 열다섯 가지 정도는 술술 쓰였다. 그동안 하고 싶었던 게 있었기 때문에 쉽게 쓸 수 있었다. 그 이후가 문제였다. 아무리 적으려고 해도 생각이 나지 않는 것이다. '나는 무엇을 하고 싶은가, 내가 원하는 게 뭐지?' 그런데 갑자기 '이미 이루어진 것처럼 행동하라'라는 말이 떠올랐다. 내가 바라던 열다섯 가지를 이미 이루었으니, 그럼 그다음은 어려운 사람을 돌아봐야겠지? 하루에도 몇 번씩 TV나 라디오 방송 그리고 인터넷 화면에 뜨는 기부 광고인데 나도 못 할 것 없지 않은가.

미국의 세계 최고의 갑부이면서 기부왕인 빌 게이츠는 20년간 하루에 약 50억 원씩 기부했다고 한다. 그리고 투자 왕 워런 버핏은 지금까지 370억 달러를 기부했다고 한다. 그 외에도 페이스북의 설립자 마크 저커버그는 첫아이가 태어나자마자 자신의 재산의 99%를 기부하겠다고 발표했다.

이들이 무엇 때문에 기부를 이렇게 많이 하는 것일까? 그저 사회의 시선이나 본인들의 가치를 높이기 위해서라면 적은 금액으로도 가능한 일일 것이다. 그들에게는 사랑이 있었던 것이다. 모든 것을 이룬 사람만이 할 수 있는 일은 아닐 것이다. 누구나 사랑과 관심, 배려, 포용만 있으면 가능한 일이다. 그런데도 많은 사람들이 그저 본인 살기에 급급해하고 힘들어한다. 걱정하지 않아도 되는 걱정거리를 만들어 가면서 어두운 곳을 보지 못한다.

우리 회사에 한 팀장님이 계셨다. 교회 사모님이셨는데 교회 사정도 어렵고 금전적으로 어려우셔서 우리 사무실에서 근무하게 되었다. 그분은 성품이 너무 차분하시고 기도하는 사람으로서 본이 되시는 분이셨다. 나도 신앙 상담을 많이 받고 기도해 달라고 부탁도 드렸다.

그분은 매월 정기적으로 후원을 하는 곳이 한두 군데가 아니었다. 매달 급여를 타면 후원하는 곳에 먼저 입금했다. 많은 금액을 타건, 적은 금액을 타건 우선 후원금을 먼저 공제하고 그 나머지 금액으로 생활해 나가셨다. 대단하다. 어떻게 본인 쓸 돈도 부족한데 소신 있게 지속적으로 기부를 할 수 있을까? 후원금을 보내면서 얼마나 행복해 하시던지.

그때부터였던 거 같다. 그동안 특별한 사람만 후원을 하고 기부를 하고 봉사를 하는 줄 알았다. 나는 기부와는 무관한 사람인 줄 알았다. 그런데 아니었다. 오히려 평범한 사람과 현재 힘들게 사는 사람들이 더욱 남들의 어려움에 공감하고 적은 금액에서부터 큰 금액까지 기부하며 후원하고 있었던 것이다. 나 자신을 돌아보게 되었다. 하지만 팀장님이 계시는 동안은 난 기부를 실천하지 못했다. 마음을 먹는 건 너무 쉬운 일이다. 단지 행동으로 옮기는 게 어려울 뿐이다.

그 뒤로 2년이 지난 지금에서야 나는 겨우 5만 원을 기부한다. 전엔 몰랐는데 글을 쓰다 보니 소득의 6%도 아니고 0.6%를 기부하고 있었다. 헛웃음이 나왔다.

"이미 이루어진 것처럼 행동하라."

5년 후 2022년 1월부터 난 매달 3,000만 원을 기부하고 있다. 어렵게 생활하는 사람들에게 기부만 하는 것이 아니다. 그들이 자립해서 사회에 나가 생활할 수 있도록 도와주려고 교육을 시키고 있다. 나를 거쳐 간 사람들 모두가 내 교육을 발판으로 생활이 나아졌다. 그들은 감사편지와 시시때때로 선물을 보내고 있다. 그리고 희귀병에 걸린 아이들이 나의 도움으로 병마를 이겨 내고 있다. 그들 부모들 또한 치료비 걱정 없이 아이들을 돌보는 데 최선을 다하고 있다. 또한 미혼모는 나를 찾아와 아이를 어떻게 하면 좋을지 상담한다. 그들에게 그늘막이 되어 주고 있는 나 자신을 발견한다. 아이가 버려지지 않고 엄마의 품에서 사랑을 받으며 자랄 수 있도록 도움을 주었더니 자신의 아이를 기쁜 마음으로 돌보고 있다.

세상을 하나로 묶는 것은 어려운 일이 아니다. 나만 잘살면 된다고 생각했던 나 자신이 이제는 많은 사람들에게 꿈과 희망을 주는 사람으로 살아가고 있다.

2022년 1월의 그날을 위해 나는 오늘도 열심히 나의 생활을 해 나간다. 꿈이 있으면 열정도 꿈틀거리나 보다. 남들에게서 나이 들었다는 얘기를 듣기 싫어 "아직 나는 젊다."라고 외치고 다녔다.

하지만 솔직히 나이 드는 것을 몸으로 느끼고 있다. 몸이 말을 듣지 않고 눈도 노안이 왔나 침침하다. 하지만 한편으론 모든 것을 품을 수 있는 나이가 되었다는 것을 안다. 내 가족을 돌아보게 되고 내 주위를 둘러보게 되니 말이다. 한 달에 겨우 5만 원의 기부를 하고 있는 나다. 하지만 '매달 3,000만 원 기부하기' 버킷리스트를 실천하면 그 금액보다 더 많은 금액으로 사회에 공헌하게 될 것이다.

# PART 8

# 성공 바이러스 뿌리는
# 메신저 되기

·

정 승 민

## 정승민

**교육 전문가, 자존감 코치, 성공라이프 메이커, 동기부여가**

한 차례 큰 시련을 겪은 후 현재는 청소년에게 영수과목을 가르치는 베테랑 교육 전문가이다. 청소년들과 친숙한 교류로 청소년들의 성공적인 삶을 위한 진정한 목적의식과 마음가짐 그리고 삶에 대해 전반적인 코칭을 하고 있다. 성공라이프에 이르는 다양한 방법과 선한 영향력을 끼치는 메신저로서의 삶을 꿈꾸고 있다. 삶의 가장 기본이지만 너무나 부족한 '자존감'에 대한 연구로 개인저서를 집필 중이다.

E-mail  dusdlsa@naver.com          C·P  010-8562-8888
Blog  http://dusdlsa.blog.me/

# 스페인 순례자의 길 완주하기

"Hurray!"

이 경쾌한 함성과 함께 시작되는 플라멩코. 라면에 김치를 얹으려다 쳐다본 TV. 화면에는 빨간 장미꽃을 입에 물고 원색의 주름치마를 휘두르며 무용수가 현란한 플라멩코를 추고 있었다. 그 옆으로는 행복에 겨워서 흥을 돋우는 사람들의 모습이 보였다. 누런 이빨 사이로 보이는 그 웃음과 들썩임이 너무 즐겁고 행복해 보였다. 익숙하지 않은 이국적인 장소, 따뜻하다고만 할 수 없는 태양의 강렬함 또한 나의 마음에 각인되었다. 어린 시절의 스페인과의 첫 만남이었다.

그때부터였다. 삶이 힘들어 누군가 필요하고 마음을 다잡기 위해 발버둥 칠 때면 스페인이라는 나라가 생각났다. 스페인은 마음을 데워 주는 강렬한 태양 빛, 붉은 망토를 흩날리는 투우사, 훈훈하면서도 사랑스런 바람을 전해 주는 황금빛 세비야 성당이 있는 곳이었다. 힘든 마음과 몸을 감싸 주며 긍정에너지를 충전할 수 있도록 도와주는 나만의 상상 충전소였다.

그런 곳이기에 늘 나는 꿈꾸었다. 창문 너머로 떨어지는 햇살을 맞으며 플라멩코를 추는 무용수를 바라본다. 혼자이지만 어색하지 않은 저녁을 먹는다. 축제 같은 밤거리를 배회하며 하루를 보낸다. 다음 날은 여유롭게 마드리드의 시내 곳곳을 구경한다. 화려한 오페라의 극장인 왕립극장에서 공연도 본다. 이런 모습을.

'가야 한다. 가자, 빠른 시일 내에.'

그러나 삶은 그렇게 순탄하지 않았다. 스페인이라는 강렬한 꿈 앞에는 언제나 넘어야 할 산들이 생겨났다. 그 산들을 넘어갈 때쯤이면 삶이라는 현실 앞에 스페인을 잊게 되었다. 그러다 어느 순간 넘어야 할 산이 버거우면 스페인은 어느덧 내 옆에서 에너지를 끌어내도록 힘을 주고 있었다. 반복되는 삶 속에서 스페인은 연하게 그리고 길게 함께하고 있었다. 어느 날 동생이 물었다.

"언니, 언니는 어디가 제일로 가고 싶어?"

"스페인."

"왜?"

"그냥."

생각할 겨를도 없이 입에서 튀어나오는 스페인이라는 곳. 요즘은 상상만 하다가 세월을 다 보내지 않을까 하는 두려움이 생긴다. 이 두려움을 없애고 싶다. 상상의 열정 충전소. 내가 어릴 때부터 품어 온 그곳으로 가야 한다.

지금 내 책상 앞에는 나의 생각을 읽은 듯 스페인 여행서가 활짝 펼쳐져 있다. 마드리드, 산탄데르, 산티야나 델 마르… 마음의 강한 이끌림이 있었을까? 서점에서 책을 뒤적이는데 한 권의 책이 시야에 들어왔다. '나는 혼자 스페인을 걷고 싶다'라는 제목이 나를 한눈에 삼켜 버렸다.

작가는 오노 미유키. 작은 체구의 그녀는 자신의 직장에서 살아남기 위해 안간힘을 쓰면서 하루하루를 버텼다. 그렇게 3년째 되던 어느 날 출근길에 숨을 쉴 수 없는 고통과 발이 떨어지지 않는 모진 경험을 하게 된다. '공황장애'라는 의사 진단을 받은 그녀는 삶의 희망이라곤 한 치도 없는 날들을 간신히 버텨 내고 있었다.

그러나 삶을 포기하고 싶지 않은 작가의 의지가 작용한 걸까? 어느 순간 번쩍하고 떠오른 사람이 있었다. 그는 동서고금의 성지를 현지 조사하고 있는 배재대학교 김양주 교수님이었다. 그는 지금까지 간 곳 중 가장 감동받았던 장소로 '카미노 데 산티아고'를 언급했다.

그때 미유키는 물었었다.

"선생님은 거기서 뭘 얻으셨나요?"

"얻은 것이 아닙니다. 버렸지요. 인생과 여행에서 짐을 꾸리는 방법은 똑같아요. 쓸모없는 물건을 점점 버리고 나서, 마지막의 마지막에 남은 것만이 그 사람 자신이지요. 걷는 것, 여행하는 것은 그 '쓸모없는 것'과 '아무리 해도 버릴 수 없는 것'을 골라내기 위한 작업입니다. 성지라는 건, 모두 그를 위한 장치지요. 내 인생은 아직 20년 가까이 길게 남아 있는데 그사이에 얼마나 필요 없는 걸 버릴 수 있는가로 '나는 무엇이었을까'를 정하는 것입니다."

그때를 생각해 낸 그녀는 엉망진창 마구잡이로 부서진 자존심, 무의미해진 지금까지의 직장, 쓸모없는 것들로 가득 차서 더 이상 아무것도 받아들일 수 없는 머리를 털어 내기 위한 '자아 찾기'에 나선다. 바로 스페인으로 여행을 떠난 것이다. 35일에 걸쳐 프랑스 남부, 생장피도포르에서 성지 산티아고 데 콤포스텔라까지 800Km를 여행하는 순례 여행이었다.

순례 여행에서 그녀는 같은 길을 걷는 많은 사람들과 얘기를 나누게 된다. 그리고 오로지 자신만을 생각할 수 있는 좋은 시간을 가지게 되었다. 하루 23~25Km씩 도보여행을 하면서, 발의 통증과 신체적인 피로 누적으로 힘들었지만, 그녀는 해냈다. 그리고 스페인으로 떠나오게 된 견딜 수 없었던 것들을 치유하면서, 자신의 내면의 소리를 듣게 된다.

그녀는 도착지에 이르는 여정에서 스페인 특유의 건물들을 소개하고, 그곳 사람들의 모습을 기록했다. 그녀를 통해 나는 그들을 만나고, 그곳을 시각화하고, 순례 여행의 피로감과 사람들의 마음을 공유하고 있었다. 피레네를 넘어 푸엔테 라 레이나로 가면서 중세시대부터 순례자를 지켜본 왕비의 다리에 있어도 봤다. 평원에 위치한 산토도밍고 마을에서 잘 먹지 못하는 와인을 음미하기도 했다. 부르고스를 거치면서 땅의 기운과 손에 잡힐 듯한 보리밭을 느끼기도 했다.

그 순간에 나는 깨달았다. 더 이상 지체할 수 없음을. 이렇게 간절히 마음속에 품고 있는 그곳에 아직 안 갔다는 건 어쩌면 나에 대한 배신이라는 생각이 들었다.

스페인은 나의 어린 시절부터 나와 함께한 곳이다. 나의 고향은 아니지만, 마음속에 각인된 모습에서 느껴지는 정열이 지금까지 이어지고 있다. 순례 여행은 스페인을 향한 나의 간절함을 실현하면서, 나의 내면과 마주할 좋은 기회다. 유명한 곳만을 골라서 다니는 여행보다는 어쩌면 이런 순례 여행이 필요했던 것인지 모른다. 이제껏 살아오면서 잘한 일보다는 못한 일이, 그리고 성공보다는 실패에 더 가까운 삶을 산 나 자신을 이제는 사랑하고 인정해야 할 때라는 것을 알기 때문이다.

그동안 나는 나를 사랑한다고 떳떳하게 얘기했지만, 그건 하나의 커다란 자기변명이었다. 내 삶의 자세를 똑바로 마주하면 나를 더 미워하게 될까 봐 나를 사랑한다고 스스로 암시했었다. 일기장엔 그런 나의 마음들이 나타나 있다.

2020년 난 나를 사랑하기 위해 순례 여행을 간다. 등산복 잘 차려입고, 배낭을 가볍게 메고, 푹신푹신한 운동화를 신고 있다. 나와 대화를 하면서 떠날 시간이다. 어린 시절의 숨이 멎을 듯 강렬했던 느낌의 실체를 맛보면서 한 걸음 한 걸음 내딛고 있다. 나의 발걸음은 나 자신과의 거리를 한결 가깝게 할 것이다. 드넓은 평원에서 긴 호흡을 하며 나는 외칠 것이다.

"꿈은 이루어진다!"

나는 스페인에 와 있고, 순례 여행을 하고 있다. 완주도 했다. 성지 산티아고 대성당 근처에서 순례 증명서를 손에 들고 있는 내 모습이 보인다. 또 하나의 꿈이 실현되었다. 이제 나는 또 다른 꿈을 찾아 떠나고 있을 것이다.

# 베스트셀러 작가가 되어
# 저자 특강 하기

"이젠 책 쓰기가 답이다! 이젠 책 쓰기가 답이다! 성공해서 책을 쓰는 것이 아니라 책을 써야 성공한다!"

잠에서 깬 후 내가 외치는 마법의 주문이다. 책을 쓰고 싶다고 생각한 지는 오래되었다. 하지만 그 마음을 진실로 들여다볼 수 없었다. '과연 책을 낼 수 있을까? 나의 삶은 지극히 평범하고 지루한데, 내 책을 볼 사람이 있을까? 내가 책을 쓴다면 무엇을 써야 할까?' 스스로 되묻는 질문들에 꼬리가 내려졌기 때문이다.

우연히 친정엄마가 즐겨 보는 TV드라마를 보게 되었다. TV는 거의 보지 않지만, 엄마가 집에 오셨을 땐 거실에서 함께 보기도 한다. 드라마에서 남자 주인공이 책을 출간했다. 서점에서 신간 출판기념 사인회를 하고 있었다. 겉표지를 넘기며 부드럽게 사인하고 있는 주인공이 너무 행복해 보였다. 뒤에는 저자를 만나기 위한 줄이 늘어서 있고, 저자는 독자의 이름을 쓰면서 미소를 짓고 있었다. '나도 하고 싶다' 마음에서 들리는 소리에 자꾸만 남자 주인공이 떠올랐다.

"여보, 나 책 쓰고 싶어."

올해 생각지 못한 일들이 자꾸 생겨 힘이 든 나는 마음속에 있던 말을 남편에게 전했다. 남편은 늘 그렇듯 "그래."라고 대답했다. 나를 믿지 못하는 마음이 묻어 나오는 대답이었다. 진심으로 전한 말은 식탁을 뱅그르르 돌아 바닥으로 떨어졌다. 가슴이 아팠다. 왜 남편의 대답이 내 마음을 아프게 할까? 순간 내가 살아온 날들이 생각났다.

공인중개사 자격증 공부를 하겠다고 남편에게 얘기했는데, 아버님이 열심히 하라고 책을 사 주셨다. 그 책은 어느 순간 책꽂이 장식이 되었다. 청소년 과외를 하는 나는 청소년에 대해 제대로 알고 싶었다. 그래서 청소년 교육학과를 졸업했다. 청소년 상담사 자격증을 취득해서 노후를 대비하겠다고 했었지만, 생각만 했다. 끝을 맺지 못한 일들이 많았다. 남편은 이번에도 말뿐이라고 생각하는 듯했다. 그날 이후 마음속으로 '할 수 있어'라며 중얼거리는 버릇이 생겼다.

작가를 꿈꾸며 마음의 속삭임을 좇아 긍정적인 메시지로 마음을 훈련하고, 독서도 좀 더 적극적으로 했다. 중요한 부분은 독서 기록장에 필기하고, 감상문도 정성껏 적었다. 간절함을 담은 독서를 하면서 김태광 작가의 《10년 차 직장인, 사표 대신 책을 써라》를 읽게 되었다. 책에는 다음과 같은 글이 있다.

"생존 독서에서 생존 책 쓰기로 전환하라. 생존 독서는 한자리에 머물러 있게 하지만 생존 책 쓰기는 자꾸만 더 나은 곳, 더 높은 곳으로 향하도록 채찍질한다."

간절하면 길이 보인다고 했다. 이 책의 구절은 나를 앞으로 나아가게 했다. 머뭇거릴 시간조차 아까웠다. 〈한책협〉의 〈1일 특강〉을 신청했다. 처음으로 긴 시간을 홀로 여행했다. 늘 듣던 음악 가사를 하나하나 음미하고, 지나가는 자동차나 버스에 누가 타고 있을까 궁금해하는 나 자신이 신기했다. 쉴 틈 없이 특강 장소로 달렸다. 새로운 곳으로 향하는, 움츠렸던 마음의 강한 떨림이 좋았다.

강의장 맨 앞자리, 여러 뛰어난 작가님들이 앉았던 특별한 자리가 내 자리였다. 임원화 작가가 옆에 앉았다. 준비해 온 책을 내밀어 처음으로 작가 사인을 받았다. 그녀의 동생 임선영 작가는 바로 내 뒷자리에 있었다. 임선영 작가의 얘기를 들었다. 쉬는 시간엔 그들과 얘기를 좀 더 했다. 눈물을 보이는 그들의 모습에서 행복을 느낄 수 있었다. 나도 그들과 함께 시작할 수 있다. 김태광 대표 코치의 열정적인 강의와 임원화 작가의 특별한 노하우를 생생히 접하면서 확신을 가졌다. 니시다 후미오 작가는 《된다, 된다 나는 된다》에서 이렇게 말했다.

"'할 수 있다'와 '하고 싶다'에는 엄청난 차이가 있다. '하고 싶다', '하면 좋겠다'라는 생각의 뒤편에는 '무리일지도 모른다'는 예감이 숨어 있다. 표면으로 드러난 의식적 희망보다 이면에 숨은 무의식적 예감이 훨씬 강력하며 실현되기가 쉽다."

나는 마음속으로 다짐했다. "할 수 있다."라고. 한 권의 책이 나를 변화시켰다. 아니 한 구절이 나를 변화시켰다. 평생 즐겁게 할 수 있는 일을 찾고자 여러 가지를 해 봤다. 만족보다는 끝맺지 못한 것들에 대한 실패의 기억이 더 강했다. 그러나 이제는 할 수 있다. 확신이 들었다. 내가 쓴 글이 누군가를 변화하게 하고, 삶의 가치를 높일 수 있도록 돕는 것, 바로 이것을 하고 싶었던 것이다. 평생 즐겁게 할 수 있는 일을 찾았다.

나는 개인저서를 쓰는 데 매진할 것이다. 그러기 위해 나만의 경험, 생각, 장점 등을 열심히 찾고 있다. 나만의 진솔한 얘기로 책을 쓸 것이다. 한 권의 책으로 누군가의 삶을 변화시키고, 사람들과 소통하는 일을 시작할 것이다. 독자의 메시지를 받고, 긍정의 기운을 주고받는 연속적인 삶을 시작할 것이다. 서점에 나란히 진열되어 있는 책들 속에서 내 이름을 발견하고, '저자 특강'이라는 홍보물을 보면서 떨리는 마음을 진정시키고 있을 것이다.

살면서 힘이 들 때 항상 옆에 있었던 책. 어떻게 살 것인가에 대한 해답을 찾기 위해 시작했던 독서. 이젠 나의 얘기를 해 줄 것이다. 삶이 순탄하지 않아 돌파구가 필요할 때 힘을 주고, 부정적인 생각으로 자신과 주위 사람을 힘들게 할 때 긍정에너지로 바꿀 수 있는 얘기를 해줄 것이다. 생각만으론 상상에 지나지 않는 일들을 행동으로 현실화하는 방법을 얘기할 것이다.

책이 나오면 열심히 저자 특강도 할 것이다. 눈을 맞추며 소통하는 걸 참 좋아하기 때문이다. 넓은 공간보다는 마이크가 없어도 내 얘기를 들을 수 있는 공간에서 저자 특강을 할 것이다. 독자들과 함께 소통하는 내 모습은 생각만으로도 신나고 흥분된다.

"행복하십니까? 저는 행복합니다."

은은한 불빛 아래 이야기를 시작하는 내 모습. 당당한 작가의 모습으로, 베스트셀러 작가로 열심히 살고 있는 내 모습은 더 이상 낯설지 않다. 오히려 독자의 이름을 물어 책 표지에 사인을 해주고, 독자들과 진솔한 얘기를 나누는 내 모습이 더욱 익숙할 것이다. 생존 독서를 하면서 발견한 황금 티켓 같은 글귀를 행동으로 실천했던 그 순간을 기억할 것이다. 그러면서 나는 또 다른 주제를 찾아 책을 쓰고 있을 것이다. 마법의 주문을 외우면서.

# 어른 놀이터를 만들어서
# 신나게 놀기

어릴 적 대구의 유명한 서문시장 근처에서 살았다. 단독 주택들이 많은 곳이라 동네 구석구석을 누비며 놀았다. 고무줄 사이사이 다리를 넣어 놀았던 고무줄놀이, 두 편으로 나뉘어 대장을 지키기 위해 열심히 뛰어다녔던 전쟁놀이, 우유팩이나 음료수 뚜껑으로 만든 딱지를 뒤집는 딱지치기, 돌멩이를 발등부터 머리까지 올려 가며 상대편 돌을 넘어뜨리는 놀이 등을 했다. 밤에는 조용한 서문시장을 탐험했다. 어두워서 귀신놀이 장소로 아주 적합했다. 그리고 가끔씩 동전들을 줍는 행운은 서문시장 탐방을 자주 하게 만들었다.

"대장!"

한 친구가 나를 불렀다. 놀이에서는 죽을힘까지 내는 나였기에 골목대장은 언제나 나였다. 그 친구가 나에게 손짓을 했다. 따라오라고 했다. 낮은 건물의 아파트였다. 고개를 숙이고 앞으로 전진하는 행동을 이상히 여기며, 나도 따라 했다. 지금 생각해 보니 경비 아저씨가 있는 초소였다. 조마조마한 마음에 어떻게 지나갔는지 몰랐다. 처음으로 긴장해서 한 행동이었기 때문이다.

친구를 따라 들어간 곳에는 미끈한 그네가 3개 있고, 미끄럼틀과 늑목, 시소가 있었다. 당시엔 유치원도 다니지 못했기 때문에 그런 놀이기구를 처음 접했다. 천국이 있다면 바로 이곳이라 생각할 정도였다. 같이 간 친구들과 그네를 하나씩 타고 하늘을 향해 열심히 날아오른 기억은 비행기를 처음 탔을 때의 감동보다 컸다. 친구와 더 높이 올라가기 경주를 하다가 고개를 돌리니 눈부신 미끄럼틀이 있었다. 미끄럼틀 위에서 친구를 따라 앉아서 내려가고, 엎드려 내려가고, 누워서 내려가던 재미를 잊을 수가 없다.

"야, 너네 비켜."

작은 키에 눈이 큰 녀석이 소리를 질렀다. 무시하고 계속 미끄럼틀을 탔다. 녀석은 반응 없는 우리를 째려보다가 사라졌다. 이번엔 시소를 탔다. 덜컹덜컹 소리를 내며 친구와 번갈아 오르락내리락하고 있을 때였다. 작은 키의 그 녀석이 보였다. 아저씨도 보였다. 친구가 달리기 시작했다. 멍한 표정으로 보고 있던 나를 아저씨가 잡았다.

"이 아파트에 사니? 여기는 아파트 주민만 놀 수 있는 곳이야."

아저씨는 그렇게 얘기하면서 나에게 꿀밤을 한 대 먹였다. 아파서 눈물이 나려고 했는데, 작은 키의 녀석이 웃으면서 쳐다보고 있었다. 눈물을 참으며 그 녀석을 노려봤다. 부끄럽고 화가 났다. 경비 초소를 향해 당당히 걸어가며 다시 한 번 뒤돌아봤다. 미끈한 그네, 은빛 나는 미끄럼틀, 오르락내리락하는 시소를. 나의 놀이터 첫 경험은 그렇게 끝났다. 그 뒤로 그 놀이터를 수차례 찾아갔다. 첫 경험의 아픈 기억보다는 놀이터에서 노는 즐거움이 더 컸기 때문이다. 노련함이 생겨서 더 이상 꿀밤을 맞는 일은 없었다.

"아들, 조심해야지!"

미끄럼틀을 타고 내려오는 우리 아들을 바라보며 얘기한다. 나의 어릴 적과 달리 아들이 태어난 지금은 놀이터가 흔하다. 시소도, 정글짐도, 그네도 있는 놀이터가 아파트 단지 내에도 여러 군데고, 학교나 일반 공원에서도 쉽게 접할 수 있다. 개구쟁이 아들도 놀이터라면 사족을 못 쓴다. 미끄럼틀을 앞으로도 뒤로도 무서움 없이 여러 방법으로 타고 내려온다. 거꾸로 올라가 미끄러져 내려오길 수차례 하면서도 깔깔거리는 모습이 참 새롭게 다가온다. 바라보는 엄마의 가슴은 쿵쾅거리는데 활짝 핀 아들의 미소는 온 세상을 비춘다. 갑자기 같이 놀고 싶다는 생각이 들었다. 한 계단 한 계단 타고 올라가서 같이 미끄럼틀을 타고 내려오고 싶었다. 주위를 살피며 미끄럼틀을 함께 타고 내려왔다.

"애들 미끄럼틀을 어른이 왜 타누."

지나가는 할머니의 얘기에 벌떡 일어났다. 할머니는 아파트 안에 있는 미끄럼틀이라서 고장 나면 관리비에서 수리비가 빠진다고 버럭 화를 내셨다. 관리비는 애기 엄마도 내겠지만, 고장 나면 아이들이 그동안 타지 못하는데 쓸데없이 왜 타냐고 타박을 주셨다. 목소리가 얼마나 쩌렁거리는지 귀가 아팠다. 동그란 눈으로 나를 쳐다보는 아이 앞에서 "할머니, 아들이랑 한번 타 보고 싶어서 그랬어요."라고 기어 들어가는 목소리로 대답했다. 더 놀고 싶다는 아들을 데리고 빠르게 집으로 향했다.

그 뒤로 나에게는 미끄럼틀만 보면 타고 싶다는 생각과 어른이 타면 안 된다는 생각이 공존한다. 쩌렁거리는 할머니의 목소리가 나를 빨갛게 달아오르게 하고, 아이가 놀라서 쳐다보던 그때의 상황이 내 기억 속에 너무 크게 자리 잡아 버렸다. 그래서인지 놀이터에 대한 기억은 씁쓸함으로 채워졌다. 화창한 날 놀이터를 지나다 보면, 커 버려서 자유롭게 탈 수 없는 미끄럼틀, 하늘 높이 오르기를 할 수 없는 그네, 엉덩이를 겨우 비집고 앉아서 아들과 유일하게 놀 수 있는 시소만이 나를 반겼다. 놀이터에 대한 나의 꿈은 이렇게 시작되었다.

'어른 놀이터'로 검색을 해 봤다. 신기하게도 마음이 통하는 사람들이 있었다. '어른이 놀이터'라고 부르며 장소를 소개하고 있었다. 어린 시절의 향수를 불러일으키는, 슈퍼히어로가 구비된 일렉트로 마트, 그곳은 성인 남자들이 좋아할 만한 곳이었다. 드론 존에서 드론을 날리거나 스마트 토이를 스마트폰으로 조종하는 모습을 보여 줬기 때문이다. 또 다른 곳은 아이들과 함께 트램펄린을 하는 장소였다. 홍대입구 6번 출구 근방의 경의선 책 거리로, 도심 속 여유를 즐기는 어른 놀이터라고 했다. 하지만 나의 시선을 끈 것은 괴기스러운 분위기의 공포 영화처럼 어두컴컴한 분위기에 군데군데 귀신 소품들을 설치해 놓은, 술을 마시는 곳뿐이었다. 소개된 어른들의 놀이터는 내가 원하는 놀이터가 아니었다.

노는 것에 집중해서 아무것도 생각할 수 없던 시간, 웃고 넘어지고, 다시 일어나며 현재를 즐기던 그 시간을 만끽할 수 있는 놀이터를 갖고 싶다. 조금 여유가 생기는 시점이 되면 어른 놀이터를 만들고 싶다. 함께 지금 이 순간을 놀이에만 집중할 수 있는 공감 놀이터. 혼자 와서도 금방 친해져 함께 놀이를 할 수 있는 어른 놀이터를 갖고 싶다. 내가 하고 싶은 모든 것들을 만들어 놀고 싶다.

'SM 놀이터'

도심보다는 한적한 시골 폐교에 자리 잡고 있다. 교문을 열고 들어가면 운동장 왼쪽 옆으론 어른 맞춤의 미끄럼틀이 있다. 또한 어른이 타도 하늘 높이 날 수 있는 그네들이 줄지어 서 있다.

운동장 트랙에서는 1970~1980년대 댄스 음악을 배경으로 바퀴에 몸을 맡긴 채 롤러스케이트를 탈 수 있고, 트랙 안쪽에는 땅따먹기를 할 수 있는 그림이 그려져 있다. 운동장 오른쪽으로는 자판기가 준비되어 있다. 자판기 앞에는 음료수 내기 종이컵 차기를 위한 공간이 준비되어 있다. 100~150원 하는 커피를 즐겁게 마시며, 강의가 끝난 쉬는 시간에 종이컵 차기 내기를 하던 그때의 모습을 고스란히 담고 있다.

1층 교실 한 칸에서는 추억의 학교놀이를 할 수 있고, 다른 반 두 칸에는 DJ가 사연을 읽고 음악을 틀어 주던 음악다방이 있다. 그곳엔 우리의 영원한 오빠들의 모습을 담고 있는 포스터가 벽을 화려하게 장식하고 있다. 상상만으로도 행복한 놀이터다. 남에게 보여 주기 위한 곳이 아닌, 나를 위한 휴식 공간이다. 나와 같은 추억을 간직한 이들을 위한 놀이터다. 어린 시절의 마음을 느껴 보고, 함께 온 이들과 얘기하며 또 다른 인연을 만들어 가는 놀이터. 오늘도 그 놀이터에서 무엇을 하며 놀까 상상하며 즐겁게 하루를 마무리한다.

# 성공 바이러스 뿌리는
# 메신저 되기

수년 전 '자기주도 학습'이 한창 붐일 때가 있었다. 지금도 자기주도 학습이 인기가 없는 건 아니다. 하지만 초창기라 자기주도라는 단어만 들어가도 교육과 관련 있는 학부모, 학원 강사, 학생 등의 시선을 사로잡았다.

'구수산 도서관 자기주도 학습'

도서관에 주민을 위한 프로그램이 있었다. 인기 있는 강좌라 접전 끝에 듣게 되었다. 수업은 순간순간의 재미와 풀어가는 과정이 독특했다. 그때 강사님은 여강사님이었다. 그녀의 강의 내용은 신선했다. 목소리도 사람의 가슴에 포근히 와 닿게 강약 조절이 뛰어났다. 행동도 참 멋있었다. 자신의 생활을 당당하게 얘기하는 모습이 더욱 몰입하게 만들었다.

혼자 많은 인원 앞에서 강의하는 모습은, 고등학교 시절 무대에 올라 후배들한테 얘기하던 나의 모습을 떠올리게 했다.

"시간 내에 맡은 프로그램 만든다고 수고했어요. 우리는 유에 창의성을 더해 더 나은 유를 만드는 겁니다. 우리 선배님, 후배님들 다들 수고했어요. 하지만 우리가 신경 써야 하는 건 전시회에 온 손님들을 위해 컴퓨터 프로그램이 오류가 나지 않도록 하는 거예요. 우리 후배님들 잘 준비할 수 있나요?"

큰 목소리로 대답하는 후배들을 바라보았다. 초롱초롱한 눈빛으로 단상을 바라보는 모습이 너무 보기 좋았다. 맨 끝줄의 선배들은 이런 나를 보며 웃고 있었다. 그 모습을 단상에서 보니 무섭기만 하던 분들이 너무 다정해 보였다. 맨 앞 강단에 서 있는 내가 떨지 않고 말을 하고 있었다. 대단한 용기였다. 내 말을 잘 듣고 있는지, 아닌지를 확인하면서, 시선을 하나하나 훑을 때의 묘한 감정을 잊을 수 없다. 강단에서의 색다른 경험이 마음에 들었다. 나중에 이런 자리에서 나도 강연을 하면 좋을 것 같다고 생각했다.

그때의 감정이 여강사님을 보며 떠올랐다. 마음속 어딘가에 꼭꼭 숨어 있었나 보다. 강의를 듣는 순간 본능이 꿈틀대는 걸 느꼈으니 말이다.

자기주도 학습 자격증을 따곤 강사님에게 몇 번 연락을 했다. 나도 강연을 하고 싶다는 생각에 강의 내용을 위해 사용한 자료에 대해, 어떤 식으로 강연하는지에 대해 물었던 것 같다. 강사님은 잘 얘기해 주셨다.

하지만 삶이라는 현실 앞에서 꿈보다는 하루하루 돈을 버는 것에 집중할 수밖에 없었다. 그렇게 나의 꿈은 시들어 갔다. 생각날 틈도 없이. 그저 과외 하는 학생을 모으는 일에 집중하면서 살았다. 돈을 사랑하는 사람으로 살았다. 돈을 좇아가다 보면 돈이 저절로 들어올 것처럼 돈을 열심히 스토킹했다. 하지만 돈은 그런 날 기만했다. 돈을 조금 모았다 싶으면 어느새 후르르 나갈 일들이 생겼다. 뿐만 아니라 돈 때문에 내 인생에서 잠깐, 큰 실수도 했다. 삶이 싫었다. '돈'이라는 별것 아닌 놈에 내 삶이 이리저리 좌우되고, 기분도 들쭉날쭉해지는 것이 너무 싫었다.

"I want to be 'ME'(나는 나이기를 원한다)."

닉 부이치치가 말했다. 다시 태어날 수 있다면, 금수저로 태어나 남 부럽지 않게 잘 살고 싶은 나다. 그런데 저 사람은 뭔가? 팔과 다리가 없는 불편한 모습임에도 불구하고 '내가 되기를 원한다'고 말하고 있다. 그뿐만이 아니다. 사람들 앞에서 신체를 이용해 자신만의 방법으로 일어나는 모습을 보여 준다. 그러면서도 팬들과 사진을 찍으며 얄궂은 표정을 짓기도 하고, 유쾌한 목소리로 장난을 치면서 자신의 얘기를 한다.

'닉 부이치치가 웃고 있다. 장난을 치고 있다. 어떻게 그럴 수 있지?'

부이치치는 선천적으로 팔다리를 가지지 않은 채 태어났다. 그는 자신의 모습을 보면서, 여덟 살 이전에 수차례 자살을 시도했다. 그러나 그때마다 자신의 곁에서 사랑을 일깨워 주는 가족이 있었다. 가족은 부이치치에게 삶의 철학을 알려 줬다고 한다. 또한 부이치치에게는 자신을 이해해 주는 친구들이 있었다. 그는 그들과 함께한 청소년 시기에 학생회장, 스케이트보드 타기, 서핑, 드럼까지 섭렵했다고 말했다.

그는 강연하는 내내 유쾌한 표정을 지었다. 아픈 과거를 꺼내 보이기 싫었을 텐데, 자연스럽게 과거를 얘기하고 있었다. 지금 자신에게는 너무나 소중한 아내와 두 아들이 있다고 자랑하기도 했다. 과거의 아픔이 오히려 자신을 더욱 강하고 단단하게 만들었다고 말하며 미소지었다. 그의 얘기는 나의 머리와 가슴을 심하게 도끼질했다. 그를 보며 내 삶을 다시 수정해야 한다고 생각했다. 오랜 시간 동안 내 안에서 곪아 왔던 것들이 한꺼번에 터져 나오는 것 같은 기분이 들었다.


'내 삶에서 중요한 것은 뭘까?'

스스로에게 묻기 시작했다. 다시 되묻고, 절실히 답을 구하기 시작했다. 되돌아 보니, 돈이 없어서 아팠던 기억들보다 비록 돈은 없었을지라도 즐거웠던 기억들이 먼저 떠올랐다. 돈을 벌기 위함이었지만 여러 일을 해 보면서 다양한 경험을 쌓을 수도 있었다. 그리고 지금은 내가 주체인 가족도 있다. 사랑하는 남편과 개구쟁이 아들이 내 곁에 있다. 그들과 함께하는 삶 속에서 돈은 수단이고, 많으면 좋지만 없어도 '행복'하다는 걸 느낀다.

나는 '돈'이라는 것에 집중하면서 부정적인 것만을 내 몸에, 내 머리에, 내 주위에 채우고 있었다. 돈에 휘둘리며 내 삶을 불행하게 만드는 어리석은 행동만을 반복하고 있었다. 돈은 살아 있는 요물이다. 내 삶에서 더 중요한 것을 찾자.

인생을 생각하면서 매일 나 자신과 주고받는 말이 있다. '어떻게 살 것인가'. 삶을 잘 살았다고 얘기하고 싶은 나의 갈증을 푸는 방법이다. 닉 부이치치의 강연을 듣고 내 삶을 수정하고 있다. 어리석은 삶을 수정하고 더 나은 삶을 살라는 내면의 소리에 귀 기울이며 앞으로 나아가고자 노력하고 있다.

나는 닉 부이치치 같은 강연가가 되고 싶다. 그는 선천적인 장애로 힘든 삶을 살면서 극단적인 선택을 하고 자신의 삶을 놓는 경험까지 한 사람이다. 하지만 그것을 기회로 다시 일어섰다. 삶을 대하는 자세가 더 강한 사람이 되어, 사람들에게 희망을 주고 있다. 한 사람의 강연이 누군가에게 삶의 가치를 생각하게 하고, 행복한 삶을 살도록 삶의 자세를 바꾸어 주고 있다. 놀라운 직업이다. 축복받은 직업이다.

나도 그런 역할을 하고 싶다. 이젠 지나가는 꿈이 아닌, 현실에서 실행하고 있는 내 모습을 생각한다. 준비가 필요하다면 성실히 준비하고, 삶에서 희미해지지 않게 꾸준히 갈망하며 노력할 것이다. 기회가 오면 놓치지 않고 바로 잡을 수 있게 준비된 자가 될 것이다.

고등학교 시절, 강단에서 나의 얘기를 듣고 있던 초롱초롱한 눈들을 생생히 떠올린다. 그러면서 마음을 다잡게 해 주는 글을 읽어 본다. 미국의 제30대 대통령이었던 캘빈 쿨리지는 다음과 같은 글을 남겼다.

"이 세상에 끈기를 대체할 수 있는 것은 없다. 재능은 아니다. 재능 있는 실패자는 너무나 많다. 천재성도 아니다. 인정받지 못한 천재는 세상의 웃음거리다. 교육도 아니다. 세상에는 교육받은 낙오자가 너무나 많다. 끈기와 결의는 무한한 힘을 가지고 있다. 인류의 문제는 '계속하라'라는 표어로 해결되어 왔고, 앞으로도 그러할 것이다."

참고 견뎌 내기만 한다면, 다소 늦고 빠르고의 차이는 있겠지만, 기회의 문은 반드시 열릴 것이다. 오랫동안 큰 소리로 문을 두드린다면 분명 안에 있는 누군가 잠을 깨고 나오지 않겠는가?

나는 믿는다. 끈기 있게 강연가가 되기 위해 준비할 것을. 강연가로서의 뜨거운 삶을 살면서 누군가에게 나와 같은 삶의 변화를 가져다줄 수 있다는 강한 신념을. 오늘도 나는 나의 믿음이 이루어지는 날을 생생하게 상상하며 하루를 맞이한다.

# 대한민국 젊은이들의
# 창업을 지원하기

세상에 대해 지금보다 더 알지 못할 때 나는 경제학과를 선택했다. 경영학과는 전문적인 한 부분만을 접할 수 있는 학문이라고 생각했다. 반면 경제학과는 사람의 모든 행동과 심리의 근본 이치를 읽을 수 있는 학문이라고 생각했다.

"자네는 경제학과에 왜 왔지?"

교수님과의 면접에서 질문을 받았다. 그때는 그냥 "경제가 좋아서요."라고 대답했을 뿐이었다. 교수님 앞이어서 긴장한 탓도 있었고 어떻게 이야기를 해야 내 생각을 잘 전달할 수 있을지를 몰라서 그랬던 것 같다. 지금 생각해 보면, 어리다면 어린 열아홉 살의 나이에 그렇게 생각한 것이 놀랍고 신기하다. 누군가에게 들었던 것일까? 평생을 좌우할지도 모르는 중대한 기로에 서서 인생의 한발짝을 내딛는 일에 막연한 느낌을 앞세웠다니, 참으로 무모한 도전이었다는 생각도 든다. 부모님께서는 매사에 내가 스스로 결정하도록 하셨기 때문에 경제학과에 진학하기로 한 선택도, 그이후에 일어날 결과도 모두 내 몫이었다.

"저희를 도와주세요!"

머리를 숙여 정중히 요청하는 성유리와 차태현. 언제였는지는 잘 모른다. 흔한 청춘들의 사랑 얘기가 줄거리의 핵심일 거라고 생각하며 가볍게 보던 드라마였다. 차태현 씨가 남자 주인공으로 아주 잘나가는 회장 아들이었던 걸로 기억한다. 그런데 어떠한 일로 회사가 넘어가게 되었다. 회사를 다시 찾기 위해선 주식의 지분이 필요했다. 갑자기 주주 간의 싸움, 지분 싸움의 내용이 이어져 열심히 보기 시작했었다. 주식이란 것에 대해서 조금 알고 있을 때였기에 그 드라마는 나에게 또 다른 재미를 주었다. 주주 간의 싸움에서 누가 이길 것인가? 과연 성유리와 차태현을 도와주는 구세주는 누가 될까? 그 궁금증을 풀기 위해 열심히 봤던 기억이 난다.

"그 돈이 왜 필요하지? 내가 뭘 믿고 도와줘야 하지?"

그들을 도운 이는 돈은 많지만 음지에서 활동하는 김혜자 선생님이었다. 그녀는 돈이 많을뿐더러 삶 속에서 돈의 흐름을 제대로 읽는 숨은 경제인이었다. 그녀가 차태현 씨의 진심을 알고 도움을 줄 때, 나는 '검은 손'을 생각했다. 보통 뉴스에서 접할 수 있는 '검은 손'이란 음지에서 경제를 쥐락펴락하는 사람들을 뜻한다. 그들은 큰돈을 가지고 있는 사람들이다. 하지만 떳떳하지 못한 방법으로 모은, 출처를 알 수 없는 돈이기에 정의롭게 쓰기보다 자신의 권력이나 야망을 위해 쓴다. 그러나 나는 '검은 손'을, 김혜자 선생님의 역할처럼 어떤 방법으로 모았는지는 모르나 제대로 사람과 사업을 살펴보고 돈을 쓰는 사람으로 정의한다. 그래서 나는 '검은 손'이 되고 싶다. 음지에서 도움을 주는 정의의 손이 되고 싶다.

내 카카오톡 아이디나 닉네임에는 숫자가 있다. '444'. 숫자 4를 좋아해서 세 번을 나란히 쓴 것이 아니다. 한때 주식을 하면서 '444억 원 정도는 있어야 정의로운 검은 손이다'라는 나만의 원칙 아래 만든 금액의 숫자다. 그때부터 나는 444억 원의 수표를 만들어 지갑에 넣어 뒀다. 지갑을 열면 그 수표가 제일 먼저 눈에 띄도록 했다. 매일매일 간절히 꿈을 꾸기 위해서다. 사용처도 적어 뒀다.

'100억 원은 나와 내 가족을 위해서, 100억 원은 사회 환원을 위한 사회적 기업을 위해서, 100억 원은 우리 세대가 신나게 놀 수 있는 놀이터를 위해서, 그러면 나머지는?'

아직 나머지 144억 원의 사용 용도는 없다. 정의로운 '검은 손'이 될 수 있는 사용 용도는 없을까? 생각하던 중, 《명견만리》를 읽게 되었다.

"신제품 발표회 입장권을 10만 원 넘게 주고 사는 청년들. 예 닐곱 명씩 한 아파트에 개미처럼 모여 살면서도 거대한 꿈을 꾸는 젊은이들. 80년대 출생 선배 창업가들이 90년대 출생 후배 창업 가들을 끌어 주고 키워 주는 문화. 무엇이 중국의 젊은이들을 움 직이나. 어떻게 중국은 세계 창업 1위국이 되었나."

이 글을 읽는 순간 내가 해야 할 일을 알았다. 《명견만리》에 서 내 역할을 찾은 것이다. 가슴이 떨린다. 알리바바의 회장 마윈 도 자신의 후배들인 창업가들을 지원한다고 했다. 1990년대 창 업가 주링허우 세대들은 선배들의 도움을 자연스럽게 받는다. 자 신만의 꿈을 위해 도전하고, 창업하며 앞으로 나아간다. 그들에겐 두려움이 없다. 자신을 응원하는 선배가 있고, 항상 성공의 기회 가 있다고 믿기 때문이다. 열심히 자신의 꿈을 위해 달리는 그들 중에서 알리바바의 회장 마윈처럼 성공한 사람이 나올 것이다. 그 리고 그런 그들이 다시 후배들을 지원한다. 자신의 경험과 격려를 아끼지 않으면서. 이를 통해 긍정적인 선순환을 이끌어낸다는 사 실이 나를 더욱 자극했다.

'그래, 바로 이거다. 우리나라의 창업가들을 돕자.'

나의 444억 원의 사용처가 완성되었다. 우리나라는 한 번 창 업을 하기도 힘들지만, 그 한 번의 창업으로 성공을 이루어야 한 다. 실패의 고통이 너무나 크기 때문이다. 나 또한 창업을 한 적이 있다. 그러나 직원으로 일하는 것과 경영자로 일하는 것은 다르다는 것을 그땐 몰랐다. 직원일 때처럼 그저 열심히만 하면 성공은 저절로 따라오는 줄 알았다. 계약 기간을 힘겹게 버텨냈지만 결과는 참담했다. 내가 가진 것을 다 투자하고 대출까지 받아서 했던 창업이었다. 삶을 살아갈 기력조차 없었다. 일어설 수 없을 정도였다. 실패의 틈을 메우고자 그토록 부정하고 외면했던 주식과 높은 금리의 대출을 사용했으니 삶을 제대로 살 수 있었을까. 우리 창업 청년들은 이런 아픔을 겪지 않아야 한다. 창업 청년들은 대학 졸업 후라 투자금이 없을 것이다. 은행에서 그들에게 담보 없이 대출을 해 주지도 않을 것이다. 그래서 대출은 생각만 해 볼 뿐일 것이다. 중국의 1990년대 주링허우 세대가 누리는 특권을 우리 청년 창업가들도 받을 자격이 있다.

청년 창업가들의 힘은 경제의 단단한 초석이 될 것이다. 실패는 성공의 어머니라는 말이 있듯이 창업을 두려워하기보다는 도전하고, 실패해도 칭찬을 받고 다시 도전할 수 있는 시스템이 마련되어야 한다. 미래를 밝힐 수 있는 시스템, 개인적인 삶에 좋은 경험과 더 나은 삶으로 나아갈 수 있는 기회를 주는 시스템. 나는 그 시스템에 함께하고 싶다. 드라마를 보며 생각했던 나만의 '검은 손'을 이루고 싶다.

사회의 주축인 젊은이들의 희망과 도전을 응원하는 대한민국

이길 바란다. 이들이 사는 대한민국이 성공을 향한 다양한 도전들이 존재하고, 실패를 바라보는 사람들의 시선이 긍정적인 사회이길 바란다. 나는 앞으로 생길 돈의 사용처를 찾아 아주 행복하다.

"정부는 우수 인재들이 혁신창업에 도전하고 글로벌 기업으로 성장할 수 있도록 '혁신창업 환경 조성', '벤처투자자금 확대', '창업·투자 선순환 체제 구축' 등 3대 정책과제를 제시했다. 이를 위해 창업기업의 재산세를 3년간 면제해 주고 소득세·법인세도 최대 75% 감면해 주기로 했다…"

2017년 11월 2일 자 〈한경신문〉에 실린 기사다. 창업에 대해 정부가 생각을 나와 같이하니 즐거운 상상은 더욱 확신에 찬다.

# PART 9

# 자녀교육 코칭센터 운영하며 책 쓰고 강연하기

박 미

## 박미

**교원 빨간펜 사업처장, 자녀교육 코치 전문가, 학습 진로, 부모교육 강연가, 자기계발 작가**

10년 동안 교원 빨간펜에서 자녀교육 상담전문가로 활동하고 있으며, 현재는 산하 조직을 관리하는
사업처장으로 조직사업을 하고 있다. 자녀교육과 진로, 동기부여 강연가로 사내 강연 활동을 하고 있
으며, 자녀교육 코칭 메신저로서 아이와 함께 성장을 꿈꾸는 모든 어머니들의 길잡이 역할을 하고자
한다. 울타리 밖 선생님들의 꿈을 담은 '자녀교육'을 주제로 개인저서를 집필 중이다.

E-mail  asdf1329382@naver.com          Kakaotalk  asdf1329382
C·P  010-5171-3001

# 울타리 밖 선생님들의 꿈이 되기

어린 시절을 회상하면 늘 연기가 피어오르는 해 질 녘 풍경이 떠오른다. 아버지가 시골 초등학교 선생님이셨기 때문에 나는 어린 시절 시골 학교 사택에서 살았다. 교실은 오후 시간이 되면 내 놀이방이었고, 운동장은 내 놀이터였다.

어쩌다 시골 장이 열리는 날이 내가 교문을 나가는 유일한 나들이 날이었다. 지금은 선생님의 권위가 바닥이지만 그 당시만 해도, 특히 시골 학교 선생님의 권위는 마을 사람들에게 절대적이었다. 아버지는 무섭기로 소문난 호랑이 선생님이셨다. 그래서 짓궂은 남자아이들조차도 나를 피해 다닐 정도였다. 지극히 소심하고 말이 없었던 나는 그런 엄한 아버지 밑에서 그야말로 온실 속의 화초 같은 딸로 자랐다.

엄한 아버지, 학교라는 삶의 공간. 지금 생각해 보면 선생님이 되고 싶다는 마음 이전에, 나는 당연히 선생님이 되어야 한다고 생각했었던 것 같다. 나는 그 좁은 시골에서 '박미'가 아닌 '박 선생 딸'이었다.

그 시절 모든 여학생의 로망이었던 사대에 떨어지고 난 그저 점수에 맞춰서 대학을 갔다. 그렇게 '선생님'이라는 직업은 내 인생에서 멀어지는 줄 알았다. 대학 1학년, 우연히 야학 동아리에 들어가게 되었다. 지금은 영화에서나 볼 수 있는 '야학 동아리'. 대학 캠퍼스는 온통 최루탄 냄새로 뒤덮였고 6·10 항쟁의 정점일 때라 나는 동아리 활동 내내 아버지와 대립했었다. 지금은 그 당시 공무원 신분이었던 아버지 마음을 충분히 이해할 수 있지만 그때는 아버지 말이 전혀 들리지 않았다. 지금 돌이켜 보면 그 대쪽 같으신 분이 얼마나 힘드셨을까 하는 생각이 든다. 내 자식을 키워 보니 알겠다.

나는 결국 2년 만에 동아리 활동을 접었다. 그리고 그때부터 무언의 시위인 양 '박 선생 딸'이 아닌 '박미'라는 내 이름을 서서히 내 안에서 찾아 가기 시작했다. '야학'을 그만둔다는 조건으로 나는 그나마 아버지의 틀에서 벗어날 수 있는 멋진 시간의 자유를 찾았다. 내 안에 또 다른 열정이 있다는 것을 새롭게 발견할 때마다 가슴이 뛰었다. 4년 내내 걸어 다녀 본 적이 없을 정도로 뛰어다녔다. 카페 DJ, 그룹사운드 사회자, 꽃꽂이 동아리 회장…. 고삐 풀린 망아지처럼 하루 24시간이 아까워 어쩔 줄 몰랐다.

꿈같은 시간도 잠깐. 나에게 되어야 하는 것이 아닌, 하고 싶은 일이 생겨났고 또다시 아버지와 대립하게 되었다. 꽃꽂이동아리를 하면서 유학을 가야겠다고 생각하며 혼자서 몰래 일본어 공부를 하기 시작했다. 아마도 그것은 아버지를 벗어나 더 많은 것들을 해 보고 싶은 욕심 때문이었을지 모른다. 결국 혼자 준비한 유학 은 나에게서 멀어졌다. 나는 취업 준비도 못한 채 졸업하면서 잠 시 용돈벌이로 외국어 학원에서 일본어 강사로 일하게 되었다.

그렇게 나는 또다시 분필을 들었다. 잠깐 동안일 거라 생각했 던 가르치는 일을 10년 동안 하게 될 줄은 꿈에도 몰랐었다. 그 후 사회적 알람으로 불리는, 남들과 다르지 않은, 아버지가 원하 는 삶을 살기로 했다. 아버지와 부딪치지 않아서 무엇보다 마음이 편했다.

그런데 어느 날 예쁜 두 딸아이가 생기면서 그동안 내 안에 있 던 열정들이 다시 뿜어져 나오는 것을 느꼈다. 나는 아이들 교육 에 올인하는 열띤 엄마로 변해 있었다. 하지만 아이들을 위한 교 육이 아니라 내가 하지 못했었던 것을 보상받으려는 양, 10년 가 까이 엄마가 아닌 선생님으로 군림했다. 지금 내가 일하고 있는 회사에 오기까지, 난 마치 사이보그 엄마 같았다.

"난 수업하는 것은 싫어요, 영업을 배우고 싶어요."

지금 생각해 봐도 진상 중의 진상이었다. 그렇게 내 발로 들어온 지금의 회사. 내 아이만 가르치겠다면서 시작한 회사생활 6개월 만에 나는 고객 수업을 하게 되었다. 아이들을 가르치는 울타리 밖 학습지 선생님으로 영업 현장에 뛰어들었던 것이다.

그렇게 시작한 일은 나에게 많은 생각의 변화들을 가져다주었다. 먼저 시장에서 콩나물 값을 깎지 않았다. 또한 운전 배울 때 절대 양보하지 말라고 들었던 택시에도 양보하게 되었다. 대신 낮시간 선글라스 끼고 운전하는 아줌마들에게는 양보하기 싫어하는, 어느덧 철든 엄마가 되어 가고 있었다.

하지만 학습지 교사의 일은 지금도 그렇지만 녹록지는 않았다. 특히 영업과 병행하는 일은 그야말로 두 마리 토끼를 잡아야 하는 철인3종 경기와 같다고 할까? 세상에 공짜는 없는 법! 힘든 만큼 그동안 학교에서는 배울 수 없었던 세상공부를 할 수 있었다. 나는 회사에서 진짜 공부를 시작했고, 내가 무엇을 잘하고, 무엇을 좋아하는지를 나이 마흔이 넘어서 처음 알게 되었다.

내 아이에게 쏟을 에너지를 뺏기기 싫어서 수업을 않겠다던 당돌한 신입 선생님이 매니저를 꿈꾸면서 밤늦게까지 수업을 뛰었다. 집에 돌아와 정작 방치되고 있는 내 아이들을 보면서 눈물을 쏟았던 날들이 스쳐 지나간다. 그때부터 지금까지 나는 아이들보다 한 시간이나 일찍 집에서 나온다. 예전의 내 모습에서는 상상할 수 없는 일이다. 하지만 내가 그렇게 이기적인 엄마가 되어 갈수록 아이들은 독립적으로 되어 가기 시작했다.

어릴 적 당연히 선생님이 되어야 한다고 생각하던 소녀에게 '진짜 가르치는 사람'이 되고 싶다는 두근거림이 생기면서 어느덧 일은 나의 전부가 되어 버렸다. 학교에서 배운 공부는 내 연봉에 보탬이 안 되었다. 하지만 새벽에 남들보다 일찍 출근해서 읽었던 책들과의 시간은 연봉을 쌓게 하고 꿈이라는 선물까지 주었다.

그렇게 선생님 시절을 거쳐 지금 조직을 관리하는 관리자가 되었다. 그렇게 되기까지 힘든 일을 이겨 낼 수 있었던 것은 내가 좋아하는 일이 무엇인지 스스로 명확히 알 수 있었기 때문이다. 나에게 늘 에너지를 주는 일은 고객과 선생님들 앞에서 강의하는 일이다. 그래서 강의 준비를 위해 한 시간 일찍 출근해서 책을 읽는 아침시간은 나에게 가장 소중한 보물과 같다. 그렇게 책 읽는 과정에서 〈한책협〉을 만났다. 갈증을 느낄 때 물을 만난 느낌이었다.

〈한책협〉을 만나면서 책을 쓰고 강연을 하면서 내가 걸어온 울타리 밖 선생님들에게 꿈이 되고 싶다는 꿈이 생겼다. 누군가에게 꿈이 된다는 것은 최고의 자아실현이다. 그래서 내 가슴은 늘 두근거린다.

# 자녀교육 코칭센터 운영하기

아이를 잘 키우고 싶은 마음은 부모라면 누구나 같을 것이다. 나 또한 지금까지 무수한 아이들을 가르쳐 왔지만, 지금도 내 아이 교육이 가장 어렵다. 객관적이고 이성적인 관계가 아니어서일까? 수많은 부모들을 상담하면서 했던 주옥같은 말들이 정작 내 아이에게는 주옥이 아니라 가시 달린 또 하나의 주문이 되곤 했다. 그동안 이 길을 걸어오면서 아이를 키운다는 것은, 미완성된 나 자신을 키우고 완성하겠다는 내 공부에 더 많은 영향을 끼쳤었다. 그래서 아이를 키운다는 것은 부모와 아이 서로가 자라는 것이다.

부모들이 범하기 쉬운 가장 큰 오류는 첫째, 눈에 보이는 것과 보이지 않는 부분에 대한 평가의 오류다. 부모들 스스로가 눈에 보이는 것에 대한 가치만 평가받는 교육을 받아 왔다. 때문에 가정과 사회의 문화가 아이가 상상하고 꿈꾸는 부분에 대해서는 야박하게 구는 문화였다. 부모는 이것을 오로지 부모 탓이라고 규정 짓는 아이러니를 보인다. 그와 함께 엄마는 그 모든 것을 자신에게 독박 씌우는 정서에 대해서도 관대함을 보인다. 실제로 인·적성검사 상담 후 엄마들의 대부분은 모든 것이 본인의 탓이라고 말한다. 그러면서 직장맘의 대부분은 눈물을 보인다. 특히 유치원이나 학원, 공부방 형태로 아이들을 가르치는 일에 종사하는 엄마들은 스스로를 죄인 취급하기도 한다. 부정적인 형태의 낮은 자존감을 보이는 것이다.

아이를 키우는 것이 어떻게 엄마 한 사람만의 몫인가? 부모와 사회가 같이 가져가야 하는 문제 아닌가! 우리는 티칭에 있어서는 늘 한강의 기적을 낳을 수 있는 열정을 가지고 있다. 하지만 그동안 우리가 등한시해 왔던 코칭 부분에 있어서는 개인도 사회도 아직 미숙하다. 아이 교육열은 세계 1위지만, 아이의 잠재력을 키우고 끄집어내는 것은 우간다보다 떨어진다. 이는 우리나라 아이들의 행복지수로도 알 수 있다.

둘째, 꿈을 꾸지 않는 인생에 꿈을 꾸라 하는 오류다. 우리는 아무 목표 없이 시키는 것만 성실하게 열심히, 닥치고 해내는 것이 성공이라고 믿었던 불나방 부모들이다. 꿈도 없고 자신의 삶도 예측하기 어려워져 버린 부모들이다. 하지만 빠르게 변화하는 사회를 보면서 자식들이 꿈을 가졌으면 하는 막연한 생각들을 한다. 그러나 엄밀히 말하면 요새 부모들이 요구하는 것은 꿈이 아니다. 되고 싶은 직업을 일찍 정했으면 하는 마음이 대부분이다. 그것을 꿈이라고 착각하는 것이다. 한 번도 꿈꿔 보지 않은 사람들이 할 수 있는 최선의 접근법이 직업 고르기다.

문제는, 꿈은 상상력과 창의력이 더해져야 한다는 것이다. 상상력과 창의력은 아이를 키우면서 부모들이 아이에게 줄 수 있는 최고의 선물이다. 그럼에도 불구하고 대한민국 부모들은 이 부분 또한 학원에 의존하며 학원 순례를 한다. 자판기 버튼을 누르면 원하는 음료가 빨리 나와야 하듯, 교육도 '경제5개년 개발'처럼 하는 참 특이한 국민적 기질이다. 월드컵 때의 자발적인 붉은 물결, 태안반도 기름 유출 때 전 국민이 흰 수건으로 기름을 닦던 모습, IMF 당시 장롱 속의 금반지들을 들고 나타난 우리나라 국민들. 다른 나라 사람들은 이런 우리를 조심스럽게 유심히 지켜본다. '쟤네들 도대체 뭐지?' 아마 한국 교육을 언급했던 오바마 대통령도 이런 마음이 아니었을까?

교육에 있어서도 아직 방향을 못 잡고 있는 우리가 방법을 알아 가기까지 좀 더 시간이 걸릴 수는 있을 것이다. 하지만 나는 우리의 이런 독특한 국민적 기질과 한국적 모성이 우리나라 교육의 희망의 씨앗이 될 거라고 본다.

그동안 아이들을 가르치는 사교육 현장에서 실질적으로 아이들 상담보다는 부모들 상담을 더 많이 해 온 것이 사실이다. 원초적인 문제를 해결하는 데는 늘 부모가 먼저였기 때문이다. 그 부모 상담 중 90%는 아빠가 아닌 엄마 상담이었다. 요새는 아빠를 상담하는 경우가 많아졌지만 몇 년 전만 해도 엄마 상담이 대부분이었다. 공교육 어디에서도 학원가 어느 곳에서도 꿈, 도전, 상상력, 자존감, 잠재력 등에 관한 부모 코칭은 이루어지지 않는다. 우리 아이들은 감독, 코치, 전략 없이 전·후반을 쉬지 않고 뛰어야 하는 꼴이다.

내 아이를 기르면서 나도 수많은 시행착오를 겪어 왔다. 나 혼자 너무 과열되어 방전될 때도 있었다. 또한 에너지가 고갈되어 귀차니즘을 핑계로 아이들을 방치한 적도 있었다. 그때마다 나를 일으켜 세웠던 것은 아침에 남보다 한 시간 일찍 출근해서 한 독서였다. 독서가 중요하다는 것은 늘 생각해 왔지만 아이를 키우면서, 직장 생활을 하면서 새삼 그 중요성을 실감했다. 나는 독서를 통해 꿈, 도전, 자존감, 상상력, 잠재력 등을 깨칠 수 있었다. 그러면서 독서는 유아시절, 학창시절 잠깐 폼 나게 하는 것이 아닌, '생존' 자체라는 것을 알았다.

어떻게 하면 책이 아이들에게 해야 할 과제가 아니라 먹고 싶은 과자가 될 것인지, 사춘기 이전에 어떻게 가슴 뛰는 경험을 맛보게 할 것인지, 엄마들에게 과제 수행능력과 자기주도의 차이를 어떻게 이해시킬 것인지, 꿈은 어떻게 해야 생겨나는 것인지 등. 이런 것들은 상담 마지막에 엄마들이 늘 물어 오는 바람들이다. 우리가 모르는 것은 아니다. 다만 내 몸에 습득되지 않은 것들이기 때문에 마음에 여유가 없고, 힘이 들어가는 것뿐이다. 이것들은 결국 엉뚱하게 변형되어 서로가 힘든 육아를 하게 한다.

나는 일을 하면서 수많은 꿈을 꾼다. 큰딸이 가끔 자신을 잘 챙겨 주지 않는다면서 나에게 따진다. "어떻게 엄마가 나보다 더 하고 싶은 게 많아? 엄마 맞아?" 사실 딸아이는 무용을 하기 때문에 또래 친구들 엄마와 나를 곧잘 비교하곤 한다. 그러면서 가끔 눈물을 보일 때가 있다. 처음엔 나도 마음이 아팠지만 이제는 아이도 포기했는지 우리 엄마는 하고 싶은 게 참 많은 사람이라고 치부하는 것 같다.

'자녀교육 코칭센터'는 내가 해야 할 일 중의 하나다. 마음을 열어 놓는 법, 생각하는 힘을 키우고, 자기 인생을 꿈꾸며 그에 따른 명확한 목표를 설정하는 일, 삶이 즐거운 것이라는 것을 아이들이 사회에 나오기 이전에 알았으면 한다. 엄마들에게는 육아가 통과해야 하는 의례가 아닌, 나 자신을 성장시키는 기회라는 것을 알려 주고 싶다. 뭐든지 알면 생각하게 되고, 생각하면 행동하고, 행동하면 자신감이 생긴다.

그래서 아는 것이 먼저다. 공부하지 않는 육아는 무면허 운전을 하는 것과 같다. 내비게이션 없이 길을 찾아가는 것과 같다. 방황하게 마련이고 지치기 쉽다. 알지 못하고 생각하지 않으면 지혜보다는 지식을 앞세워 내 방식대로 하기 쉽다. 결국 아이에게 내 삶 이상의 것을 살게 할 수 없다. 사람은 생각하는 만큼만 살게 되어 있다. 절대로 그 이상을 살 수가 없다. 신은 우리에게 생각하는 힘만 주셨을 뿐 지혜는 주지 않았기 때문이다.

교육은 지식보다 지혜를 추구해야만 한다. 만물의 영장인 인간은 포유류 중에서도 태어나서 스스로 할 수 있는 것이 아무것도 없는 아주 특이한 종족이다. 이것은 인간만이 가지는 신비스러운 점이라 할 수 있다. 밖으로 드러나지 않기 때문에 그 안에 어떤 것들이 있을지는 아무도 모른다. 그래서 인간은 위대하다. 결국 누군가가 끄집어내야 하고, 그 첫 번째 선생님이 바로 엄마다.

엄마가 위대하고 소중한 존재인 이유다. 양육자에 대한 유대인들의 배려는 인간의 잠재능력의 비밀을 알고 있는 그들 민족의 교육 방법이다. 어느 누구에게도 배려받지 못하고, 위로받지 못하면서 직장과 가정 모두에 죄책감을 갖고 사는 우리나라 엄마들이 안타깝다. 나는 매일 아침 직장과 가정 두 군데를 왔다 갔다 하며 늘 '미안하다'라는 말을 입에 달고 사는 선생님들을 마주한다. 나 자신도 그렇게 살아와서 이네들이 너무나도 안쓰럽다. 내 버킷리스트에는 이런 것들에 대안이 되는 꿈도 들어 있다.

'자녀교육 코칭센터'는 앞에서 말한 울타리 밖 선생님들의 또 하나의 꿈의 출발이자 다음 장에서 말할 '여성 꿈 드림 연수원'의 발판이 될 것이다. 하고 싶은 일과 할 일이 많기에 나는 앞으로도 더 이기적인 엄마가 될 것이다. 그리고 내 아이는 더욱더 독립적인 아이로 자랄 것이라 믿는다.

# 여성 꿈 드림 연수원 만들기

자라 오면서 내가 여성이라는 사실이 크게 억울하다거나, 남자로 태어나고 싶다는 생각은 별로 해 보지 않았었다. 하지만 아이를 낳고 난 후에 감당해야 하는 현실들은 너무 뜻밖이었다. 어떤 보이지 않는 사슬에 묶인 양, 내 몸은 이미 내 것이 아니었다. 먹고, 자고, 움직이는 것조차 내 마음대로 할 수 없었다. 기초생활을 박탈당한 완전히 새로운 세상이 아닐 수 없었다.

아이가 한창 기어 다닐 무렵, 갑자기 화장실이 급해졌다. 나는 아이를 보행기에 태우고 장난감을 올려놓은 후 고양이 걸음으로 화장실로 들어갔다. 하지만 벌써 눈치를 챈 아이는 화장실 앞에서 대성통곡을 하며 울어댔다. 결국 나는 화장실 문을 열고 "엄마 여기 있어."라며 아이를 안심시켜 보려 했다. 하지만 아랑곳하지 않고 울어대는 아이 앞에서 나는 손 유희에 노래까지 불러야 했다.

아이를 사랑하는 마음과는 별개로, 아주 사소한 그런 일들이 반복될수록, 세상에 혼자 떨쳐졌다는 생각이 들었다. 그때마다 우울하고 눈물이 났다. '나도 우리 엄마한테는 아직 아이인데, 이 아이의 엄마가 되어야 하다니…. 왜 아무도 나에게 이런 느낌이 들거라는 것을 말해 주지 않았지?'

아마도 나뿐만이 아니라 아이를 기르면서 여자라면 모두가 한 번쯤은 이런 기분을 느꼈을 것이다. 그렇게 생활에 치이면서 나라는 이름을 잊고 살았다. 마치 초등학교를 졸업하면 당연히 중학교에 입학해야 하는 것처럼, 의무 엄마의 삶에 더 충실하고자 아이 교육에 열을 냈다. 나는 지금 내가 상담하는 엄마 중에 가장 위험하다고 생각되는 그런 사람이 되어 가고 있었다. 어찌 보면 그것은 나의 열정을 나에게 쏟아부을 수 없는 현실을 무기력하게 인정해 버리는 꼴이었다. 그 열정을 아이에게 돌려 스스로 위안하며 스스로 가두는 '엄마감옥'으로 내 발로 들어간 셈이다.

엄마라는 감옥은 참 그럴듯했다. 나라는 사람은 쏙 빠지고 오로지 아이만을 내세워, 자기계발이나 나의 미래에 대한 고민은 하지 않아도 되는 일종의 면죄부 같았다. 가끔 TV에 등장하는 커리어우먼을 볼 때면 부럽기도 했다. 하지만 마음 한구석에서 뭔가

끓어오르다가도, '아이가 어려서', '아이를 키우는 중이니까'라며 이내 체념해 버렸다.

나는 자주 옛날 내 모습의 엄마들과 마주친다. 상담 내내 속으로 이런 생각을 한다. '그때 내가 저런 마음이었구나'. 아이로 시작하는 대부분의 상담 내용들은 결국 엄마 이야기가 반이다. 일 초반에는 주로 내가 이야기를 하는 입장이었으나, 지금은 많이 들으려고 한다. 듣고 있으면 결국 엄마 입에서 답이 나오기 때문이다.

그렇게 아이들은 커 갔고, 그동안 무시하고 지내보려 했던 '나의 인생'이 늘 마음에 걸렸다. 그럴 즈음 일을 하면서도 아이 교육을 놓치지 않겠다 싶은 마음에 학습지 교사로 사회생활을 시작했다. 직업이라고 하기보다는 그냥 아줌마로 눌러앉을 것 같은 불안감이 커서 시작한 일이었다. 그 당시 나에게는 '꿈은 어린아이에게나 하는 질문이지'라는 생각과 '아줌마로 살지는 않을 거야'라는 단편적인 생각들이 전부였다.

그러던 어느 날 나는 회사 연수원 교육에 가게 되었다. 그날은 폭설이 내리는 겨울날이었다. 아침에 일어나 온통 눈으로 덮인 도로를 보고 가야 하나 말아야 하나 몇 번을 망설였다. 그날 아침 만약 내가 다시 이불 속으로 들어갔다면 지금 이 글을 쓸 수 있을까? 지금 생각해 보니 인생은 참 드라마틱하다. 결국 나는 처음으로 1박 2일 동안 아이들과 떨어지게 되었다. 아이들을 떼 놓고 가기까지가 힘들었지 막상 기차를 타고 연수원으로 가는 길은 어느 해외여행길도 부럽지 않았다. 불과 몇 시간 전 내 모습은 누구였나 싶을 정도로 완벽한 나의 시간이었다.

도고 연수원은 지금도 회사 연수원 중에서 밥이 맛있기로 소문난 곳이다. 하지만 밥맛보다 누군가 차려 준 밥을 먹고, 설거지할 필요 없이 바로 차를 마실 수 있다는 기쁨이 더 컸다. 학창시절로 돌아간 듯 강의에만 집중해도 되는 시간적인 여유, 오로지 나를 위해서만 쓰는 시간들이었다.

그렇게 쏜살같이 지나가 버린 연수원 마지막 강의 시간. 멀리서 뵈어도 단아하고 빛이 나는, 나이 드신 중년 여성이 강단에 섰다. 여자가 여자에게도 반할 수 있다는 것을 처음 느꼈다. 강의 내내 꽂혔던 생각은 '나도 저렇게 늙고 싶다'였다. 그날 이후 내 마음에 지금도 각인되어 있는 그분의 모습. '나도 저분처럼 저 나이에 전국을 누비며 강의할 거야' 그렇게 그날 이후 나에게는 아주 오랜만에 꿈이라는 게 생겼다.

지난달 이영무 고문님 강의가 목포센터에서 있었다. 아마 내가 들을 수 있는 마지막 강의가 될 것 같다는 느낌에 상담 고객을 미루고 강의장을 끝까지 지켰다. 마지막 인사 소개를 내가 꼭 해 드리고 싶었다. 누가 봐도 할머니 모습이지만 나는 마지막 순간에도 그분에게서 강한 카리스마를 온몸으로 느꼈다.

그분을 통해 나는 강사의 꿈을 키웠다. 그리고 연수원을 다녀온 후로 회사에서 내 모습은 완전히 다른 사람으로 바뀌어 가기 시작했다. 누군가에게 비전이 된다는 것이 한 사람의 인생을 바꿔 놓을 만큼 얼마나 어마어마한 일인지, 꿈을 꾸고, 꿈을 이루고, 누군가의 꿈이 된다는 것이 얼마나 멋진 일인지 그분을 통해 보고 배웠다.

나는 영업을 어려워했다. 그러던 내가 꿈 전도사라는 착각을 하며 영업을 즐기기 시작했다. 아이들 수업에도 특별함을 더하려 주말을 아끼지 않았다. 그렇게 성장하면서 어느덧 매니저 자리에까지 올랐다. 아직도 회사생활 중 강의하는 일이 가장 즐겁다. 특히 신입 강의 때는 꼭 새 옷을 사 입는다거나, 액세서리, 스카프 한 장에도 신경을 쓴다. 어딘가에 당시 나와 같은 사람이 나를 지켜보고 있을지도 모른다는 생각에서다.

나는 지금도 '연수원'이라는 말만 들어도 가슴이 두근거린다. 꿈도 없고 소득도 없던 평범한 아줌마가 그곳을 통해 성장해 왔기 때문이다. 지금 선생님들은 내가 일했던 당시 선생님들보다 훨씬 나이가 젊다. 나는 그 젊음이 부럽기도 하고 아깝기도 하다. 지금은 학생들을 가르치는 일보다 이들을 가르치고 키우는 일을 한다. 그러면서 내가 앞으로 해야 하는 일들과 하고 싶은 일들에 대해 생각이 많아진다. 그중 하나가 아이들과 씨름하는 엄마들에게도 꿈을 꾸게 하고 미래를 계획하게 하는 연수원을 만드는 일이다.

여자로 태어나서 거부할 수 없는 엄마라는 시간들. 전업주부는 전업주부대로, 직장맘은 직장맘대로 자신의 이름으로 산다는 것이 힘겹게 마련이다. 자녀를 잘 키우고 싶은 마음은 세상 어느 엄마나 마찬가지다. 하지만 현실에서 부닥치는 육체적, 정신적 한계는 이들이 마음껏 미래를 꿈꾸기 어렵도록 만든다.

아이가 아파서 출근시간을 못 지켜 죄송하다는 선생님들을 보면 가슴이 짠하다. 분명 아이에게도 미안한 마음을 가졌을 것이고, 식구들 눈치며, 벌면 얼마나 번다고 하는 마음이 수백 번 오갔을 것이다. 가는 곳마다 미안하다고 말해야 하는 상황을 지켜보며 나 또한 매번 따뜻하게 위로만 해 줄 수 없는 현실에 화가 날 때도 있다. 나도 그랬으니까.

그럴 때 버틸 수 있게 해 주는 강한 진통제가 바로 꿈이었다. 여자들에게도 꿈꿀 수 있는 공간이 필요하다. 짧은 시간이나마 아이들에게서, 집안 살림에서 벗어나 오로지 나만을 생각하는 이기적인 시간이 필요하다. 엄마라는 존재는 정신적으로 육체적으로 건강해야 할 의무가 있다. 아이에게 직접적인 영향을 주기 때문이다. 엄마가 행복하면 아이는 당연히 행복할 수밖에 없다.

한 달에 한 번 있는 신입 교육 때마다 나는 계절에 관계없이 빨간색 하이힐을 신는다. 어떠한 강의 내용보다 그들에게 에너지를 주고 싶어서다. 하이힐은 묘한 에너지를 준다. 아침 출근시간에 또각또각 하이힐 소리를 들을 때마다 매번 꿈을 꾸고 싶어진다. 자녀교육 코칭센터를 운영하면서 엄마들의 꿈 드림 연수원을 만들고 책을 쓰고 강연하는 내 모습을 상상한다. 그렇게 자꾸 꿈을 이루고 누군가의 꿈이 되고 싶어진다.

"내가 꿈을 이루면 난 누군가의 꿈이 된다."

# 죽기 한 달 전까지
# 책을 쓰고 강연하기

오래전 나의 버킷리스트 중의 하나는 '죽기 한 달 전까지 일하자'였다. 조직에서 인정받고 성장하고 오래 근무하는 것이 나의 소망이었다. 그래서 누구보다도 치열하게 직장생활에 몰입했었다. 매니저가 된 후 한 시간 일찍 출근해서 읽었던 책들은 나에게 엄청난 변화들을 가져다주었다. 아침 미팅과 강의를 준비하기 위해 읽었던 책들이 이제는 내 의식을 깨우고 바꿔 놓기 시작했다. 새로운 꿈이 생긴 것이다.

나는 그 사람을 알고 싶을 때 꿈이 뭐냐고 물어본다. 아이들은 늘 받는 질문인 양 곧잘 대답 하지만 어른들은 '뭘 그런 걸 물어보지?' 하는 표정이다. 그리고 대부분의 사람들은 그 질문을 받고 나서야 생각하는 듯하다가 "그저 애들 잘 크고 늙어서 행복하게 사는 거죠."라고 말한다. 그리고 이내 적당히 쓸 만큼 돈도 있었으면 한다고 한다. 사실 요새 어떤 책을 읽고 있냐고 물어보고 싶으나 이쯤에서 그다음 질문은 나오지 않는다. 이렇게 말하는 대부분의 사람들의 손에는 책이 들려 있지 않기 때문이다.

나는 아침이란 시간을 좋아하다 못해 너무나 사랑한다. 새벽에 일어나 서둘러 아침밥을 준비하고 아이들을 깨운 후 부리나케 현관문을 나선다. 책을 읽기 위해서다. 아무도 없는 사무실에서 종이컵에 담긴 따뜻한 커피와 함께 책장을 넘길 때, 오로지 나만의 천국을 느낀다. 어쩌다 늦어지는 날엔 큰일 났다고 호들갑을 떨면서 집을 나선다. 그런 엄마를 보며 아이들은 지금도 우리 엄마 회사는 원래 출근시간이 빠른 회사라고 생각한다. 책을 읽어 갈수록 하나하나씩 나를 위한 것들이 생겨나고 내 인생이 소중해지기 시작했다. 인생에 시작과 끝이 존재함을 느꼈기 때문이다. 점차 시간이 소중해지기 시작했고, 죽기 전에 해 보고 싶은 일들이 많아졌다. 책이란 녀석은 그렇게 나에게 꿈을 심기 시작했다.

나는 가슴 두근거림을 좋아하다 못해 너무나 사랑한다. 살면서 가장 행복하다고 느낄 때가 가슴이 두근거릴 때다. 나를 좋아했으면 하는 사람이 나를 좋아한다고 했을 때, 아이에게 처음으로 엄마라는 소리를 들었을 때, 누군가로부터 늘 인정받고 칭찬받았을 때, 간절하게 뭔가 소망하던 일이 이루어졌을 때 늘 가슴이 두근거렸었다. 이런 느낌을 받을 때마다 삶에 애착이 가고 나 자신이 그렇게 소중하게 여겨질 수가 없었다.

몸에 적당히 열이 나고 긴장감에 떨리는 심장소리. 그건 일종의 중독이다! 마음속에 또 하나의 세계가 있다는 것이 느껴질 때, 그 두근거리는 울림을 주는 것이 나에게는 책을 쓰는 일과 강연하는 일이다. 나는 어릴 때부터 소심하고 워낙 말수가 없었다. 그래서 나를 알았던 사람들은 내가 사람을 만나서 상담하고, 여러 사람들 앞에서 강연하고, 조직에서 리더 역할을 하고 있는 것조차 의아해한다.

조용한 성격에 대한 고정관념 때문일까? 모두들 겉으로 보이는 모습만으로 많이들 변했다고 한다. 하지만 혼자 있는 시간에 상상하고 생각하는 것은 어렸을 때부터 좋아했다. 그리고 조용했던 성격이 밖으로 표출되기까지는 책이 주는 힘이 가장 컸다. 어느 날부터 꾸준히 하게 된 독서. 그 시간들이 더해져서 생각이 행동의 변화를 낳기까지 작은 두근거림들이 있어 왔다. 그래서 나는 인간에게 잠재능력이 있다는 말과 그 능력을 평생 깨우면서 살아야 한다는 말, 사람은 죽을 때까지 공부해야 한다는 말에 전적으로 동의한다.


'죽기 한 달 전까지 일하자'라는 목표에서 '죽기 한 달 전까지 책을 쓰고 강연한다'로 버킷리스트가 바뀐 이유는 그동안 독서를 통해서 많은 생각과 꿈들이 생겨났기 때문이다. 작가가 된다기보다는 내 이름으로 된 책을 쓰고 싶다는 생각을 막연히 가지고 있었다. 하지만 나도 모르게 머릿속으로는 '책은 아무나 쓸 수 있는 것이 아니야'라며 한계를 정해두고 있었다. 그래서 그 일은 할 수 없는 일이라며 구석에 버려두고 방치했었다. 흔히 말하는 다람쥐 쳇바퀴 도는 식의 직장생활을 하면서 '과연 나는 이 일을 몇 살까지 할 수 있을까?' 하고 생각해 보았다. 어느 곳이나 마찬가지겠지만 너무나 빠른 시대의 흐름에, 젊은 세대들의 도전적인 에너지를 받고 있는 직장인이라면, 아무리 좋아하는 일일지라도 그 의미를 즐길 새도 없이 물결에 휩쓸려 가는 듯한 자기 자신과 마주할 때가 있을 것이다.

나는 죽기 한 달 전까지 일하겠다고 했다. 그런데 그렇게 길게 해야 할 일이라면 분명 좋아하는 일이어야 할 것이다. 그 좋아하는 일을 오래 할 수 있는 방법은 무엇일까?

10년 동안 일해 오면서 어렵고 힘든 순간을 이겨 낼 수 있었던 것은 책과 함께 24시간 붙어 있어서였다. 매일 아침 미팅하고 강의할 수 있어서였다. 이 일이라면 평생 즐겁게 지치지 않고 할 수 있다고 생각했다. 그래서 책을 쓰기로 결심했다. 결정하고 나니 또 한 줄기의 샘물이 길을 뚫고 흘러나오듯 새로운 에너지가 입혀지기 시작했다. 매일 아침 테이블에서 외치는 목표와는 차원이 다른 목표였다. 가고 싶은 방향이 보이자 어떻게 갈 것인가의 고민들은 단숨에 해결되었다.

사람 마음은 기적이다. 어떻게 신은 말로는 설명하기 어려운, 이런 마음의 힘을 주셨을까? 마음의 힘이 생기고 자신감이 도전하라 외친다. 현실적으로 지금 내 일을 하면서 책을 쓴다는 것은 도저히 불가능하다고 생각했었다. 끊임없이 몰두하고 전략을 세워 그날그날의 마감 목표를 달성해 내야 하는 생활 패턴. 그리고 불시에 생기는 상담 건들과 매일 밖에서 해야 하는 홍보 활동. 아이들 주말 수업 그리고 외부 강의까지….

그런데 그 일들을 해내면서 나는 지금 책을 쓰고 있다. 시간과 치열한 싸움을 벌이면서. 몸은 죽을 듯이 피곤하지만 살아 있다는 느낌을 이렇게 생생하게 받는 것은 처음이다. 진짜 꿈이 아니라면 하루도 할 수 없는 일이다. 기상시간을 30분 당기고 늘 머릿속에서는 그다음 일의 순서를 매긴다. 집 안에서조차 달리면서 다니는 내 모습에 가끔은 웃음이 나온다.

'누가 나에게 이렇게 하라고 시키지?'
'마음이.'

아침에 눈을 뜨자마자 선물 받은 24시간 중에 5시간이 지나갔다는 생각이 번뜩 든다. 그동안 나도 나름 참 열심히 살았다고 생각했지만 그것은 오로지 내 생각이었을 뿐. 〈한책협〉을 만나면서 나에 대한 절대평가는 그만두기로 했다. 인간이 받는 환경의 지배는 참으로 어마어마하다. '누구와 만나서 어떤 이야기를 하느냐가 내 인생의 전부다.'라는 말처럼 누구를 만나느냐는 살면서 너무나 중요한 것 같다.

사람과의 만남은 내 인생을 예기치 못한 길로 가게도 한다. 어떤 만남은 나에게 생각지도 못한 큰 행운을 안겨 주기도 한다. 사람과의 관계에서 이득을 계산한다는 게 야박하게 들릴지도 모른다. 그러나 한 번뿐인 인생을 진정성 있게 잘 살아 내는 것 또한 삶의 의무라고 생각한다. 적어도 꿈이 생기고 살아가야 할 방향이 정해진 사람이라면 좋은 만남에 대한 기도도 빠뜨리지 말아야 한다고 생각한다. 꿈맥을 찾는 일은 어찌 보면 금맥을 찾는 일일지도 모른다.

나이와 행복 관계를 조사하면 늘 60~70대 노인들이 더 행복하다는 조사 결과가 나온다. 살아갈 시간이 10년밖에 남지 않았다는 걸 알게 되면, 그 사람의 시간 시야는 확실히 좁아진다고 한다. 노인들이 행복한 건 그 때문이 아닐까? 시간 시야가 좁아진다는 것은 그만큼 자신에게 집중한다는 것이다. '과거'에 연연하지 않고 '미래'를 걱정하지 않은 채 '지금 이 순간'을 살아간다는 뜻이다.

"아! 이렇게 좋은 날이 또 있을까. 이런 날에 살아 있다는 사실만으로도 행복하지 않니? 이런 날의 행복을 누리지 못하는, 아직 태어나지 못한 사람들이 불쌍해. 물론 그 사람들에게도 좋은 날이 닥쳐오긴 하겠지만. 그렇지만 오늘이라는 이날은 두 번 다시 오지 않을 거니까 말이야."

《빨간 머리 앤》에 나오는 구절이다. 그 나이에 앤은 어떻게 이런 자유로운 생각을 할 수 있었을까? 어릴 때 학교가 끝나고 집에 올 때쯤이면 TV에서 만화영화를 볼 수 있었다. 그 당시 집에는 명작 소설이나 동화책이 드물었다. 만화로 보는 명작 영화가 전부였다. 지금 생각해 보면 나는 그 당시 앤의 말을 하나도 이해하지 못했을 것이다. 나이 들어 들려오는 앤의 이야기.

"이런 날에 살아 있다는 사실만으로도 행복하지 않니?"

이제부터 행복을 그려 낼 것이다. 행복 재능이 생겼으니까.

# 부자가 되어 부자를 키우기

아이들 전래동화 수업을 하면서 2년 가까이 흥부는 좋은 사람, 놀부는 나쁜 사람이라는 메시지를 은연중에 심어 주었던 기억이 난다. 지금 다시 수업한다면 그러지 않을 텐데. 그 당시는 내 생각의 한계가 거기까지였다. 남을 가르치고 키운다는 것이 우리 대장님 말처럼 목숨 거는 일이라는 생각을 미처 하지 못했다.

살아오면서 부와 돈에 대한 생각들이 점차 바뀌고 있다. 가장 큰 변화는 삶에 대한 책임과 대처 능력이 떨어지는 흥부가 생각할수록 짜증나고 미워지기 시작했다는 것이다. 사춘기 소녀도 아닌데 왜 이런 생각이 들까? 부와 돈에 대한 콤플렉스가 있었던 것은 아닐까? 돈을 드러내 놓고 좋아한다고 말한다든가 부자를 꿈꾼다는 말을 쉽사리 내뱉지 못하고 살아왔다. 부자라는 단어에 왜 죄의식 비슷한 감정이 실렸었는지, 비싼 등록금을 내고 다녔던 대학에서는 왜 성공학이라든가 부자학이라는 과목을 들을 수 없었는지 안타까울 뿐이다. 학교에 다닐 때 죽도록 외웠던 그 과목들은 지금 회사에서 받는 내 연봉에 하등의 영향을 주지 않는다. 하지만 회사생활을 하면서 읽었던 자기계발서나 경제서들은 나의 연봉을 톡톡히 올려 주어 귀염을 받는다.

살아오면서 가장 후회되는 일이 대학 4년 동안 책을 가까이하지 않았다는 점이다. 그때는 나름 바쁘게 후회 없이 최선을 다한다고 생각했다. 그러나 지금 생각해 보면 가장 중요한 독서가 빠져 있었다. 지금 이렇게 시간을 쪼개서 하고 있는 독서를 그때 했었더라면 아마 또 다른 인생을 살고 있지 않을까 한다.

〈한책협〉의 100권 플랜을 보자 문득 이번에 대학에 들어 가는 큰딸아이가 떠올랐다. 대학시절 자기계발서 100권만이라도 읽고 졸업한다면 그 비싼 등록금에 비할 것인가? 내가 만약 대학 총장이 된다면 나도 시카고 대학처럼 인문서적까지는 아니어도 책을 읽지 않는 학생은 졸업시키지 않을 것이다. 학교 공부와 사회 공부가 다르다는 것을 뼈저리게 느꼈기 때문이다.

100권 플랜에 맞춰 책을 주문하고 나부터 읽어 나가기 시작했다. 독서라는 것이 무작정 읽는다고 되는 것이 아니라 토론이라는 출력을 거쳐야 한다는 것을 아이들을 가르치면서 알게 되었기 때문이다. 딸아이에게 말했다. 이 책을 다 읽으면 엄마가 학자금을 대 주겠지만 그렇지 않으면 등록금은 너 스스로 마련하라고. 아이는 흔쾌히 그러겠다고 말했다. 하지만 그 이면의 웃음에 왠지 내 말의 공허함이 느껴졌다. 그동안 살아오면서 아이는 엄마의 약한 모습을 이미 읽어 내고 있었던 것이다.

몇 년 전 신문 기사에서 서울대 도서관 대출 목록 1위가 《해리 포터》 시리즈와 무협지라는 기사를 읽었다. 꽤나 실망스러워했던 기억이 난다. 우리한테 배움의 시간들은 꽤나 길었다. 하지만 막상 사회에 나와서 어떻게 자신의 울타리를 치고 풍요롭게 살아갈지는 배운 적이 없었다. 어린아이나 지성인이나 모두가 '흥부는 착하고 놀부는 나쁘다'라는 틀에서 벗어나지 못한다면 너무나 비효율적인 교육이 아닌가? 그것을 사회에 나와서 또 고민하고 공부해야 하다니.

나는 이제 당당하게 부자가 되고 싶다는 말을 자주 한다. 그전에는 쉽게 내뱉지 못했던 말이다. 내가 말하는 부자는 돈과 의식이 합해진 부자다. 돈과 의식이 합해지자 어떤 사명감까지 가지게 되었다.

나는 곧잘 식구들에게 승진에 대한 비전을 심어 준다. 사람을 움직이는 데 비전만큼 큰 원동력은 없다. 하지만 내가 비전을 제시해 주지 못하는데 나를 따를 사람들은 아무도 없다. 바보가 아닌 이상. 사람에게 일단 비전이 심어지게 되면 그 추진력은 실로 어마어마하다. 특히 목표를 달성하는 데 있어 조직에 비전이 있고 없고는 성과 면에서 크게 차이가 난다는 것을 몸소 느끼고 있다.

조직의 리더는 스스로 비전이 되어야 한다고 생각한다. 그러기 위해 책임과 의무를 다해야 한다고 생각한다. 자신의 일에 대한 애착과 사랑은 기본이며 거기에는 분명한 성과가 따라야 한다. 그랬을 때 조직은 무리 없이 굴러가고 사소한 일로도 넘어지지 않는다. 결국 나 자신을 최고의 상품으로 팔아야 한다. 멋지지 않은가? 나는 늘 나 자신에게 최고의 상품이 되어야 한다고 말한다. 자신이가 보지 않은 상태에서 하는 말에는 힘이 실리기 힘들기 때문이다.

내 산하에는 5명의 조직장이 있고 또 그 밑에 다수의 선생님들이 있다. 내 월급을 만드는 일을 넘어서 이들의 생활고를 들여다보지 않을 수 없다. 나 또한 힘들고 어려운 시기가 많았다. 그랬기에 일을 해 나갈수록 어깨가 무거워진다. 이들의 머리를 채워주고, 가슴을 데워 주고, 지갑을 채워 주는 것이 내가 해야 할 일이기 때문이다. 또한 그랬을 때 내 일에서 보람을 느낄 수 있는 것이 사실이다.

아이 교육 때문에 반은 아줌마, 반은 직장인으로 일하는 사람들도 있지만, 경제적으로 가정에 보탬이 되어야 하는 사람들도 많다. 내가 꿈꾸지 않고 무장하지 않으면 나는 이 자리에 있어서는 안 되는 사람이다. 그래서 이제는 당당하게 부자가 되고 싶다고,

부자가 될 것이라고, 부자로 만들어 줄 것이라고 서슴없이 말한다. 그 말을 듣는 사람들은 반신반의하지만 왠지 기분 좋아하는 표정이 역력하다. 눈빛이 금세 달라지는 것이 느껴진다.

학습지 선생님으로 시작해서 자녀교육 코칭센터를 운영하며, 연수원에서 더 큰 꿈을 꾸게 만들고 부자 생각을 심어 주는 삶! 누군가의 꿈이 되는 삶! 생각만 해도 가슴이 떨린다.

이 시장에도 이제 인공지능이 선생님을 대신한다. 회사는 서서히 왓슨을 염두에 두고 상품을 개발시키고 있다. 가르치는 일의 정체성이 자꾸 헷갈리고 있다. 빨라도 너무나 빠르게 변하는 세상. 아줌마 군단이 따라가기에는 빨라도 너무나 빠른 세상. 하지만 앞으로 대한민국의 희망은 이 아줌마 군단이 이끄는 교육과 여성이라고 본다.

우리의 교육은 합리적이고 과학적인 유대인들의 교육 체계와는 다르다. 우리나라 어머니들의 교육열은 한마디로 설명하기 힘든, 애환과 끈적임이 깃든 '열정' 그 차체다. 결코 기계가 대신할 수 없는 마음의 정이다. 이 막무가내식 애정을 어떻게 기계가 대신할 수 있을까?

회사는 이런 마음들을 읽어 내는지 방학 시즌이 되면 심혈을 기울여 만든 국내외 캠프들 경연에 나선다. 그때는 평상시에는 보기 힘든 엄마들의 도전이 이루어진다. 그 어떤 직장인들의 경쟁보다 치열한 도전에 난감할 때가 많다. 불과 1~2점 차이로 캠프를 갖지 못하는 상실감에 슬럼프에 빠지는 선생님들을 다시 끌어올리는 일도 만만치 않다.

아마도 우리나라에서만 볼 수 있는 이 극한의 사랑! 비판적으로 보는 사람들도 있지만 난 우리나라가 가진 또 하나의 잠재력이라고 본다. 자식에 대한 열정으로 아이의 꿈을 위해 스스로 도전하여 성공을 거두려 하는 엄마들이 있는 한 그 어떤 나라도 쉽게 따라오지 못할 것이다. 대한민국의 희망은 어머니이며, 여성이다.

그래서 꿈을 꾼다. 우리는 모든 교육의 시선을 아이들에게 꽂고 있지만, 실제로 그 아이들을 양육하는 여성들의 교육의 중요성은 너무나도 크다. 엄마의 성공이 아이의 성공으로 이어지는 합리적인 흐름이 있어야 한다. 부자 엄마가 키우는 부자 아이.

나의 일은 한 달 월급을 내가 만들어 가는 일이다. 일의 초기에는 그 점이 굉장한 스트레스로 다가왔다. 사람은 누구나 안정적인 상황을 추구한다. 나도 어렸을 적부터 공무원이신 아버지 밑에서 그렇게 교육받아 왔던 것 같다. 하지만 지금은 내 월급을 내가 원하는 대로 만들 수 있는 일이라 힘이 생긴다. 그 점이 얼마나 다행이고 매력적인지 모른다. 새로운 꿈에 좀 더 적극적으로 다가갈 수 있고 한곳에 안주하는 데 길들지 않는 나의 태도가 끊임없는 자기계발을 요구하기 때문이다.

세포는 죽을 때까지 삼투압 작용을 한다. 끊임없이 농도를 맞추기 위해서 불안한 상태를 유지한다. 세포가 안정되고 삼투압 작용이 멈추면 세포는 죽음을 맞는다. 우리도 세포와 같은 삶을 살아야 하지 않을까? 우리는 세포로 이루어졌으니까 말이다. 나는 세포처럼 평생 안주하지 않고 끊임없이 내 안의 농도를 맞추면서 살고자 한다. 내가 부자가 되어야 하고 부자를 키워 내야 하는 이유다.

# PART 10

# 대한민국의
# 교육 풍토 바꾸기

·

이 지 현

## 이지현

**한국진로학습코칭협회 대표, 청소년 진로학습 전문가, 교육 컨설턴트, 청소년 교육 코치, 부모상담사**

대한민국 교육의 변화를 꿈꾸는 1인이다. 트렌드가 아닌 '교육은 백년지대계'라는 말을 실천할 수 있는 지속가능한 교육 콘텐츠를 연구하며 집필, 강연, 코칭, 컨설팅을 하고 있다. 현재 청소년을 돕기 위해 진로학습에 관한 개인저서를 집필하고 있다.

E-mail  hyun7578@naver.com  Cafe  www.koreasc.net
Blog  blog.naver.com/hyun7578  Kakaotalk  youthcoach
C·P  010-7268-2313

# 대한민국 '청소년 코칭심리' 영역 No.1 되기

20대 중반 논술회사에서 글쓰기와 독서·토론을 지도하면서 아이들을 만나게 되었다. 배우고 가르치는 일이 정말 재미있었다. 그러던 중 본사에서 리더십 교육을 한다며 각 지사에서 선생님 한 분을 추천받아 교육을 시행하겠다는 공문이 내려왔다. 소속된 지사에서는 나를 보냈고 매주 인천으로 가 교육을 받았다. 그런데 본사 교육을 마치고 리더십 캠프까지 참여한 이후 '리더십 강사가 되고 싶다'는 가슴앓이가 시작되었다. 그런데 간절히 원해서일까? 어느 날 전화를 받았다.

"청소년 리더십 강사 해 볼 생각 없나요? 우리가 사업을 계획하고 있어요. 한번 만났으면 하는데…."

본사에서 교육을 진행하셨던 원장님께서 내게 제안을 해 오신 것이다. 바로 '청소년 리더십 강사'였다. 퇴근길에 전화를 받았는데 꿈만 같아 구름 위를 둥둥 떠다니듯 집으로 귀가했던 기억이 난다. 간절한 기도의 응답, 그것은 기적이었다. 그 기회를 통해 나는 고향 대구를 떠나 서울로 오게 되었다. 원장님의 강의는 모두 따라다니며 리더십을 배웠고 청소년들을 만나 강의를 하게 되었다.

대학에서의 전공은 수학이었다. 하지만 그 과목으로 아이들을 만나야 한다고 생각하니 너무 괴로웠다. 그래서 전공과는 무관하지만 '삶'이라는 주제를 함께 나눌 수 있는 글쓰기를 선택했다.

그런데 리더십 강사가 되고 나니 '사람을 변화시킬 수 있다'는 점에 매력을 느꼈다. 리더십 강사는 사람의 잠재력을 최대한 발휘할 수 있게 도와주며, 비전과 사명 강의를 통해 자신이 누구인지 깨닫게 해 준다. 과거에 어떤 삶을 살았는지는 중요하지 않다. 현재와 미래를 향한 목표를 설정하고 도전하게 만든다. 공동체를 형성해 살아가야 하지만 우리는 대인관계를 힘들어하고 서로 협력하는 방법을 잘 모른다. 그런데 리더십 강사는 대인관계에서 가장 중요한 소통과 협력에 대한 개념을 세우고 방법도 제시해 준다.

정말 감동한 것은 일방적인 강의가 아니라 참여식 토론·토의 방식으로 강의가 진행된다는 점이다. 대학교 때까지 일방적 소통 방식으로 강의를 듣다가 쌍방향 소통의 리더십 수업을 접하니 정말 새로웠다. 이 방법뿐만 아니라 창의적인 방법들이 많았다. 교육 방식의 변화가 얼마나 중요한가를 그때 깨달았다.

30대에 들어설 무렵 유명 교육컨설팅 기업으로 이직하게 되었다. 교육 컨설턴트로서 리더십을 가르치는 일을 포함해 컨설팅, 강의, 사업계획, 프로그램 기획 등의 일을 했다. 교육부 과장을 맡게 되면서 초·중·고등학교에 '자기주도학습' 놀·토 프로그램을 기획해 보급하는 사업계획을 세웠다. 당시에는 자기주도학습 개념이 없던 시기였다.

리더로서의 능력 계발 중 1단계가 '자기주도학습의 능력 계발'이라고 생각했다. 스스로 목표를 설정하고 계획, 실행하며 목표를 관리해 가는 능력이다. 한국의 모든 아이들이 '나는 리더다'라는 생각을 가지기를 바라며 프로그램을 기획하고 진행했다. 학교에서는 교과목을 지도하는 것이 주된 교육이라 자기주도학습에 대해 잘 몰랐다. 교장·교감 선생님을 만나 한참을 설명했고 때로는 학교 교사들을 모두 모아 놓고 브리핑도 했다. 아이들에게 리더십 교육을 하고 싶어 기쁜 소식을 전한다는 마음으로 뛰어다녔다. 그 결과 서울·경기권 학교의 반 이상에서 학생 교육, 교사 연수, 학부모 강의를 진행할 수 있었다. 그 당시 전문계 고등학교는 마이스터고로 전환하거나 학생 수를 늘리지 않으면 문을 닫아야 하는 상황이었다. 졸업장 대신 검정고시를 보는 대안학교가 많이 세워지

는 시기이기도 했다. 학교 컨설팅, 대안학교가 의뢰하는 입학사정
관 대행 업무를 하는 과정에서 많은 생각을 하게 되었다. 대한민
국에서 교육을 받으면 훌륭한 사람으로 성장할 수 있을까? 나의
결론은 부정적이었다.

'청소년에 대해 진정 알게 되었다'라는 생각이 든 때는 가정을
일궈 기업에서 나왔을 때다. 내 터전에서 일대일로 청소년을 컨설
팅하고 코칭해 주는 일을 시작하면서다. 부모와 마주하며 자녀에
대한 고민을 함께 나누고 해결해 나갔다. 10년을 그렇게 청소년과
그 부모들을 만나 오다 보니 다양한 사례와 귀한 제자들이 생겼다.

내가 책을 쓴다고 하니 제자들이 나와의 만남에 대한 소감문
을 보내왔다. 소감문을 읽으면서 확신했다. 청소년을 만나는 데 있
어 중요한 것은 단순히 지식을 전달하는 것이 아니라 소통하는
방식이라는 것을 말이다. 똑같은 프로그램을 진행했음에도 성공
하는 친구가 있고 실패하는 친구가 있다. 일반적으로 프로그램이
그 친구한테는 맞았고 다른 친구한테는 안 맞았다고 단순히 생각
할 수도 있다. 그러나 다양한 사례들을 분석해 본 결과 그 이유를
발견했다.

모든 청소년들은 독특한 기질, 수준(언어, 학습, 진로성숙도, 습관),
가정환경을 갖고 있다. 그러므로 학습이든 진로 코칭이든 성공하
려면 주제는 같을지라도 소통 방식과 코칭의 속도를 조절해야 한

다는 것이다. 청소년의 특성상 고려해야 할 요소들도 있다. 현대사회는 개인주의, 외모지상주의, 물질주의, 경쟁심리 등의 특성을 보인다. 이러한 환경의 영향으로 청소년들의 의식 수준이 아주 낮게 형성된다. "요즘 아이들은 개념이 없어."라고 하는 어른들의 말을 들어 본 적이 있을 것이다. 학습 성과에 실패한 경험이 많은 청소년들 대부분은 부정적인 의식 패턴을 가진다. 심하면 우울, 불안, 행동장애 증상까지 보인다.

청소년을 만나고 그들을 돕고 싶다는 마음에 청소년 심리, 코칭에 대해 더 공부하게 되었다. 이론만 배우는 것이 아니라 현장에서 치열하게 부딪쳐 가며 성공도 하고 실패도 했다. 학교에서도 아이들이 많이 다니는 학원에서도 솔루션은 제시하지 못한다. 그러나 청소년 시기가 얼마나 중요한가? 실제로 코칭심리 영역의 적용이 청소년들을 돕는 데 많은 도움이 되었다.

전혀 알지 못했던 학습지 선생님의 소개로 만난 H 학생이 있다. H 학생은 학원도 끊은 지 1년이 넘었고 학교만 겨우 다니고 있었다. 그런데 이제는 학교도 가려 하지 않고 하고 싶은 것도 없다며 그저 집에만 있으려고 해 부모님의 걱정이 태산이었다. 1년 정도 정신과 병원을 다니며 약까지 먹었으나 의욕만 더 없어지고 소용이 없던 상태였다. 병원을 끊은 지 한 달이 지날 무렵 나를 만나게 되었다. 처음 H 학생을 만났을 때 그의 얼굴 표정은 어둠 그 자체였다. 나를 만나기 싫은데 집으로 찾아 오니 어쩔 수 없이 앉아 있는 거라 했다. 어떤 질문을 해도 부정적인 답만 이야기했다.

"열심히 하면 뭐 해요. 어차피 죽을 건데…."

H 학생은 세상에 대한 분노로 가득 차 있었고 그 누구도 신뢰하지 않았다. 단지 어머님께 미안한 마음을 가지고 있었다. 유일하게 좋아하는 취미가 프라 모델을 사서 만드는 것이었다. 유일하게 좋아하니 어머님께서 비싸지만 종종 사 주고 계셨다. 여러 개의 프라 모델을 눈으로 가리키며 아무 생각 없이 시간을 보내기에 좋다고 말했다.

H 학생은 중학교 2학년이었는데 처음 학교에 입학하고 얼마 안 되어 왕따를 당했다. 집안 형편이 좋지 않아 15평 남짓한 오래된 아파트에서 살았는데 자신의 전용 공간인 방이 없었다. 남동생과 함께 사용해야 해 불편함이 많았다. 그 동네에는 넓은 평수의 좋은 아파트들이 즐비했다. 갓 지은 새 아파트도 많았다. 자전거를 타고 등하교하는데 오가는 길에 많은 것들을 볼 수 있는 동네 구조였다. 당연히 H 학생은 자신의 집이 다른 친구들의 집보다 좋지 않다고 생각했다. 세상의 좋은 것들과 자신을 끊임없이 비교하면서 안 되는 이유들을 수집하듯 나열해 나갔다.

"아버지가 쉬는 날 없이 성실히 일하지만 여전히 우리 집은 가난해요. 아버지 아들이니 나도 노력해도 안 될 게 뻔해요."

늘 불평불만을 넘어선, 세상을 향한 쓴 소리가 불쑥 튀어나왔다. 그럴 때마다 H 학생의 부모가 그 소리를 들으면 '얼마나 마음이 아플까?' 하는 생각이 들었다. H 학생은 이미 가족들이 크게 신경 쓰지 않는 범주 안에 들어가 있었다. 어머님은 매일 마음을 졸이며 살지만 말이다. H 학생에게는 내면에 자리 잡고 있는 부정적 인식이 모든 변화와 성장을 방해하는 가장 큰 장애물이었다. 부정적 자아 인식, 색안경을 끼고 보는 세상의 모습은 자신을 둘러싸고 있는 모든 환경, 왕따 경험, 가족들의 부정적 반응 등이 오랫동안 쌓여 만들어진 것이다.

청소년 시기에는 자아정체성이 형성되고 삶의 가치관도 정립된다. 그래서 이 시기에 경험하는 모든 것이 중요하다. 실패 경험을 많이 하게 되더라도 잘 들어 주고 위로해 주며 격려해 주는 누군가가 옆에 있으면 한쪽으로 치우쳐 병들어 가지 않는다. 감사하게도 H 학생은 리더가 되어 세상을 바꿀 거라는 비전을 말하는 사람으로 변화했다. 지금도 그의 미래를 응원한다.

나는 남은 생을 다음 세대들의 행복한 삶을 위해 쓸 작정이다. 동네 한 귀퉁이를 쓸고 있는 청소부가 "나는 지구를 청소하고 있다."라고 말할 수 있듯이 책 한 권을 읽어도 세상 모든 청소년들을 위해 공부한다는 마음이 든다. 대한민국의 '청소년 코칭심리' No.1이 되려는 이유다. 이 땅의 청소년들을 돕기 위해 내가 갖추어야 할 최소한의 예의이기도 하다.

# 다음 세대를 위해
# 어린이&청소년 코치 양성하기

"목소리가 참 예쁘구나!"

한문 선생님의 칭찬 한마디에 중학교 2학년 때부터 막연하게 '아나운서'라는 꿈을 가지게 되었다. 현실적인 준비나 나에 대한 깊은 생각 없이 사춘기 소녀다운 순수함으로 꿈을 꾸기 시작했다. TV에 나오는 아나운서를 보면 늘 기분이 좋았다. 특별히 저녁 9시 뉴스에 나오는 아나운서를 좋아했고 그들을 흉내 내며 놀기도 했다. 고등학교 때부터 방송부 활동을 하면서 꿈이 아닌 현실이라는 착각을 하기 시작했다.

하지만 정작 아나운서가 되는 데 필요한 대학입시 공부는 멀리했다. 고등학교 1학년 때는 1년에 한 번 있는 방송제 준비로 방학시간을 허비했다. 고등학교 2학년 때는 다음 날이 기말고사인데 시험공부를 하는 대신 '대구 청소년 음악회' 사회를 보러 갔다. 나는 맏딸로 태어나 간접적으로 진로 준비를 경험할 수 있는 언니, 오빠도 없었을뿐더러 꿈에 관해 조언해 주는 선배도 없었다. 한마디로 진로에 대해 코칭받는다는 것은 상상할 수 없는 일이었다. 게다가 그 당시는 교육에 있어서 '진로 코칭'이라는 개념이 없던 시대였다. 그러다 성적대로 간 대학에 흥미를 잃어버렸고 IMF 시기 아버지가 사업을 접으면서 2학년 때 결국 휴학하게 되었다.

그 이후 이모부의 도움으로 용평 리조트에서 아르바이트를 시작했다. 처음에는 경리를 맡아 일했다. 그러나 대학 등록금을 모으기에는 적은 월급이었다. 고민 끝에 이모부께 "골프장 캐디를 하겠다."며 추천을 부탁드렸다. 하지만 이모부는 새벽 4시에 일어나 골프장에서 손님을 맞이해 일을 마칠 때까지 체력적으로 얼마나 힘든 일인지 아시기 때문에 반대하셨다. 대학생이 되기 전까지 사업을 하시는 아버지 덕분에 내가 '고생을 전혀 모르고 살아왔다'는 것을 이모부는 아셨다.

캐디는 무거운 골프백을 들고 손님을 따라다니는 일만 하는 것이 아니었다. 날아간 공도 주워 오고 손님이 골프를 잘 치도록 여러 가지 도움을 주어야 했다. 결국 이모부를 설득한 나는 한 달간의 캐디 교육을 마치고 필기시험에 합격했다.

용평 리조트의 나인 홀은 경사가 급하기로 소문난 곳이다. 당연히 평지를 걷는 것보다 힘든 코스다. 손님과 나인 홀을 돌고 들어오면 온몸이 땀범벅이었다. 지금 생각해 보면 20대 청춘이라 힘든 줄 몰랐던 것 같다. 손님과 함께 운동한다고 생각했고 밥맛도 참 좋았다. 나름 좋은 공부를 했다고 여겼다.

나의 20대는 보이지 않는 안개 속을 끊임없이 걸어야 하는 힘겨운 길이었다. 그러나 부모로부터의 빠른 홀로서기는 인생관에 관해 깊이 성찰하는 계기가 되었다. 나의 길을 찾기 위해 계속 문을 두드렸고 어떻게 살아야 할지 치열하게 고민했다. 그러다 보니 청소년들을 보면 궁금해진다. '현재의 삶이 행복할까? 기쁘고 감사한 일로 의미 있게 채우고 있을까?'

내가 청소년일 때 신뢰하는 누군가가 삶의 고통을 나눠 주고 긍정적인 방향으로 이끌어 주었다면 하는 아쉬움이 크다. 부모님은 경제적으로 힘들어지셨고 나이가 들어 위기를 겪어 극복하기까지 꽤 많은 시간이 걸렸다. 무엇보다 정신적인 충격이 크셨다. 극도로 나빠진 부모님 관계는 위기 중 위기였다.

그사이 나는 외롭고 불안한 마음을 극복해야 했다. 사회에 나갈 준비를 해야 하는 20대였지만 눈앞에 닥친 역경을 어떻게 극복해 나가야 할지 안내해 주는 이가 없어 많은 시행착오를 겪었다. 청춘이라는 귀한 시간을 많이 허비했다. 과거에 대해 '만약 이랬더라면 더 좋았을 텐데…'라고 가정하는 것을 좋아하지 않는다.

삶의 고통과 어려움에는 의미 있는 이유가 있을 거라 믿기 때문이다. 하지만 그 시절로 돌아가 또 겪어야 한다면 죽을 만큼 싫다. 이와 같은 어려움과 힘듦은 아닐지라도 중요한 시기에 자신을 이끌어 주는 코치가 있다면 역경을 잘 극복하고 안정감 있는 도전을 시도해 볼 수 있을 것이다.

25세 때 직장에서 만나 알게 된 교회 사모님은 인격적으로 훌륭하신 분이셨다. 나의 여러 고민들을 상담해 주셨다. 한 인생이 어둠 가운데 있다가 빛으로 나가는 일련의 과정들이 시작 된 것이다. 글쓰기 교사로 활동하고 있었지만 생활고 때문에 밀려나듯 만난 직장이었다. 가르치는 일이 즐거웠기에 학교 선생님이 되면 좋겠다는 생각이 들어 사모님을 찾아가 고민을 나눴다. 그랬더니 사모님은 내게 왜 교사가 되려는 것인지 물어보셨다. 떠오르는 대로 이유를 말씀드렸다. 사모님은 "자매가 원하는 교육은 학교에서 이루어지지 않아." 하시며 다른 교육 분야를 생각해 보라고 조언해 주셨다. 경제적으로 힘든 상황이 계속되고 있었기 때문에 안정적으로 보이는 학교 선생님이라는 직업을 생각했다. 그 당시 하고 싶었던 교육은 삶을 살아가면서 접하는 모든 주제에 대한 원리와 지혜를 가르치는 것이었다. 삶을 바라보는 눈인 올바른 세계관과 가치관 교육에 가까웠다. 삶을 성공적으로 살아갈 수 있는 지혜를 알려 주는 교육을 하고 싶었다.

사모님은 내가 현실적인 문제와 꿈 사이에서 타협해 최선이 아닌 차선을 선택하려 한다는 점을 알려 주셨다. 사모님은 나의 진로뿐만 아니라 믿음의 가정을 꿈꾸도록 자신의 가정을 열어 보여 주셨다. 자신의 꿈도 나누어 주셨고 최선을 다해 살아가는 모습을 통해 열정적인 삶에 대해서도 깨우쳐 주셨다. 한쪽으로 치우쳐 있던 세상을 바라보는 눈도 사모님을 통해 균형이 잡혀 감을 느꼈다. 그리고 인격적으로 사람을 대하고 사랑하는 것이 어떤 것인지 그분을 통해 배웠다.

'청소년 리더십 강사'를 꿈꾸며 대구를 떠나 서울로 올라가는 고민에 직면해서도 사모님의 남편인 교회의 담임 목사님과 상담하는 가운데 결단할 수 있었다. 서울에 올라와서 외로움과 힘든 생활고를 잘 극복할 수 있었던 것도 새롭게 간 교회에서 마음을 나눌 수 있는 선배를 만났기 때문이다. 그리고 별 볼일 없는 스펙에도 리더십에 대한 열정을 보시고 이끌어 주신 리더십 개발원 원장님으로 인해 나는 많이 성장했다. 돌아보면 많은 분들이 내 삶에 좋은 영향을 주고 도움을 주셨다. 지금도 정말 감사하게 생각한다.


20대가 아니라 청소년 때 좋은 코치를 만난다면 시간을 더 많이 아낄 수 있다. 청소년 시기를 잘 대처하면 20대에는 꿈을 준비하고 자기계발에 열정과 시간을 쏟을 수 있다. 명확한 꿈을 위해 청춘을 낭비하지 않고 선택과 집중할 수 있다. 헬렌 켈러도 가정

교사 앤 설리번의 도움으로 비장애인도 힘들다는 래드클리프 대학 졸업이란 과업을 성취했다. 그러곤 평생 장애인들을 위해 자신을 바쳤다.

사회적 구성주의 대표 발달심리학자인 비고츠키는 자신의 'ZPD이론'에서 ZPD를 '학습자가 타인의 도움 없이 스스로 문제를 해결할 수 있는 실제적인 발달 수준과 유능한 또래 학습자나 성인의 도움으로 해결할 수 있는 잠재적인 발달 수준 사이의 영역'이라 정의했다. 즉, ZPD는 잠재력의 영역이다. 혼자 하는 것보다 코칭을 받게 되면 놀랍게 잠재력이 발휘된다. 예를 들어, 교사처럼 학습할 영역에 대한 지식을 가지고 있는 사람이 도와줄 경우, 학습자는 스스로 도달할 수 있는 인지적 발달 수준보다 더 나은 수준에 이를 수 있다. 경험과 지식이 많으며 인격적으로 훌륭한 분이 코치가 되어 삶을 이끌어 줄 때 누구나 비범한 삶을 살아갈 수 있다.

청소년 시기에 좋은 코치와의 만남은 인생을 더 훌륭하게 살수 있게 한다. 나를 만난 청소년이 꿈이 생겨 무언가를 시도하기 시작할 때, 목표를 향해 가는 길에서 시행착오를 최소화해 시간을 아낄 때 기쁨과 보람을 느낀다. 그들이 변화하고 성장하는 것을 지켜보는 것이 더할 나위 없는 행복이다. 대한민국에 헬렌 켈러의 교사 앤 설리번 같은 코치가 많아지길 기대한다. 그래서 자라나는 아이들이 올바른 변화와 성장을 이루고 성공적인 삶의 열매를 맺어 가기를 소원한다. 다음 세대들을 향한 이 마음이 민들레 꽃씨처럼 온 세상으로 퍼져 나가길 원한다.

'나비의 날갯짓이 날씨 변화를 일으키듯 미세한 변화나 작은 사건이 추후 예상하지 못한 엄청난 결과로 이어진다'는 나비효과. 나의 부족한 날갯짓이 대한민국 교육에 변화를 가져오길 바란다. 나와 같은 마음이 있는 사람들에게 코칭의 경험과 노하우를 전해 줄 것이다. 세상이 하는 거짓말에 속지 않고 스스로 알을 깨고 나와 진정한 삶을 살아갈 다음 세대들. 그들을 훌륭하게 이끄는 수많은 코치들과 함께 대한민국 교육의 부활을 꿈꾸며 오늘도 달린다.

# 대한민국의 교육 풍토를 바꿀
# '꿈의 타운' 세우기

따뜻한 봄날 K 학생의 어머님과 카페에서 상담을 진행했다. K 학생이 시험 날만 되면 배앓이와 어지러움 증상을 보여 어머님은 걱정이 많았다. 학생에게는 시험불안이 이미 자리 잡고 있었다. 중학생인 K 학생의 성적은 중하위권이었다. 학원에 가서 열심히 공부하는데도 성적이 안 나왔다.

어머님의 이야기를 듣다 보니 한 번의 상담으로 도움을 드리기가 부족한 것 같아 컨설팅을 제안했다. 학생의 여러 가지 증상의 원인을 명확히 규명해 솔루션을 찾아야 했다. 특히 어머님과 다른 가족들 사이에 뿌리내려 있는 K 학생에 대한 부정적 생각들을 제거해야 했다. 상담하다 어머님은 결국 눈물을 보이셨다. 사랑하는 자녀가 자신 때문에 그렇게 되었다는 죄책감이 들었던 것이다. 좋지 않은 부부관계가 자녀들에게 부정적 영향을 주고 있었다. 그뿐만 아니라 부모와 자녀 역시 자주 갈등을 빚으며 조용한 날을 찾기가 힘든 상황이었다.

정도나 심각성은 차이가 있지만 소통의 부재는 대부분의 가정이 갖고 있는 문제다. 하지만 그보다 문제를 바라보는 태도와 시각이 바뀌지 않아 해결하기 어려울 때가 많다. 자신의 자녀에 대해 잘 안다고 생각하며 다른 시각으로 문제를 보지 못한다. 그럴 경우 성격유형검사를 통해 자녀를 객관적으로 볼 수 있도록 도와드린다. 그러나 그저 자신과 관련 없는 정보 정도로 치부해 버리고 그것을 자신의 삶에 가지고 와 적용하지 않는다. 노력하는 부모는 소수이고 대부분은 자녀를 새로운 시각으로 이해하기를 꺼린다.

누구나 하루아침에 변하는 것은 쉽지 않다. 그러나 시도하는 모습 자체가 자녀에게 도움이 된다. 1%의 변화로 문제가 해결되기 시작한다. 부모는 자녀가 빨리 변화되어 학습 성과가 오르고 좋은 대학에 들어가길 바란다. 그러기 위해선 먼저 부모가 변화해야 한다.

국가와 사회의 역할과 책임도 크다. 아버지가 실업자여서 어머니 혼자 경제적 책임지느라 힘들거나 회사 업무가 넘쳐 가족과 함께할 수 없는 환경에 처해 있을 수 있다. 이 경우 훨씬 더 상황이 좋지 않다. 이 부모에게 당신이 먼저 변화하라고 요청하는 것은 불가능에 가깝다. 요청에 앞서 환경적인 도움이 필요하다. 대한민국 청소년들은 '경쟁의 원리' 안에서 학습해야 한다. 즉, '승패 의식'이 팽배한 가운데 학습해야 하는 것이다. 이러한 교육 풍토에서 부모들은 자녀교육의 방향을 잡지 못한 채 방황한다.

교육은 '백년지대계'다. 교육은 백년을 보고 세우는 계획이라는 말이다. 청소년 교육이라고 하면 대부분 대학입시와 연관된 교과목 선행과 시험 대비 학습을 떠올린다. 과연 청소년 시기에 100년을 두고 계획해 가르쳐야 하는 것이 교과목뿐일까? 대부분의 사람들은 성적이 나와야 대학을 가니 어쩔 수 없는 것 아니냐고 할지 모른다. 이른바 SKY 대학을 가는 학생 수는 매년 입시를 치르는 학생 수의 3%밖에 안 된다. 그 3%안에 들이려고 부모들은 학교교육 이외에 비싼 사교육비를 자녀들을 위해 쓴다. 그럼 이 3%에 해당하는 학생들은 '백년지대계'를 실천하고 있는 것인가?

'4차 혁명, 인공지능 시대'라는 말은 언론매체에서 쉽게 접할 수 있는 말이다. 미래에 어떤 일들이 일어날지 예측 불가인 데다 혁신적 변화들이 일어나 창의적 인재가 필요하다. 인공 지능 알파고와 이세돌의 바둑 시합의 결과 알파고의 승리로 세상이 떠들썩했다. 고등학교에서는 이과, 문과를 통합하고 대학에서는 융합 학과를 만들어 학생을 모집하고 있다. 학생부 전형이라는 입학전형도 생긴 지 오래다. 그럼에도 불구하고 내가 고등학교를 다녔던 1990년대와 지금 만나 이야기하고 있는 청소년들의 교육과 환경은 달라진 것이 없다. 달라진 것이 있지 않을까 찾아보아도 더욱 심해진 사교육과 차가워진 가정과 사회 문화뿐이다.

어른들이 떠올리는 청소년 문화는 휴대전화, 게임, 노래방, 짧아진 교복 치마 등 부정적인 것들이 많다. 안타깝지만 많은 학생들이 입시 스트레스로 긍정적인 문화를 형성하지 못하는 것이 사실이다. 청소년 문화가 좋은 문화로 발전하도록 어른들이 본을 보이고 도움을 줘야 한다. 상가에는 학원, 독서실, 노래방, 게임방 등이 즐비하다. 아동과 어른을 위한 시설과 환경 가운데 눌려 있듯 청소년들을 위한 전용 공간과 시설이 거의 없다. 친구들과 이야기를 나눌 수 있는 건전한 대화 공간, 마음껏 에너지를 발산할 수 있는 운동 시설, 진로에 대해 여러 상담을 받고 관련 도서를 읽을 수 있는 공간, 관심 있는 분야나 직업에 대해 경험할 수 있는 통로, 글로벌 친구들과 소통할 수 있는 장, 다양한 활동을 선택해 지도받을 수 있는 곳 그리고 성품과 인격을 다듬는 다양한 프로그램을 들을 수 있는 장소까지. 이 모든 것들은 한곳에 모여 있어야 하는데 제각각이다. 또한 도시마다 청소년 수련관, 청소년 상담센터 등 정부기관을 통해 운영되는 청소년 기관이 존재함에도 불구하고 이를 활용하는 청소년의 수는 아주 미미하다. 대부분은 있어도 잘 모르거나 관심이 없다. 경쟁과 입시에 눌려 좋은 프로그램이 존재하고 있어도 관심을 주지 않는다.

사람은 태어나 100년도 채 안 되어 죽는다. 길다고 하면 길지만 짧다고 하면 짧은 인생이다. '태어나는 것이 죽기 위해서인가?'라는 생각이 들 만큼 태어나면 죽음을 향해 달려간다. 짧은 인생인데 그것보다 훨씬 짧은 인생을 스스로 선택하는 이들이 있다. 우리나라 청소년 자살률은 OECD 국가 중 1위다. 모르는 분이 들으면 '왜'라며 놀랄 거다. 나는 비록 스스로 선택하지 않았더라도 이 땅에 태어났다면 삶의 목적이 있다고 믿는다. 그냥 태어난 것이 아니라는 말이다. 이 땅에 태어난 이유는 각자 살아가면서 발견할 수 있다. 그것을 발견했을 때 진짜의 삶을 살게 된다.

학교 성적과 대학 학위, 쌓은 부와 명예가 사람의 인생의 가치를 결정하는 것은 아니다. 타고난 재능과 개별성, 경험, 의식 수준, 인품 등을 담아 자신을 디자인해 가고 자신만의 소명을 발견해 감당하는 삶을 살아갈 때 사람은 진정한 행복을 느낀다.

소명은 다른 사람이 대신해 줄 수 없다. 이 얼마나 감사하고 기쁜 소식인가? 이 세상에 한 사람의 가치와 겨루어 바꿀 수 있는 것은 없다. 태어난 아이들은 신체적, 사회적, 정신적, 심리적 등 여러 가지 면에서 성인 나무로 자라 간다. 아직 다 자라지도 않은 아기 나무의 가지를 마음에 안 든다고 잘라 내는 것을 많이 봤다. 그리고 나는 그런 모습을 볼 때마다 그만 자르라고, 더 자르다가

는 죽는다는 말을 10년 넘게 해 왔다

교육의 목적이 무엇일까? 나는 이 땅에서 누구나 꿈을 가지고 가치 있는 삶을 살 수 있도록 하는 것이라 생각한다. 배우는 기쁨이 얼마나 큰가? 이 기쁨을 누릴 수 있도록, 교육하는 근본적인 이유를 생각해 보고 교육방식이 변화되기를 원한다.

디즈니랜드를 현실화한 월트 디즈니. 그는 두 딸을 데리고 놀이공원에 갔다. 거기에는 담배꽁초와 쓰레기가 널브러져 있고, 회전목마를 타는 아이들을 기다리며 따분해하는 부모들의 모습이 있었다. 디즈니는 부모들이 안심하고 아이들을 데리고 갈 수 있는 쾌적한 공간, 함께 즐길 수 있는 공간을 만들어 보면 좋겠다고 생각하게 된다. 그 생각이 디즈니랜드를 존재하게 했다. 나는 대한민국의 교육 풍토를 바꾸기 위해 교육문화를 선도할 '꿈의 타운'을 꿈꾼다.

이 타운에 들어서는 순간, 나의 꿈이 이루어지는 상상으로 눈에 보이는 전체 설계와 디자인에 대한 기대감이 커진다. 그리고 다양한 교육을 통해 행복감이 더해진다. 꿈이 없던 사람도 꿈을 찾을 수 있도록 도와주는 프로그램이 넘쳐 난다. 훌륭한 인재들을 길러 내기 위한 교육철학과 문화, 올바른 가치관과 세계관, 비전과 사명, 대인관계 등 삶을 살아가면서 꼭 필요한 주제의 교육을 받을 수 있다. 자녀만이 아니라 부모들도 함께 배우며 소통할 수 있다.

꿈의 타운 안에는 청소년들의 전용 센터가 있다. 1층에는 성장기 아이들에게 좋은 간식을 제공하고 즐겁게 소통할 수 있는 카페. 2층에는 세계적인 첨단기술을 도입해 만든 청소년 놀이 공간. 3층에는 학습과 진로 등 다양한 고민을 상담하고 현실적이고 구체적인 대안을 찾을 수 있는 상담소. 4층에는 다음 세대들의 귀감이 되는 세계적인 리더들을 만날 수 있는 강연장. 5층에는 분야별 관련 도서와 지구상에 존재하는 직업들의 변천사 등 자신이 하고 싶은 일에 대한 정보를 접하고 코칭받을 수 있는 연구소가 있다. 그 밖에 미래교육센터에서는 과거에서부터 현재까지 세계적으로 인정받은 좋은 교육을 한다. 즉, 그곳에서 국내뿐만 아니라 해외에 나가야 경험할 수 있는 교육을 받는다. 또한 건강센터에서는 가족의 건강 상태도 점검하고 함께 공동체 놀이를 하며 뛰어놀 수 있다. 그리고 자연의 소중함을 일깨우고 가꾸는 자연센터도 있다.

성적으로 줄 세우기를 해서는 안 된다. 그 대신 각자가 갖고 있는 흥미와 재능을 발견하고 개발하는, 개별성을 존중받는 교육문화가 마련되어야 한다. 단순한 암기능력과 시험 스킬을 키워 주는 것이 아니라 새로운 개념을 이해하고 지식기반을 확대해 나가는 능력을 키워 주어야 한다. 개인주의가 팽배한 시대다. 이런 시대에는 자신의 생각을 표현하고 전달하는 능력과 상대방의 생각을 수용하는 능력이 중요하다.

사회에서 소통만 잘해도 많은 문제가 해결된다. 협력하는 방법을 배워 함께 문제를 해결해 나가는 공동체 경험이 학교의 왕따나 폭력 문제를 해결하는 중요한 열쇠다. 꿈도 없고 하고 싶은 것도 모른다는 청소년들이 많다. 꿈이 있는 친구도 꿈을 이루는 방법을 몰라 더 무기력해진다. 목표를 달성하기 위해 정보, 사람, 시간 등의 자원을 관리하는 능력은 중요하다. 하지만 청소년들은 이런 교육을 받지 못하고 있다.

'꿈의 타운'은 선입견과 고정관념에 묶인 낡은 교육을 벗어나 대한민국의 부모와 자녀들이 진정한 행복을 누릴 수 있는 교육 풍토를 만들 것이다. 다음 세대들에게 빛나는 삶의 열매를 맺어주고 세상을 올바른 교육으로 이끄는 '꿈의 타운'을 오늘도 그려본다.

# 매년 3~6개월은 해외 교육 선교와
# 봉사활동 다니기

내 나이 28세 때였다. '청소년 리더십 강사'가 되기로 결정하고 고향 대구를 떠나 서울에 올라온 지 3개월쯤 지난 무렵이었다. 근무하던 리더십 센터의 투자자가 갑자기 투자를 접으면서 위기에 처하게 되었다. 일자리가 사라지는 나로서는 당장 생활비가 문제였다. 그런데도 원장님은 그 상황에서 자신의 강의 현장을 함께 다니며 강의 스킬을 배우라고 하셨다. 나 또한 그러고 싶었다. 하지만 매달 나오던 월급이 끊어지면 더 이상 서울생활을 할 수 없는 현실이 기다리고 있었다.

처음 집을 떠나 낯선 환경에서 누군가의 도움 없이 독립하는 것은 참 힘든 여정이었다. 생각지도 못한 돌발 상황에 함몰되어 눈앞이 캄캄했다. 경제적 사정이 어려웠던 부모님께 손을 벌릴 수도 없었다. 분명한 것은 리더십 일을 계속하고 싶다는 것이었다. 그날부터 최소한의 먹고사는 경비를 해결할 수 있는 방법을 알아보았다. 논술교사 경력을 살려 학원에서 글쓰기와 국어를 가르치는 파트타임 일을 찾을 수 있었다.

리더십 강사 일은 예전처럼 월급제가 아니라 강의를 하는 만큼만 강사료를 주기 때문에 한 달 수입이 일정하지 않았다. 경력이 얼마 안 되는 나는 아주 적은 금액의 강사료를 받았다. 먼저 서울에 올라와 처음 정한 교회 옆 고시원에서 1년을 버티며 날마다 새벽기도를 나갔다. 대구에서 서울로 올 때 하나님께서 길을 열어 주셨으니 인도하심이 있을 거라 믿었다. 눈이 오나 비가 오나 한 번도 빼먹지 않고 꼬박 1년을 기도했다.

당시 나의 기도에는 여러 가지의 제목이 있었으나 가장 우선은 "하나님, 왜 이 땅에 저를 내셨어요? 저 어떻게 살면 좋을까요?"였다. '청소년 리더십 강사'라는 길을 정해 놓고도 앞길이 잘 보이지 않으니 이 길이 맞는지 의심이 들었다. 서울에 온 지 몇 개월이 되지도 않았는데 '대구로 다시 내려가야 하나?'라는 질문이 매일같이 차올랐다. 1년 동안 새벽기도를 하면서 수많은 기도응답을 받으며 서울에 정착했다. 결국 이 땅에서 살아가야 하는 이유를 발견했다.

그날도 어김없이 새벽기도를 하고 나오던 길이었다. 리더십 전문기관 원장님으로부터 전화가 왔다. 그 전화는 내게 기쁜 소식을 안겨 주었다. 리더십 전문기관 이사님들이 만든 사단법인의 간사를 함께 맡게 되면서 온전히 '리더십'에만 집중할 수 있게 되었다. 그리고 1년 뒤 고시원에서 나와 여성 근로자들을 위한 임대아파트에 머물게 되었다. 생활비가 더 절약되었다.

내가 다른 사람들을 돕는 삶에 눈뜬 것은 비영리단체 간사를 맡게 되면서부터다. 병에 걸린 아이들을 위한 모금 행사, 가정형편이 어려운 아이들을 돕기 위한 콘서트와 학교로 장학금을 보내는 일들을 하게 되었다. 서울에서 생활할 수 있을 정도의 돈을 벌어야 한다는 현실적인 문제를 두고 기도했다. 그런데 간사로 일하면서 그 문제가 해결되었다. 뿐만 아니라 세상에 도움을 필요로 하는 사람들이 많다는 것도 알게 되었다. 사회에서 리더로 활동하시는 분들이 협력해 여러 가지 방법으로 그들을 돕고 있음도 보았다. 이 땅에서 내가 어떻게 살아가야 하는지를 깨달은 시간이었다.

그때부터 매달 수입에서 조금씩 떼어 저축을 했다. 평소 마음에 있었지만 각박한 서울생활에 엄두도 내지 못하고 있던 선교활동을 하러 가기 위해 용기를 냈다. 처음에는 한 달 수입이 적었기 때문에 먹고 싶은 것과 갖고 싶은 것을 참으며 돈을 모았다. 매년 중국에 일주일 정도 단기 선교활동을 가기 시작해 29세부터 결혼 이후 36세까지 한 해도 쉬지 않고 중국을 갔다. 1년에 100만 원이 넘는 돈을 중국 대학생들을 위해 모아 갔다. 하지만 늘 그 돈의 가치보다 훨씬 더 많은 것을 선물 받고 돌아왔다. 나 자신이 아니라 다른 사람을 위해 시간, 돈, 에너지, 마음 등을 사용하면서 나의 내면은 단단해지고 성숙해졌다. 무엇보다 진정한 자유를 누릴 수 있었다. 그 시간만큼은 현실적인 상황 앞에 좌절하며 무릎 꿇지 않았다. 나를 위해서만 열심히 사는, 기본적인 인간의 욕망을 따르는 삶이 아니었기 때문이다. 가난했지만 적어도 그 일주일만큼은 온전히 다른 사람들을 도왔고 진정한 행복을 맛볼 수 있었다. 그리고 다른 사람들을 돕기 위해 내가 이 땅에 왔음을 확인할 수 있었다.

작년에 캄보디아로 남편과 네 살 된 딸과 선교여행을 다녀왔다. 캄보디아의 수도 프놈펜을 거쳐 거기서 조금 떨어진 시골 마을에 도움을 주러 갔다. 100여 명의 아이들이 맨땅에 비닐 하나 깔아 놓고 앉기 시작했다. 조금 검은 피부에 해맑은 눈을 가진 아이들. 지금도 떠올리면 미소가 지어지지만 그들의 삶을 생각하면 마음이 아프다. 일요일에도 그 아이들의 부모들은 일을 하러 나갔다. 세 살 된 동생을 안고 왔던 여섯 살 여자아이가 기억에 많이 남는다. 대부분 미취학 아동이었는데 그중 초등학생 정도의 언니, 오빠가 그 아이들을 돌봤다. 그날 긴 빵과 연필과 노트를 나누어 주었다.

처음 수도 프놈펜에 도착했을 때는 꽤 잘사는 나라가 되었나 보다 했다. 그런데 차를 타고 조금만 시골 마을로 들어가도 도로

가 포장되어 있지 않았다. 사람이 사는 집이지만 너무 지저분해 아이들이 함께 먹고 자며 생활하고 있다는 사실이 믿기지 않았다. 네 살배기 내 딸은, 피부가 하얀 내 딸은 캄보디아 아이들이 만져 보고 안아 보고 싶은 동생이었다. 얼굴과 손이 더러워질 수 있었지만 안 된다고 말릴 수도 없는 상황이었다. 우리 딸도 그 아이들과 함께 앉아 우리가 그 아이들에게 주었던 빵을 같이 먹었다.

그때 나는 구석에 있는 나무 옆으로 가서 눈물을 훔쳤다. 까만 피부에 지저분해 보이는 옷을 입고 온 아이들 사이에서 하얀 피부에 깨끗한 원피스를 입은 우리 딸이 함께 눈에 들어왔기 때문이었다. 누가 신을 공평하다고 말할 수 있는가? 자신이 나라와 부모를 선택해 태어난 것이 아닌데 말이다. 만감이 교차하는 순간이었다.

그날 나는 마음속으로 두 가지 결심을 했다. 첫 번째는 '세상을 잘 돕는 아이로 내 딸을 키워야겠다'라는 다짐이었다. 내 딸이 빛나는 삶의 열매인 행복을 누리며 살길 바란다. 빛나는 삶이란 자신의 꿈을 이루고 사회적으로 성공하는 것을 의미하지 않는다. 삶의 목적이 다른 사람을 돕는 것인 만큼 자신의 꿈을 이루는 데 사회적인 성공의 열매가 필요할 뿐이다. 즉, 많은 사람들을 돕기 위해 시간과 돈, 재능, 사회적 위치 등이 필요한 것이다.

두 번째는 '캄보디아 아이들이 가난함에도 꿈을 꾸고 꿈을 이루어 갈 수 있는 교육 선교 사업을 준비해야겠다'라고 생각했다.

많은 한국의 비영리단체나 선교사님들이 캄보디아에 들어와 돕고 있지만 교육은 특별한 전문분야라고 생각했다. 교육 전문가가 교육 선교를 감당하는 것이 당연한 것이라 여겼다. 교육은 한 사람의 인생이 멋지게 펼쳐지도록 돕는 마중물이다. 캄보디아뿐만 아니라 그 주변 국가인 태국, 베트남, 인도 등 교육 선교가 필요한 곳은 많다. 이곳 아이들이 멋진 날개를 달고 세상을 날아다니며 자신의 역할과 책임을 감당할 수 있도록 준비하려고 한다. 그래서 불공평해 보이는 세상을 향해 "내가 불공평이 아닌 공평한 세상을 만들려고 왔다."라며 당당히 자신의 소명을 감당하는 아이들로 자라나도록 돕고 싶다.

그곳에서 교육 선교활동을 시작하기 위해서는 많은 시간이 필요함을 보았다. 그래서 무엇보다 빠른 시간 내에 경제적 자유를 얻어 매년 적으면 3개월, 많으면 6개월 정도의 시간을 투자할 수 있는 사람이 되려고 한다. 이것은 내게 큰 도전이고 모험인 것을 알고 있다. 그러나 그 어떤 일보다 가슴이 뛰고 용기가 난다. 내 마음속 깊이 원하는 일이기 때문이다. 소명을 깨달은 사람은 다른 길을 가거나 현재에 안주하는 삶을 살 수 없다. 소명은 내가 이 땅에서 숨 쉬는 이유다. 소명과 멀어지는 삶은 죽은 삶으로 가는 지름길이다. 살아야 하는 이유와 멀어져 물이 흐르는 대로 몸을 맡기는 삶은 더 이상 행복하지 않다. 스스로의 행복을 위할 뿐 아니라 소명을 감당하기 위해 간절함을 담은 수많은 도전, 목숨을 거는 열정을 불태운다. 바로 나 자신이.

이 도전은 해외 교육 선교와 봉사활동을 할 수 있음에 감사하는 것으로 끝나지 않는다. 이 도전의 열매를 책으로 남겨 다음 세대에게 유산으로 물려 줄 계획이다. 이 땅에 태어나 죽을 때까지 단순히 먹고사는 데 사용할 뿐 아니라 소명을 감당하는 삶의 확장으로 이어지도록 시간을 아끼는 법을 가르쳐 주고자 한다. 생활고로 힘들었을 때도 1년에 일주일은 선교·봉사활동을 다녔다. 이제는 1년 중 한 달에 도전한다. 이에 그치지 않고 언젠가는 1년에 6개월의 선교·봉사활동을 다니는 사람이 될 것이다.

해외 교육 선교는 개발도상국에 '꿈의 학교'를 1,000개 이상 세우는 프로젝트다. 누구나 이 학교에서 꿈을 꾸고 꿈을 이루어 갈 수 있도록 만든다. 빛나는 삶을 준비할 수 있도록 각 나라의 문화와 환경을 잘 분석해 최적화된 학교를 설립한다. 이 학교의 졸업생이 모교의 선생님이 되고 싶은 꿈을 가질 만큼 소명의식과 훌륭한 인성을 갖추고 교육을 하는 교사들로 양육한다. 최고의 교육 환경을 조성한다. 지금은 이 꿈의 시작을 알리는 글을 쓰고 있지만 언젠가 과정과 결과를 쓰는 날이 올 것이라 믿는다.

# 베스트셀러 작가 되기

내가 책을 써야겠다고 생각한 것은 지금으로부터 2년 전이다. 20대부터 직장은 계속 바뀌었지만 내가 해 왔던 일은 배우고 가르치는 일이었다. 내가 가장 좋아하고 잘하는 일이기도 하다. 10년 전부터 청소년과의 일대일 만남을 시작하고 부모 상담을 진행해 오면서 많은 성공과 실패 사례를 갖게 되었다. '청소년 성공사례'라고 하면 '중하위권의 성적이었는데 전교 1등을 하게 되고 SKY대를 갔다'라는 이야기를 떠올리기 쉽다. 물론 그런 사례도 존재한다. 하지만 나의 성공사례는 좀 특별하다.

2011년에 처음 만났고 겉으로는 아무 문제도 없어 보였던 M 학생이 있다. 참 예의 바르고 잘 웃어 첫인상이 좋았다. 그녀의 어머니가 딸이 고등학교에 진학해야 하는데 성적이 좋지 않다고 했다. 학원과 과외는 늘 해 왔지만 '공부 성과가 나오지 않는다'며 한숨을 쉬셨다.

"얼굴도 예쁘고 키도 크고 공부만 잘하면 되는데 왜 성적이 안 나오는지 모르겠어요. 딸은 제 말을 잘 듣거든요. 공부도 나름 열심히 하는 것 같은데 성적이 안 나와요."

"학교 선생님이 인문계 고등학교 진학도 어렵다고 해요. 혹시 몰라서 1차 지망 말고 2, 3차 지망 학교도 알아보고 있어요."

"인문계 고등학교만 들어가면 좋겠어요."

어머니는 울상을 지으며 딸을 걱정했다. 마지막 시험을 잘 치르면 인문계 고등학교에 진학할 확률이 높아진다며 성적이 잘 나올 수 있도록 도움을 요청해 왔다. 다행히 M 학생은 나의 도움을 받아 인문계 고등학교 진학에 성공했다.

M 학생이 고등학교에 진학한 2012년 추운 겨울날이었다. 늦은 저녁 M 학생을 만나러 평촌에 있는 카페로 갔다. 늘 만났던 카페 모서리 룸 안에 들어섰는데 M 학생이 엎드려 있었다. 내가 인사를 하자 잠깐 아는 체를 하더니 다시 얼굴을 파묻었다. 기어들어가는 목소리로 "힘이 하나도 없다."라고 말하며 말이다.

M 학생을 처음 만났을 때 인문계 고등학교 진학이 발등에 떨어진 불이었기 때문에 일반적인 코칭 프로세스를 진행하지 않고 순서를 바꿨다. 그러다 보니 M 학생은 진로탐색을 해 보지도 못한

채 고등학생이 된 것이다. 공부를 해야 하는 일반적 이유 외에 자신만의 이유를 발견하지 못한 채 고등학교에 진학한 것이다. M 학생은 새로운 환경에 적응하느라 한참을 힘들어했다. 꿈을 향한 목표를 가지고 고등학교에 진학한 것이 아니었다. 어쩌다 겨우 턱걸이로 인문계 고등학교에 입학하게 된 것이다. 못 올 수도 있었던 학교를 다니고 있어 감사했지만 막상 발을 들여놓고 보니 고등학교 수업을 따라가기가 버거웠던 것이다.

M 학생이 힘들어하는 것은 비단 학업만은 아니었다. 부모님께는 말 못할 일들을 많이 겪었다. 그럴 때마다 부모의 도움을 받지 못했던 것이 지금의 M 학생의 내면이 힘든 이유였다. 6세 때 다니던 유치원에서 초등학생인 원장님의 아들이 몰래 M 학생을 때렸다. 무서워서 유치원에 가기 싫다고 했지만 맞벌이 부모는 바빴던 터라 어린 딸의 말이 들리지 않았다. 중학교 때는 같은 반 친구의 따돌림으로 마음에 상처를 입어 아프고 힘들었다. 고등학교 때도 그 마음의 상처는 남아 있었다. 뿐만 아니라 M 학생은 중학생 때 부모님 몰래 비행을 한 적이 있다. 학교를 마치고 친구들과 담배도 피우고 저녁에 술도 마셨다고 했다. 이런 이야기들을 나를 만난 지 1년이 지나서 털어놨다. 부모님께는 그 사실을 비밀로 해주었다. 그 당시 마음의 상처를 치유받을 수 있는 안식처가 가정이 아니었기 때문이었다.

M 학생의 부모님은 나를 만나는 내내 자신의 딸을 이해하지

못하겠다고 말했다. 자녀에 대한 이해를 도울 객관적인 자료와 자녀에게 일어난 일들을 자세히 설명해 드리는 것이 상담에서는 중요하다. 하지만 M 학생의 부모님이 부정적인 시각과 불신으로 자녀를 대했기에 그들의 관계 회복을 위해 어떤 일은 부모에게 알리지 않고 비밀로 했다. M 학생의 어머니는 자신의 딸이 경제적으로 안정되고 사회적으로 인정받는 직업을 가지길 원했다. 어머님은 주관이 뚜렷한 분으로 상황에 휘둘려 의견을 바꾸거나 소신을 굽히는 분이 아니었다.

인문계 고등학교에 진학만 하면 좋겠던 어머님의 소원은 수도권 대학 진학으로 바뀌었다. 방송 관련 일을 하고 싶었지만 대부분 그러하듯 M 학생도 점수에 맞춰 대학에 입학했다. 학교 선생님과 어머니의 권유로 관심도 없는 전공을 선택하게 되었다. 하지만 M 학생은 자신의 주어진 환경 안에서 최선을 다했다. 이 사례를 들으면서 '성공사례가 뭐 이런가?' 이상히 여기는 분들이 있을 것이다. 그것은 아마도 성공의 정의와 개념이 다르기 때문이 아닐까?

내가 만나는 청소년들의 성공은 '변화와 성장'에 있다. 무기력하고 실패 경험이 많아 주로 부정적으로 사고하던 아이가 새로운 것을 시도한다. 또한 그 도전으로 아이들은 올바른 변화의 맛을 보고 또 도전할 용기를 낸다. 그러다 도전으로 인한 변화들이 쌓이면 스스로 자신이 자라고 있음을 느끼게 된다. 나는 이 순간을 '터닝 포인트(Turning Point)'라고 부른다.

'Turning Point'는 원래 경기의 승패를 좌우하는 분기점을 뜻한다. 특히 그 원인이 된 플레이를 말한다. M 학생은 나와의 만남에서 수많은 터닝 포인트를 경험했다. 지금도 나와의 돈독한 신뢰 관계 안에서 성장하고 있다. 현재 대학생인 M 학생은 나의 수제자이자, 나이 차이는 꽤 나지만 평생 함께 삶을 나눌 친구다. 상처를 주는 것으로부터 방패막이 되어 주고 함께 아픈 마음을 나누며 믿음을 갖고 끝까지 기다려 주었던 제자다.

얼마 전에 "내가 책을 쓰려 하는데 네가 나를 만났던 때를 떠올려 보고 간단한 소감문을 써서 주면 도움이 될 것 같아."라고 M 제자에게 부탁했다. 그 소감문을 받아 보고 '하루빨리 책을 써내야겠다'라는 생각을 하게 되었다. '도움을 필요로 하는 청소년들이 참 많지만 내가 모두 만날 수 없으니 내 분신 같은 책을 써서 세상에 내보내야겠다'라고 다짐했다. 글을 쓰기 시작했다. 지금도 글을 쓰고 있다.

사실 작가가 꿈도 아니고 베스트셀러 작가는 더욱이 생각도 안 해 봤다. 그런데 '베스트셀러'라고 하면 '책이 많은 사람들에게 팔렸다'는 뜻이다. 내 책을 구입하는 사람은 청소년이나 부모, 그 주변 인물들임에 틀림없다. 나는 그 사람들에게 도움을 주고자 책을 쓰고 있다. 그렇다면 책이 많이 팔려야 한다. 의도하지 않았지만 베스트셀러 작가가 자연스럽게 꿈이 되었다. 나는 청소년과 부모, 청소년들을 위해 일하는 모든 이들을 돕기 위한 책을 쓰는 데 나의 노력과 열정을 쏟으려 한다.

성경은 왜 베스트셀러, 스테디셀러인가? 나는 진리와 성경을 기록한 사람들의 진정성이 담겨 있어 감동을 주기 때문이라고 생각한다. 구약과 신약 총 66권으로 이루어진 성경은 2,000년 전, 즉 예수님 오시기 전과 예수님 오신 이후의 하나님의 이야기로 가득 차 있다. 하나님을 직접 만나고 경험한 사람들이 진실 되게 기록한 것이 성경이다.

나 또한 청소년과 부모들을 만나며 경험했던 이야기를 진솔하게 책에 담을 예정이다. 성공뿐만 아니라 실패사례도 담아 반면교사로 삼을 수 있도록 할 것이다. 그리고 무엇보다 10년 동안 청소년을 만나면서 느꼈던 어려움과 한계, 변화와 성장의 솔루션 등 보배와 같은 깨달음과 지혜를 나누려 한다. 적어도 이 책을 통해 힘든 환경과 상황 가운데 있는 청소년들이 희망과 용기를 얻기를 바란다. 한계에 부닥친 수많은 부모들의 눈물을 훔쳐 줄 수 있길 소원한다. 자녀교육에 대한 목마름을 생명수 같은 교육으로 해결하고 부모가 용기 내어 진정한 교육으로 자녀를 이끌 수 있도록 돕고자 한다.

# 보물지도 11

초판 1쇄 인쇄 2017년 12월 29일
초판 1쇄 발행 2018년 1월 5일

지 은 이 **김태광 김은화 김유나 강민주 정광영 이하늘
이채명 최영경 정승민 박 미 이지현**
펴 낸 이 **권동희**
펴 낸 곳 **위닝북스**
기 획 **김태광**
책임편집 **유관의**
디 자 인 **김하늘**
마 케 팅 **허동욱**

출판등록 **제312-2012-000040호**
주 소 **경기도 성남시 분당구 수내동 16-5 오너스타워 407호**
전 화 **070-4024-7286**
이 메 일 **no1_winningbooks@naver.com**
홈페이지 **www.wbooks.co.kr**

ⓒ위닝북스(저자와 맺은 특약에 따라 검인을 생략합니다)
ISBN 979-11-88610-26-6 (03190)

이 도서의 국립중앙도서관 출판도서목록(CIP)은 서지정보유통지원시스템
홈페이지(http://seoji.nl.go.kr)와 국가자료공동목록시스템(http://www.nl.go.
kr/kolisnet)에서 이용하실 수 있습니다.(CIP제어번호: CIP2017034252)

위닝북스는 독자 여러분의 책에 관한 아이디어와 원고 투고를 설레는
마음으로 기다리고 있습니다. 책으로 엮기를 원하는 아이디어가 있으신 분은
이메일 no1_winningbooks@naver.com으로 간단한 개요와 취지, 연락처
등을 보내주세요. 망설이지 말고 문을 두드리세요. 꿈이 이루어집니다.

※ 책값은 뒤표지에 있습니다.
※ 잘못 만들어진 책은 구입하신 서점에서 교환해 드립니다.